Raimon Panikkar, in mehreren Traditionen verwurzelt, zählt zu den originellsten Denkern auf dem Gebiet der Begegnung der Kulturen und Religionen. Im vorliegenden Band *Rückkehr zum Mythos* behandelt er das komplexe Thema des Mythos anhand von Beispielen. Dabei geht es ihm nicht um Mytho-logie, sondern um den Mythos »als Ausdruck einer bestimmten Form des Bewußtseins«.

Die ersten beiden Kapitel beziehen den Mythos auf aktuelle Probleme wie Toleranz, Ideologie und Moral. Dabei wird deutlich, daß die für das Leben in unserer pluralistischen Welt notwendige Tugend der Toleranz verbunden ist mit dem mythischen Bewußtsein, in dem wir leben, während die Ideologie entmythologisiert und nur einen Standpunkt gelten läßt. Panikkar zeigt zudem, daß jede Entmythologisierung letztlich eine Remythologisierung ist, denn neue Mythen treten unbewußt an die Stelle der alten.

In den beiden letzten Kapiteln beleuchtet er anhand zweier indischer Mythen die menschlichen Probleme des Leides, der Unfreiheit und der Befreiung. Dies setzt zunächst ein »Hören« auf das Erzählen des Mythos voraus, weshalb die ganze Geschichte von Sunahsepa in Übersetzung gegeben wird. An diesen Beispielen läßt sich die These verdeutlichen, daß der Mythos universaler ist als die Geschichte. Der Autor zeigt vor allem die Bedeutung dieser alten Mytheme auch für unsere heutige Situation.

insel taschenbuch 1386

Panikkar

Rückkehr zum Mythos

S. 181/182

Raimon Panikkar

Rückkehr zum Mythos

Aus dem Englischen von
Bettina Bäumer

Insel Verlag

Umschlagabbildung: Victor Kraus, Andromeda.
Öl auf Leinwand, 1989

insel taschenbuch 1386
Erste Auflage 1992
Insel Verlag Frankfurt am Main und Leipzig

Hinweise zu dieser Ausgabe am Schluß des Bandes
Vertrieb durch den Suhrkamp Taschenbuch Verlag
Umschlag nach Entwürfen von Willy Fleckhaus
Druck: Nomos Verlagsgesellschaft, Baden-Baden
Printed in Germany

1 2 3 4 5 6 - 97 96 95 94 93 92

Inhalt

Einführung

athāto brahmajijñāsā
Jetzt ist die rechte Zeit, um mit unserem ganzen Sein nach der Weisheitserfahrung des allumfassenden Mysteriums zu streben.
BS I,1,1

Ist es richtig, aufzuhören nach vorne zu blicken, oder vielmehr die Spannung nach vorne zu verlangsamen, die die Alten *epektasis* nannten – die Ausrichtung des Menschen auf sein Ziel, das grenzenlose Mysterium – und sich damit zu beschäftigen, alte Gedanken zu überarbeiten, die im Lauf des letzten Jahrzehnts geschrieben wurden? Oder wir könnten auch fragen, worin der Wert und die Rechtfertigung einer solchen Sammlung von Aufsätzen bestehen, wenn Menschen Hungers sterben, Opfer von Krieg und Unterdrückung sind und alle möglichen Arten von Ungerechtigkeit erleiden? Ich habe das Gefühl, daß solche Fragen nicht einfach als unwissenschaftlich oder unpassend abgewiesen werden können. Wenn die intellektuelle Tätigkeit vom Leben getrennt ist, wird sie nicht nur steril und entfremdend, sondern auch gefährlich und vielleicht sogar kriminell. Die Dringlichkeit dieser Fragen kann nicht geleugnet werden, doch sollte sie die Bedeutung der Probleme nicht in den Schatten stellen, mit denen wir uns in diesem Band beschäftigen. Ich bin davon überzeugt, daß wir in einem menschlichen Notstand leben, der uns nicht erlaubt, uns mit Bagatellen zu unterhalten, die keinerlei Relevanz besitzen. Doch bin ich ebenso überzeugt, daß gerade aufgrund des Ernstes der menschlichen Situation bloße kurzfristige Lösungen und technische Notbehelfe nicht genügen. Wir brauchen die Distanz, die uns die Kontemplation gibt, die Perspektive, die wir durch Losgelöstheit (*asakti* in der Gītā, die Mystiker nennen es Gelassenheit) gewinnen – was nicht gleichzusetzen ist mit Indifferenz; wir brauchen eine Einsicht in die tieferen Schichten der Wirklichkeit, die es uns ermöglicht, den Problemen an die Wurzel zu gehen. Die Wurzeln sind vielleicht nicht so sichtbar, doch geben sie dem Baum Leben und erhalten ihn. Mit den in diesem Band* vereinten Untersuchungen möchte ich zu dieser radikalen Umkehr des Geistes beitragen, die ich für das Überleben der Menschlichkeit für notwendig erachte. Sie bewegen sich nicht im Bereich praktischer oder technischer Lösungen, sondern auf der radikalen Ebene, die den Fragen zugrunde liegt, die für die Menschheit heute von vitaler Bedeutung sind. Sie beschäftigen sich nicht mit aktuellen Geschehnissen, doch haben sie teil an dem gesamten menschlichen Ereignis selbst. Wenn ich darauf verzichte, die Beziehung zur Aktion herzustellen oder konkrete Programme anzubieten, so ist der Grund der, daß radikale Überlegungen ihrem Wesen nach nicht bloß eine Verhaltensweise vorschreiben. Sie lassen Raum für Spannungen und Gegensätze; sie nähren Zweige und Blätter, sogar Blumen und Früchte, ohne alles auf eine einzige Erscheinung zu reduzieren. Ein echter Gedanke inspiriert, aber er schreibt nichts vor. Einsatz, Verantwortungsbewußtsein und aktives Engagement sind nicht das Resultat eines logischen Schlusses, und sie lösen auch nicht die konstitutiven Polaritäten der menschlichen Existenz auf. Vielmehr werden diese Polaritäten, wenn sie mit Kontemplation, Reflexion und liebender Gelassenheit verbunden sind, nicht zu unversöhnlichen oder auch bloß dialektischen Gegensätzen. Weisheit bedeutet nicht eine einfarbige Weltsicht, noch

* Anm. d. Übers.: Im englischen Original enthält der Band noch die Teile »Faith« und »Hermeneutics«, die in der deutschen Übersetzung getrennt erscheinen. [Vgl. S. 112, Anm. 10]

eine amorphe, vielfältige Zerstückelung, sondern eine Verbindung der vielen Farben in einem Universum, das voll von Polaritäten ist, weil es voller Leben ist. Die westliche Tradition hat einmal die biblische χιτῶνα ποικίλου, *polymitam tunica, circumdata varietate* Josephs, des Sohnes Jakobs, eben im Sinn der Spannung und der Vielfalt innerhalb einer höheren – mythischen – Einheit verstanden, die nicht manipulierbar ist.

Es ist nicht meine und wahrscheinlich niemandes Aufgabe, alle Bedingungen und Forderungen dieser radikalen *Metanoia* darzulegen. Ich möchte nur darauf hinweisen, daß die Überwindung des Zwiespaltes von Subjekt und Objekt sowie der fast schizophrenen Spaltung zwischen Mythos und Logos, Herz und Geist, Aktion und Kontemplation, dazugehört, und auch eine ungeteilte Schau der Wirklichkeit, in der die kosmische, göttliche und menschliche Dimension in eine einzige kosmotheandrische Erfahrung integriert sind. Die Aufsätze dieses Bandes möchten von verschiedenen Gesichtspunkten zu dieser Umkehr des Herzens und des Geistes beitragen. Der Band ist an sich ein Ausdruck des Bedürfnisses nach einer ausgeglichenen Symbiose zwischen den *nova et vetera*, in anderen Worten zwischen Tradition und Moderne, das in unserer Zeit so spürbar ist.

Vielleicht kann die Aufforderung des Jakobus, des Bruders des Herrn, unsere Absicht zum Ausdruck bringen:

> γίγεσθε δὲ ποιηταὶ λόγου …
> Seid Vollbringer des Wortes [Künstler des Wortes, Dichter des Logos] und nicht nur Hörer, die sich selbst betrügen [παραλογιζόμενοι, die den Logos mißbrauchen, versetzen] …

Bringt die Einheit von Wort und Tat wieder zustande, werdet auch ποιητὴς ἔργου, Täter des Werkes, Dichter der

Tat, »Prophet in Wort und Tat«, damit die Worte mächtig werden und die Werke transparent, um inkarniertes Wort zu sein, oder »Lichter für euch selbst«, wie Buddha sagte.

Der vorliegende Band hat den *Mythos* zum Thema, doch bemüht er sich nicht, eine Abhandlung über diesen fundamentalen Bereich der menschlichen Erfahrung zu geben. Dieser Bereich verlangt eine besondere Einstellung. Man kann nicht direkt in die Quelle des Lichtes blicken, man wendet ihr den Rücken zu, um zu sehen – nicht das Licht, sondern die beleuchteten Dinge. Das Licht ist unsichtbar. Ebenso ist es mit dem Mythos – der Mythos ist hier nicht der Gegenstand der Untersuchung, sondern der Ausdruck einer besonderen Form des Bewußtseins. Mythos und Weisheit gehören zusammen, wie schon Aristoteles gesehen hatte, als er am Anfang seiner *Metaphysik* feststellte, daß der Liebhaber des Mythos eine Art Philosoph ist, ein Liebhaber der Weisheit: ὁ φιλόμυθος φιλόσοφος πώς ἐστιν. Ist dies nicht auch die zentrale Erfahrung des Taoismus, der uns auffordert, den unbehauenen Steinblock wiederzugewinnen, oder des Shinto, der die ungedachte Einheit, eine ontische Solidarität mit der ganzen Wirklichkeit hervorhebt?

Ein lebendiger Mythos läßt keine Interpretation zu, weil er keiner Vermittlung bedarf. Die Hermeneutik eines Mythos ist nicht mehr der Mythos, sondern sein Logos. Der Mythos ist genaugenommen der Horizont, vor dem jede Hermeneutik erst möglich wird. Der Mythos ist das, was wir stillschweigend voraussetzen, was wir nicht in Frage stellen. Er ist unbefragt, eben weil er de facto nicht als fragwürdig betrachtet wird. Der Mythos ist transparent wie das Licht, und die mythische Geschichte – Mythologumenon – ist nur die Form, das Gewand, in das der Mythos gekleidet ist, worin er sich ausdrückt und erhellt.

Der Mythos ist nicht Gegenstand des Denkens, noch ist

er Nahrung für das Denken. Vielmehr reinigt er das Denken, er geht am Denken vorbei, damit das Ungedachte auftauchen und der Vermittler verschwinden möge. Der Mythos ist das heilsame Fasten des Denkens, er befreit uns von der Bürde, alles ausdenken und durchdenken zu müssen, und so öffnet er den Bereich der Freiheit – nicht bloß die Freiheit zu wählen, sondern die Freiheit des Seins. Wenn das Denken noch nicht im Gedanken gelandet ist, so daß es noch nicht wissen kann, was im Denken gedacht wird, befinden wir uns noch im Bereich des Mythos.

Dies bedeutet keineswegs, daß wir den Wert des Denkens vernachlässigen oder geringschätzen und den Bereich und die unantastbaren Rechte des Logos ignorieren sollen. Es bedeutet nur, daß der Mensch nicht auf den Logos reduziert werden kann, noch das Bewußtsein auf reflexives Bewußtsein. Doch will ich meine Theorien über den Mythos bei einer anderen Gelegenheit darlegen.

Hier versuche ich nur, mich auf zwei Weisen dem Mysterium des Mythos zu nähern. Einerseits stellen die beiden ersten Kapitel eine Beziehung her zwischen dem Mythos und einigen grundlegenden menschlichen Haltungen wie Toleranz, Ideologie (I) und Moral (II). Auf der anderen Seite bieten die Mythologumena, die ich in den folgenden zwei Kapiteln (III und IV) untersuche, Einsichten in das Wesen und die Macht der Mythen.

Die Sprache

Ein Wort über die Sprache mag hier angebracht sein. Die Aufsätze, die hier gesammelt vorliegen, wurden ursprünglich in vier Sprachen nicht nur geschrieben, sondern auch gedacht. Und in gewissem Sinn habe ich keine eigene Sprache, denn eine Sprache ist mehr als ein Werkzeug, sie ist ein Leib, ein Teil von einem selbst, ein Teil, der gewissermaßen für das Ganze steht, ein *pars pro toto*. Eine Sprache ist eine Weise, die Welt zu sehen und letztlich, in der Welt zu sein. Dies ist genau das Wesensmerkmal des Wortes: Bild, *eikon*, Ausdruck und Manifestation der Ganzheit zu sein, das Erstgeborene Gottes, nach den heiligen Schriften des Hinduismus, des Christentums und anderer Religionen. Doch ist hier der Singular wesentlich. Die vielen Worte ersetzen nicht das (eine) Wort. Gewiß kann eine Vielfalt von Sprachen vom Ontokosmologischen bis hinab ins Persönliche bereichernd sein, doch bewirkt sie auch eine Verarmung. Ein Mensch, der viele Sprachen beherrscht, hat kein eigenes Wort, kein Bild, das ihn widerspiegelt, kein *eikon*, um ihn auszudrücken. Seine einzige Rettung liegt nicht in dem, was er sagt, sondern im mystischen Bereich, in seinem ganzen Leben, in seiner schweigenden Inkarnation, indem er *Wort wird*. Doch wenn wir aus dieser Not eine Tugend machen, so kann diese Schwäche vielleicht gerade auf die Symbiose hinweisen, die unsere Zeit nötig hat. Wir müssen eine Sprache sprechen, und in gewissem Sinn muß diese Sprache sogar der Dialekt der konkreten Gemeinschaft sein, der wir angehören. Nur ein Dialekt ist lebendig, vital und fähig auszudrücken, was keine künstliche Hochsprache, so einfach sie auch sein mag, je auszudrücken vermag. Die Dichter wissen dies. Trotzdem können unsere heutigen Dialektformen es sich nicht mehr leisten, nur die Umgangssprache einer geschlossenen Gruppe zu sein, oder bloß Klischees zu wiederholen. Unser Dialekt muß die Erfahrung anderer Weltanschauungen in sich integrieren. Und doch können wir nicht die ganze menschliche Erfahrung in Sprache umsetzen, nicht weil es den Dichtern an Geschick mangelt, sondern weil die Unternehmung sich selbst aufheben würde. Wenn eine Sprache alles sagen könnte, was sie sagen will, so wäre dies das Ende der Welt: Es gäbe nichts mehr zu sagen, und ohne Sprache würde die Welt aufhören zu sein.

Die Armut meiner Sprache mag vielleicht den Leser anspornen, nicht das Ende der Welt zu beschleunigen, aber das Ende der gespaltenen Zeit, in der wir leben.

Was wir heute brauchen, sind vielleicht nicht so sehr Intellektuelle, die sagen, was zu tun ist, oder Wissenschaftler, die die Tatsachen beschreiben, oder auch Prediger, die die Wahrheit verkünden, sondern Menschen, die sie leben, Menschen, die mit ihrem Blut schreiben und mit ihrem Leben sprechen. Zum Glück gibt es noch mehr dieser lebendigen Menschen als es Namen in den verschiedenen Ausgaben von *Who's Who* gibt.

ERSTES KAPITEL

Toleranz, Ideologie und Mythos

> Ἐν τῇ ὑπομονῇ ὑμῶν κτήσεσθε τὰς ψυχὰς ὑμῶν.
>
> Durch eure Toleranz werdet ihr euer Leben retten.*
>
> Luk. 21,19

1. Das Gesetz der Toleranz

Ich beabsichtige die gegenwärtigen Verbindungen zwischen Ideologie und Entmythologisierung zu erörtern, indem ich das konkrete Thema der Toleranz in den Mittelpunkt stelle, das uns ermöglichen wird, sie in mehreren ihrer Eigenschaften zu beleuchten, die von einer abstrakteren oder direkteren Perspektive aus nicht sichtbar würden. Der Mythos ist wie das Göttliche unsichtbar, außer von rückwärts, wenn er schon vorüber ist, und dann wird er nur in den Spuren faßbar, die er im Logos hinterläßt.

Ich möchte einen Satz formulieren, der zwar eine anthropologische Grundlage hat, sich aber deutlicher im soziologischen Bereich zeigt. Ich könnte ihn das Gesetz der Toleranz nennen (»die Dinge geschehen als ob ... *et hypothesis non fingo*«) und folgendermaßen formulieren: *Die Toleranz eines Menschen ist direkt proportional zu dem Mythos, den er lebt, und umgekehrt proportional zu der Ideologie, der er anhängt.*

* Übers. des Autors.

2. Terminologische Klärung

Klären wir zunächst die Begriffe, die wir verwenden, und versuchen wir dann, den Sinn dieses Satzes zu erklären.

Der Mythos, den man lebt, besteht aus einem Komplex von Zusammenhängen, die man stillschweigend voraussetzt. Der Mythos gibt uns einen Anhaltspunkt, mit dessen Hilfe wir uns in der Wirklichkeit zurechtfinden. Der Mythos, den man selber lebt, wird nie so gesehen oder erlebt, wie man den Mythos eines anderen sieht oder erlebt; er ist immer der vorausgesetzte Horizont, in den wir unsere Erfahrung der Wahrheit stellen. Ich bin in meinen Mythos eingetaucht wie andere in den ihren. Ich bin mir meines eigenen Mythos nicht kritisch bewußt, ebensowenig wie die anderen sich ihres eigenen bewußt sind. Es ist immer der andere, der für meine Ohren mit einem Akzent spricht. Es ist immer der andere, den ich dabei ertappe, von ungeprüften Voraussetzungen aus zu sprechen.

Und es ist der andere, der den Mythos aufdeckt, den ich lebe, denn für mich ist er als Mythos unsichtbar. Mein Mythos ist das, was mich einzigartig und daher unersetzlich macht; er liegt am Grund meiner eigenen Lebensgeschichte und meiner Sprache verborgen. Er drückt sich aus und offenbart sich durch mein Sein, ohne daß ich mir dessen bewußt bin; er ist das, was der andere in mir sieht, wenn er eine volle menschliche Beziehung mit mir eingeht, die die bloß dialektische Ebene übersteigt. Nur jenseits der Dialektik, auf der Ebene des *dialogischen Dialogs* öffne ich mich dem anderen wie ich bin und erlaube ich ihm, mich zu entdecken – und zwar gegenseitig, ohne daß einer von uns in einer neutralen Objektivität Zuflucht sucht.[1]

Die Ideologie, der man anhängt, ist der entmythologisierte Teil der eigenen Weltsicht, sie ist das Resultat des

Überganges vom Mythos zum Logos im Leben und in der persönlichen Reflexion. Sie ist der mehr oder weniger kohärente Komplex der Ideen, die das kritische Bewußtsein ausmachen, d.h. das Lehrsystem, das einen befähigt, sich rational – ideologisch – in der Welt zu einer bestimmten Zeit und an einem bestimmten Ort zu situieren. Die Ideologie setzt immer ein vom Logos konstruiertes raum-zeitliches System voraus, als eine Funktion ihrer konkreten historischen Situation. Eine Ideologie ist ein Ideen-System, das von einem Logos formuliert wurde, der unfähig ist, seine eigene Zeitlichkeit zu transzendieren. Das Problem der Ideologie taucht dann auf, wenn der menschliche Logos seinen die Zeit transzendierenden oder zeitlosen Charakter verloren zu haben scheint.

Die Ideologie, der ich anhänge, entstammt dem bewußten Teil meiner selbst, der mir erlaubt, meine Ideen auf mehr oder weniger systematische Weise in einen doktrinären Rahmen einzuordnen (selbst wenn sich dieses System für »offen« erklärt). Im Gegensatz zum Mythos kann ich sowohl meine eigene Ideologie wie die der anderen erkennen, und dies ermöglicht eine dialektische Beziehung zu ihnen.

Das Wort Ideologie besitzt, ebenso wie das Wort Mythos, eine fast verwirrende Vielfalt von Bedeutungen, die wir hier nicht untersuchen können. Ich werde nur eine der heute gebräuchlichsten Bedeutungen untersuchen: Ideologie als ein wesentlich zeitliches Ideen-System, das unser gesellschaftliches Leben bestimmt, besonders auf der Ebene der *res publica*.[2]

Die Toleranz eines Menschen ist schwer zu definieren, weil sie von der jeweiligen Ideologie abhängt, die sie definiert. Wir müssen daher einige phänomenologische Merkmale des Begriffes der Toleranz zu finden suchen, die uns wie Symptome den ideologischen Koeffizienten einer bestimmten Kultur entdecken helfen.

3. Die vier Momente der Toleranz

Wir können ohne weiteres darin übereinstimmen, daß Toleranz nicht notwendig Relativismus bedeutet oder Gleichgültigkeit der Wahrheit gegenüber impliziert.[3] Man ist dann kaum tolerant, wenn man einfach aufgrund einer skeptischen oder indifferenten Haltung jede Verteidigung der Wahrheit ablehnt. Die radikale *Relativität* aller menschlichen Werte ist nicht gleichzusetzen mit einem mehr oder weniger agnostischen *Relativismus*. Man kann nur dann wahrhaft tolerant sein, wenn man keinen Kompromiß schließt, wenn man erkannt hat, daß die Wahrheit selbst tolerant ist.[4] Die Toleranz kommt nicht von der Indifferenz der Wahrheit gegenüber, sondern von einer tieferen Erkenntnis der Wahrheit selbst.[5] Wir können aber nicht leugnen, daß Skepsis und Indifferenz aller Art zur Entwicklung einer praktischen Toleranz beigetragen und die Reflexion über sie angespornt haben.

Die Toleranz wird von vier Merkmalen gekennzeichnet, die in der einen oder anderen Form in den Kulturen zu finden sind, in denen Toleranz noch etwas bedeutet.

a) Politisch

Man toleriert, was man nicht beiseiteschieben kann. Man erträgt eine Last, man läßt ein geringeres Übel gelten. Man toleriert, was man nicht vollständig assimilieren oder annehmen oder womit man nicht übereinstimmen kann. Man ist tolerant, weil man das größere Übel der Intoleranz vermeiden will, das viele andere »Werte« vernichten würde. Im Grunde hat Toleranz mit Klugheit zu tun, vor allem mit politischer Klugheit, zumindest im aristotelischen Sinn. Die meisten Zivilgesetze geben zu, daß diese

Art der Toleranz nicht als eine Quelle des Gesetzes dienen kann.

b) Theologisch

Toleranz ist eine praktische Notwendigkeit. Hier ist es eine positive Haltung, welche die Existenz vor die Essenz stellt, die Praxis vor die Theorie, den Gemeinsinn vor die logische Überlegung, und letztlich Güte vor Wahrheit. Aber gleichzeitig ist sie vorläufig, da sie nur im *status deviationis*, im Pilgerstand, in der noch unvollkommenen Gesellschaft usw. berechtigt ist. Die Toleranz trägt mit sich die geheime Hoffnung, einmal überflüssig zu werden. Echte Toleranz würde es vorziehen, nicht notwendig zu sein, sie möchte überflüssig werden, sie lebt in der Hoffnung zu verschwinden. Und dies ist verständlich, denn wir können nicht einen endgültigen Bruch zwischen Güte und Wahrheit annehmen. Diese Art der Toleranz ist dann immer ein Anzeichen für die Vorläufigkeit der Existenz.

c) Philosophisch

Toleranz ist auch eine theoretische Notwendigkeit, die aus dem reflexiven Bewußtsein unserer Grenzen und Begrenzungen folgt. Sie beruht auf der Ehrfurcht, die ich dem schulde, was ich nicht verstehe, weil ich weiß, daß ich nicht alles verstehe. Es ist eine ehrfurchtsvolle Toleranz. Sie bringt uns dazu, jemand anderen zu respektieren, selbst wenn wir mit seinen Ideen oder Handlungen nicht einverstanden sind.

Wenn man die erste Form der Toleranz als *politische Toleranz* bezeichnen kann, so kann man die zweite *theologische Toleranz* nennen, da sie dem Bewußtsein dessen entspringt, was die verschiedenen Theologien die widernatürliche, außergewöhnliche, gefallene oder unvollkommene Situation des Menschen nennen. Diese dritte Form der Toleranz ist eine *philosophische Toleranz*, weil sie in der Anerkennung unserer Grenzen und der notwendig begrenzten Perspektive alles menschlichen Wissens und Erkennens gründet.

d) Mystisch

Aber wir können noch einen vierten Typus der Toleranz entdecken.

Die Erfahrung und ebenso die Praxis der Toleranz offenbaren eine Dimension, die nicht von der theoretischen Reflexion allein erfaßt werden kann. Diese Erfahrung führt uns zu etwas mehr Positivem, das wir *mystische Toleranz* nennen könnten. Sie setzt voraus, daß man fähig sein kann, das anzunehmen, was man toleriert.[6] Man erlöst, man erhebt das, was man toleriert, man verwandelt es, und diese Verwandlung bedeutet eine Reinigung, sowohl für den aktiv Ausübenden wie für den passiven Empfänger der Toleranz. Toleranz wird hier erfahren als die Sublimierung einer Situation durch die Kraft der Toleranz selbst. Die mystische Toleranz steht für eine nicht objektivierbare Weltsicht und setzt die Überzeugung voraus, daß jeder menschliche Akt einen Wert hat, der nicht rein objektiv ist. Dieser Begriff der Toleranz impliziert, daß die ganze Wirklichkeit erlöst werden kann, weil sie nie unveränderlich ist. Er setzt auch den existentiellen Charakter der Wahrheit voraus und die radikale Relativität des Personseins. Toleranz ist dann die Weise, wie ein Wesen im anderen existiert, und sie bringt die radikale gegenseitige Abhängigkeit alles Seienden zum Ausdruck. Die Stärke vieler traditioneller Kulturen liegt nicht nur in ihrer Fähigkeit, des Leidens und des Unglücks Herr zu werden, sondern in ihrer Fähigkeit, zu tolerieren und auf diese Weise dasjenige vollständiger zu integrieren, was unter anderen Umständen gewöhnliche Menschen zur Verzweiflung brächte oder sogar zerstören würde.

Dies wird deutlicher werden, wenn wir ein konkretes Beispiel beschreiben. Wir werden ein christliches Beispiel heranziehen: Was soll ein Christ tolerieren? Das Böse! Die Parabel vom Weizen und dem Unkraut läßt daran keinen Zweifel zu. Aber dies ist nicht alles. Der Mensch soll nicht nur das Unkraut tolerieren, sondern auch den Weizen. Ich würde ganz einfach sagen: Der Mensch muß die Welt ertragen. Indem er bei sich selbst beginnt, soll er die Welt tolerieren. Er muß ertragen, daß er noch nicht ist, was er werden kann, was er sein will, was er sein wird. Kurz gesagt, der Christ muß annehmen, daß er sein Ziel noch nicht erreicht hat, die Vervollkommnung seines Seins. Er muß ferner geduldig hinnehmen, daß er nicht in vierundzwanzig Stunden heilig werden kann, daß er ein Sünder ist. Er soll sich, wie er ist, ganz annehmen – als unvollendet, auf dem Weg, als *homo viator*. Und ebenso soll er diesen unvollendeten Kosmos tolerieren, diese zerbrechliche und brüchige Zeitlichkeit und ebenso seine Mitpilger. Wer selbstzufrieden ist und nicht mehr empfänglich, nicht mehr fähig zu lernen, wer sich nicht mehr als Pilger fühlt und leidet, der kann an dieser mystischen Toleranz nicht Anteil haben.

Doch hier duldet der Christ nicht nur Irrtum und Unglauben, er er-trägt sie. Und dies ist möglich, weil der Mensch nicht allein ist; der Menschensohn ist mit dem Menschen. Der Christ trägt alle menschlichen Situationen in und mit Christus, dem Träger, Schöpfer und Erlöser der Welt. Der Christ beurteilt weder die Welt, noch steht er außerhalb als Beobachter, der in seiner rechten Meinung sicher ist. Er hat auf der Erde etwas zu tun, eine Aufgabe nimmt in ihm Gestalt an, eine liturgische, sakrale und daher priesterliche Aufgabe. Er ist ein Mitarbeiter, ein Konzelebrant, ein Miterlöser mit Christus. Der Christ spielt eine kosmische Rolle, indem er den neuen Himmel und die neue Erde gestaltet. Und diese Rolle besteht eben in der Toleranz, was wir hier mit »Geduld« übersetzen könnten.[7]

Toleranz ist jene Geduld, durch die wir unsere Seelen retten, ja unser Leben selbst.[8] Toleranz bedeutet auch Erwartung und Hoffnung, nicht nur Ausdauer und Standhaftigkeit, wie dieser christliche und biblische Begriff oft übersetzt wird (eine stoische Übersetzung, wie mir scheint).[9]

Im Licht der Toleranz gesehen ist dann die christliche Aufgabe die, die Bürde des anderen in Hoffnung zu tragen und auszuhalten und dadurch, nach Paulus, das Gesetz Christi zu erfüllen.[10] Das Reich Gottes ist in gewissem Sinn schon Gottes Reich, d.h. die ganze Schöpfung. An seiner Vollendung mitzuarbeiten bedeutet nicht, ein Gebäude zu errichten – eine weltliche, mächtige, triumphierende Christenheit –, sondern es bedeutet jetzt, auf dieser Erde, durch alle großen und kleinen Dinge mit der Materie zu kollaborieren, die selbst dazu gerufen ist aufzuerstehen und so schon auf dem Weg zur Auferstehung ist. In diesem Sinn ist der Christ Salz und Sauerteig der Erde.[11]

Aber statt diese Überlegungen anhand von Beispielen aus anderen Traditionen weiterzuentwickeln, wollen wir zu unserer These zurückkehren.

4. Toleranz: zwischen Ideologie und Mythos

a) Die Grenzen der Toleranz

Je perfekter eine Ideologie ist, desto weniger tolerant ist sie, aber auch desto weniger hat sie es nötig, Toleranz zuzulassen. In einem ideologischen System ist die Toleranz eine

Ausnahme, es ist immer die Toleranz des Außergewöhnlichen. Aber je ideologisch perfekter eine Gesellschaft ist, desto mehr werden diese Ausnahmen auf ein Minimum reduziert.

In einer perfekten Ideologie gibt es keinen Platz für Toleranz. Insofern sie noch nicht perfektioniert ist, muß eine Ideologie Toleranz dulden. In dem Maß, in dem eine Ideologie Perfektion erreicht, muß sie intolerant sein.[12]

Toleranz hat nur außerhalb der Grenzen einer Ideologie ihre volle Berechtigung (deshalb werden partielle Ideologien teilweise »erträglich«); aber wenn eine Ideologie totalitaristisch wird, wenn sie die Gesamtheit der menschlichen Erfahrung einschließen will, wird sie absolut intolerant und daher auch unerträglich, wenn man sich ihr nicht unterwirft.[13]

Eine Ideologie kann höchstens die Praxis der Toleranz tolerieren, aber sie kann sie theoretisch weder gutheißen noch rechtfertigen. Toleranz ist das deutliche Anzeichen für die Schwäche einer bestimmten Ideologie. Eine Ideologie ist gezwungen, das zu tolerieren, was sie noch nicht ausrotten kann.[14]

Einige Beispiele werden dies erklären. Wenn wir bestimmte Menschen (ideologisch) für »kriminell« oder »krank« erklären, sind wir uns einig darüber, daß wir die Freiheit derer, deren Bewegungsfreiheit eine Gefahr für die Gesellschaft darstellt, nicht tolerieren, und wir stecken sie ins Gefängnis oder liefern sie in eine Klinik ein.[15]

Das Beispiel der Geisteskranken mag besonders erhellend sein. Die Ideologie jeder Kultur setzt eine Norm dafür fest, wie weit die »Abnormalen« noch erträglich sind. In Ländern, wo Hysterie und bestimmte Arten von Schizophrenie noch eine mythische Dimension haben und noch nicht ideologisch als Krankheiten diagnostiziert wurden, würde z.B. niemand daran denken, diese Menschen zu isolieren oder in eine Klinik einzuliefern. Die Schwelle des Erträglichen ist festgelegt als eine Funktion der Ideologie, nicht des Mythos.

Wenn eine bestimmte kommunistische Ideologie davon überzeugt ist, daß Religion falsch ist und Opium für das Volk, fühlt sie sich verpflichtet, dieses Übel auszurotten, damit es nicht die ganze Gesellschaft vergifte. Sie kann Religion nur dann tolerieren, wenn ihre vollständige oder verfrühte Ausrottung noch größere Übel hervorrufen würde.

Wenn eine bestimmte christliche Ideologie davon überzeugt ist, daß Häresie falsch oder Abtrünnigkeit kriminell ist, wird sie sie nur tolerieren, um größere Umstürze zu vermeiden. Aber wo diese Geißeln beseitigt werden können, ohne weitere Probleme zu schaffen, wird es sofort geschehen. Wir versuchen natürlich, den anderen dialektisch zu integrieren, was bedeutet, daß ich den anderen so lange toleriere, als er sich den Spielregeln anpaßt, die es mir ermöglichen, über ihn zu triumphieren. Hier mag die Inquisition als Beispiel dienen: Der Gefangene wird befreit, wenn er beichtet, denn indem er seine Schuld bekennt, nimmt er die Spielregeln an. Der Schuldige nimmt sogar die Strafe an, weil sie für ihn den Wert einer Reinigung hat.

In einer demokratischen Ideologie, um das Spektrum unserer Beispiele zu erweitern, wird der andere nur so weit toleriert, als er keine Bedrohung des Systems darstellt. Er kann frei sprechen, schreiben oder handeln, solange er nicht das System gefährdet, das ihm diese Freiheiten erlaubt.

Als eine Ideologie (insofern sie kein Mythos ist) hat die Demokratie ein Gesellschaftssystem hervorgebracht, das auf den Rechten des einzelnen basiert, wie sie durch das allgemeine Stimmrecht zum Ausdruck gebracht werden. Dabei wird das Gesetz des Dschungels oder das Gesetz des Stärkeren nicht abgeschafft, sondern gemildert, »zivilisiert«, indem man freiwillig die Herrschaft der Mehrheit annimmt. Wenn jemand die Grundregeln der Demokratie nicht anerkennt, kann die Demokratie ihn nicht tolerieren.

Wir messen die Perfektion einer demokratischen Ideologie an dem Grad, in dem sie keine Intoleranz zeigt, d.h. insofern sie es nicht notwendig hat, zu offener Intoleranz zu greifen. Wenn sich eine Ideologie in ihrer Existenz oder in ihrem Wesen selbst bedroht fühlt, ist sie nicht mehr tolerant, noch kann es sein. Man toleriert nur, was man ertragen kann, ohne erdrückt zu werden.

Können wir bewußt unsere eigene Zerstörung akzeptieren? Können wir freiwillig unsere Rechte aufgeben? Können wir angesichts einer Evidenz resignieren? Wenn in meinem System zwei und zwei vier sind, kann ich dann tolerieren, daß sie fünf ergeben? Ich kann den Fehler eines anderen tolerieren, der z.B. behauptet, daß zwei und zwei fünf ist, solange seine Behauptung nicht meine Rechnung stört und ich weiterhin von der Annahme ausgehen kann, daß zwei und zwei vier ist.

Kann ich jemanden tolerieren, der meine Spanne des Tolerierbaren nicht annimmt? Kann ich jemanden tolerieren, der sagt, er würde mich vernichten, wenn er könnte? Oder jemanden, der meine Toleranz ausnützen würde, um an die Macht zu kommen und so fähig zu werden, intolerant zu sein?

Für eine Ideologie wird Toleranz zur klugen politischen Strategie. »Da wir eine Minorität sind, fordern wir unsere Rechte.« Aber sobald wir an die Macht kommen, »können wir Irrtum nicht länger dulden«. Er würde unserem eigenen Stand widersprechen und sogar unsere Gegner stärken und unterstützen. Die Geschichte jedes Zeitalters liefert uns dafür leider nur allzu viele Beispiele. Nach Konstantin kam Theodosius; nach der »Revolution« die Diktatur; nach dem Mythos einer freien Welt eine Ideologie der Freiheit, die nicht zögert, Krieg zu führen, um ein demokratisches Regime zu erzwingen.

Kurz, man kann nur tolerieren, was man meint tolerieren zu können, aber außerhalb oder jenseits dieser Grenzen ist keine Toleranz möglich.

Manche würden sagen, wir sollen nur den Unduldsamen gegenüber intolerant sein.[16] Gewiß, aber das Problem ist die Schwelle und das Bewußtsein dessen, was nicht tolerierbar ist. Das nicht Tolerierbare zu tolerieren ist ein Widerspruch. Jede Toleranz kann sich vor sich selbst und vor anderen rechtfertigen, weil sie glaubt, schon die Grenzen des Tolerierbaren erreicht zu haben. Aber wo liegen diese Grenzen?[17] Könnten wir das Gesetz nicht als das definieren, was die Grenzen des Tolerierbaren festlegt?

b) Ideologie und Toleranz

Der wesentliche Unterschied zwischen einer Philosophie, die auch praktisch sein möchte, und einer Ideologie besteht darin, daß man die klassische Relation von Theorie und Praxis umkehrt.[18] Die traditionelle Haltung jeder Philosophie ist, daß die Praxis aus der Theorie folgt, wobei der Vorrang des Denkens vorausgesetzt ist. Die Ideologie hingegen leitet die Theorie aus der Praxis ab, wobei die Praxis Vorrang hat. Aber wir müssen genauer sein: Für jede Ideologie sind Wahrheit und Schönheit und Sein – Essenz und Existenz – ausschließlich, was sich in der Praxis anbietet, was in der Welt geschieht. Es gibt keinen anderen Bezugspunkt, keine letzte Instanz. Wirkliche Transzendenz ist ideologisch undenkbar. Wir könnten hier den radikalen Atheismus gewisser totalitärer Ideologien zitieren: Es gibt keine andere Wirklichkeit als die bekannte. Wenn die »Offenbarung« zum Faktum wird und kein Mysterium mehr ist, befindet sich die Religion auf dem Weg, zur Ideologie zu werden. Wenn die Transzendenz zur Idee, zum Begriff wird und nicht länger ein Mythos ist, zeigt sie ihre innere Widersprüchlichkeit. Der Begriff der absoluten Transzendenz leugnet, was er eigentlich behaupten will: daß es etwas »jenseits« des Gedankens dieses Jenseits gibt.

Wenn das Problem darin besteht, ob die Aktion oder Praxis Vorrang vor dem Denken hat, ist die Schwierigkeit eine philosophische. Einige philosophische Systeme sind gerne bereit, den Vorrang der Praxis anzuerkennen. Wir denken nur im Rahmen vorgegebener Maßstäbe, wir existieren nur innerhalb eines vorgegebenen Daseins, und obwohl der Mensch sagen mag, daß er sein eigenes Schicksal gestaltet, tut er dies doch in einer vorgegebenen Welt, einer Situation, einem Horizont, die selber nicht in den Prozeß eingehen, usw. Eine praktische Philosophie oder eine Philosophie der Aktion anerkennt, wie jede Ideologie, den Vorrang des Gegebenen vor dem Denken. Aber im Gegensatz zur Ideologie macht die Philosophie aus dem Gegebenen kein Denken, sie identifiziert die beiden nicht; sie bewahrt den rohen, auf nichts anderes zurückführbaren Charakter der Aktion, der Existenz, kurz, des Gegebenen. Die Ideologie hingegen identifiziert sie; sie will das Gegebene, die Existenz, die Aktion bestimmen.[19] Auch hier hat gewiß die Aktion den Vorrang, doch einen Vorrang, der vom Denken beherrscht und bezwungen wird. Diese Aktion, diese vorgegebene Wirklichkeit wird zum Denken – sogar zum Denkbaren – und ist nicht nur die Quelle des Denkens. Die Ideologie ist der integrale Monismus, der, von einer idealistischen Perspektive betrachtet, alles Wirkliche umgreifen will. Hier ist Aktion die Entfaltung des Gegebenen ohne jede mögliche Einmischung einer Ordnung, die nicht schon vorgegeben oder manipulierbar ist. Die Ideologie zerstört jede Transzendenz, und gewiß die Transzendenz des Denkens gegenüber dem Handeln.

Mit anderen Worten: Aktion, Praxis wird selbst Theorie – Ideologie. Die »faktische« Situation ist hier nicht mehr die Quelle des Denkens, sondern das Denken selbst. Es ist leicht, die idealistische Stimmung aller modernen Ideologien zu erkennen.

Die Grenzen des Tolerierbaren sind dann einfach dadurch bestimmt, inwieweit man etwas de facto toleriert. Jeder Bereich, jede menschliche Macht hat ihre eigenen Kriterien dafür, was sie tolerieren wird und was sie nicht tolerieren wird, und es besteht keine Möglichkeit, sich auf eine höhere Instanz zu berufen.

Wenn zum Beispiel Praxis nicht mit Theorie identifiziert wird, entstammen die Grenzen des Tolerierbaren einer Denkordnung, die unabhängig von der Aktion ist. Daher ist Toleranz eine Funktion des Denkens und kann infolgedessen in jedem kulturellen oder philosophischen Universum eigens bestimmt werden. Die Transzendenz des Denkens in bezug auf die Praxis ist die Grundlage der Toleranz. Wenn die Ideologie sie identifiziert, ist das nicht Tolerierbare eben das, was sich dem Bereich des Denkens, d.h. der Ideologie, nicht anpaßt oder in ihr nicht enthalten ist.

Man kann das Tolerierbare tolerieren, aber die Ideologie behauptet, daß nur tolerierbar ist, was *sie* toleriert. Andererseits folgen für denjenigen, der sich nicht mit einer Ideologie identifizieren will, die Grenzen des Tolerierbaren nicht aus der Praxis, sondern sie entstehen aus einer intellektuellen Übereinstimmung, die für Entwicklung und Veränderung offen ist, und daher für die Möglichkeit der Diskussion und der Berufung. In jeder Ideologie kann man etwas nicht tolerieren, solange man nicht ausdrücklich Raum macht für das Tolerierbare. Für das Tolerierbare Raum machen bedeutet aber, es in das System einzubauen, wenn auch auf eine bestimmte Weise, z.B. als einen Faktor, der noch assimiliert werden muß, als ein Übel, das man noch eine Weile ertragen muß, um es später zu integrieren oder zu zerstören, ohne gleichzeitig andere Werte zu vernichten. Eine scholastische Ideologie z. B. konnte den menschlichen Irrtum oder das Unwissen dulden, solange sie davon überzeugt war, daß eines Tages die Wahrheit siegreich sein wird. Dabei wäre Gott der Garant, er würde die Begrenztheit der menschlichen Unwissenheit ergänzen. Aber im Grunde bedeutet das, daß wir den ideologischen Bereich schon verlassen haben. Hier betreten wir das Feld des Mythos, dessen, was wir für selbstverständlich halten, was wir glauben, ohne zu wissen, daß wir es glauben.

c) Toleranz und Mythos

Nun folgt der andere Teil unseres Gesetzes: Die direkte Proportionalität zwischen dem Mythos, den man lebt, und der Toleranz, die man hat.

Mythos steht für den unsichtbaren Horizont, auf den wir unsere Begriffe des Wirklichen projizieren. Ich toleriere den anderen, solange ich ihn erträglich finde. Auf der begrifflichen Ebene finde ich all das nicht tolerierbar, was ich nicht irgendwie in mein Denksystem integrieren kann. Doch um positiv zu tolerieren, was sich außerhalb meines Systems befindet, muß ich eine andere Weise der Kommunikation finden, trotz einer dialektischen Unvereinbarkeit. Diese Weise ist der Mythos. Der Mythos bietet uns einen Zwischenbereich für das Tolerierbare.

Vielleicht wird uns hier ein Beispiel weiterhelfen. Du vertrittst das politische System A, während ich überzeugt bin, daß B das passende und gerechte System für die gleiche Situation ist. Solange wir beide im Parteisystem bleiben, d. h. in einem Ganzen, das sich aus verschiedenen Teilen zusammensetzt, können wir einander tolerieren, weil wir den anderen praktisch für unabdinglich halten, um die schöpferische Polarität aufrechtzuerhalten, die notwendig ist, damit wir einander ergänzen und eine ausgeglichene Lebensform erreichen. Wir sind verschiedener Meinung über die Mittel und vielleicht über bestimmte Probleme, aber wir befinden uns im Einverständnis über die Ziele und über die vorherrschenden Ideale, die es uns ermöglichen, einen Dialog zu führen und zu streiten. Das Problem wird unüberwindlich, wenn ich dich nicht mehr als einen »Teil« des Ganzen betrachte und dich vollkommen ablehne als ein Wesen, das mit meinen Ideen unvereinbar ist. Ich kann dich tolerieren, solange ich einen Grund finde, in dem es genügend Raum für uns beide gibt. Dieser Ort sind weder deine Ideen noch, in diesem zweiten Fall, die Rolle, die du in einem gesunden Kräfteausgleich spielen kannst. Ich kann dich auf einer dritten Ebene noch als Menschen tolerieren, da ich immer noch überzeugt bin, daß dein Wert als Mensch dem deiner Ideen vorausliegt. In diesem Fall toleriere ich dich, weil wir beide an den Mythos des Menschen glauben. Wir kommunizieren noch in dem Mythos, daß Toleranz für uns beide gut sei. Ich respektiere deine Person. Aber dann toleriere ich dich, solange du annimmst, von mir toleriert zu werden, d.h. solange du nicht mein Wesen daran hinderst, sich zu entwickeln und selbst zu verwirklichen. Es ist eine Art Geheimpakt: Man toleriert den anderen, um seinerseits toleriert zu werden. Wir sind uns beide der prekären Natur einer solchen Toleranz bewußt. Sobald du die Macht verlierst oder keine Bedrohung mehr darstellst, werde ich dich nicht mehr tolerieren. Ein Blick auf die globale politische Situation wird genügen, um jeden davon zu überzeugen, daß wir nicht müßig spekulieren.

Das Ausmaß, in dem wir einen anderen außerhalb eines dialektischen Rahmens widerstreitender Kräfte tolerieren, hängt eben von dem Mythos ab, an den wir glauben. Ich toleriere dich zum Beispiel, weil ich glaube, daß die menschliche Natur gut ist, oder weil ich annehme, daß es eine Vorsehung gibt, die uns führt, oder weil ich noch an den Menschen glaube, an das Menschliche, oder an die Möglichkeit einer »Bekehrung«, usw., in einem Wort, ich toleriere dich, weil es noch ein gemeinsames mythisches »Umfeld« gibt, das uns umfängt und verbindet.

Um ein Beispiel zu geben: Der amerikanische Durchschnittsbürger ist davon überzeugt, daß, falls seine Nation unangefochtene militärische Überlegenheit besäße, es weltweiten Frieden gäbe, weil er keine unmittelbare Absicht hat, irgendein Land anzugreifen, um es zu beherrschen.[20] Aber er hält es für möglich, ja sogar wahrscheinlich, daß eine kommunistische Macht mit einer solchen Übermacht gewiß Millionen von Amerikanern vernichten könnte. Aus diesem Grund unterstützt der Durchschnittsamerikaner ein Militärbudget, das in die Billionen Dollar geht. Was hier gefährlich ist, ist der doppelte Maßstab: Man beurteilt sich selbst anders als man andere beurteilt. Man lebt nicht in demselben Mythos. »Wir« tolerieren »sie« nicht. Wir leben in einem Zustand der Spannung und des kalten Krieges, trotz aller Détente. Wir beginnen erst dann den anderen zu tolerieren, wenn wir an seine gute Absicht glauben, ohne seine Ideen zu teilen. Aber dies ist unmöglich, wenn das Ideal (der Mythos) nicht mit der Idee (meinem Logos) identifiziert wird.

Auf jeden Fall toleriere ich dich nicht aufgrund der Ideen, die wir gemeinsam teilen, d.h. wegen des Logos-Gehaltes unserer Beziehung, sondern kraft des Mythos, der mich mit dir verbindet. Wenn der Mythos verschwindet, oder wenn er dich nicht mit einbezieht, werde ich intolerant, toleriere ich dich nicht länger. Wo es intellektuelle Meinungsverschiedenheit gibt, kann ich dich nur tolerieren, wenn es mir gelingt, mit dir mythisch zu kommunizieren. Die Entmythologisierung des Mythos, so notwendig sie ist, führt zur

Intoleranz, denn eine Idee kann nicht eine gegensätzliche Idee dulden oder tolerieren.

Ich toleriere in dem Maße, in dem ich mit einem anderen etwas teile, was außerhalb des intellektuellen Bereiches liegt, insofern wir kommunizieren, ohne es explizit wissen zu müssen. Ich toleriere dich, solange ich dir vertraue, solange ich dich nicht beurteile. Solange wir in demselben Mythos leben, ist Toleranz möglich. Aber sobald ich dich entmythologisiere oder du mich entmythologisierst, kann ich nicht mehr ganz mit dir einverstanden sein, denn mein Begriff ist *meine* Auffassung, und nicht deine. Die Beziehung der Vernunft ist dialektisch, die des Mythos dialogisch. Wir sind uns nur in dem einig, was wir nicht reflexiv überdenken, was wir annehmen, ohne es zu analysieren, in dem, was keiner von uns für seine Idee oder seine eigene Entdeckung hält.

Wir müssen sofort hinzufügen, daß Kommunion in einem Mythos nicht automatisch zu Frieden führt oder Zwietracht und Streit ausschaltet. Im Gegenteil, Brudermord, Racheakte und Bürgerkriege scheinen sogar noch gewaltsamer zu sein als Konflikte verschiedener Kulturen, denn es sind Fälle, wo zwei oder mehr Ideologien um die Vorherrschaft kämpfen.

d) Mythos und Ideologie

Wir können jetzt unsere These zusammenfassen. Man kann positiv und völlig nur das tolerieren, was man annimmt. Nun kann man nur etwas annehmen, was man entweder mit dem Logos versteht oder mit dem Mythos umfängt. Im ersten Fall, d.h. wenn und insofern man versteht, ist es nicht nötig zu tolerieren. Andererseits bezieht sich positive Toleranz auf das, was man voll akzeptiert, ohne es zu verstehen. Hier ist der Platz und die Rolle des Mythos. Die

Kommunion in demselben Mythos macht Toleranz möglich. Eine Liebe, die liebt, ohne zu verstehen, wäre ein Beispiel dafür.

Aber die menschliche Wirklichkeit ist komplex, weil sie *eine* ist: Man kann den Logos nicht ganz vom Mythos trennen. Man kann sie voneinander unterscheiden, aber nicht trennen, denn der eine nährt den anderen, und die ganze menschliche Kultur ist ein Geflecht von Mythos und Logos. Sie sind wie zwei Aspekte derselben Wirklichkeit, oder vielmehr, wie zwei konstitutive Fäden, die gemeinsam das Gewebe der Wirklichkeit ausmachen.

Auf der anderen Seite ist die Mythos-Logos-Beziehung so tief in der menschlichen Wirklichkeit verwurzelt, daß selbst sogenannte hochentwickelte Länder phantastische Ideologien nur auf einer Front aufgebaut haben und ihre Flanke sozusagen der Infiltrierung durch andere Mythen aussetzen. Auf diese Weise verwandeln sich sogar Ideologien in Mythen. Und so werden sie tolerierbar.

Der ideologische Koeffizient einer Kultur ist es, der den Grad der Toleranz einer Kultur bestimmt. Ein Widerspruch hat in einer Ideologie keinen Platz, und einen Gegensatz kann man dort nur finden, wenn er in eine tatsächliche oder mögliche Synthese integriert wird. Je mehr eine Zivilisation ideologisch organisiert ist, um so größer ist ihr ideologischer Koeffizient, um so weniger braucht sie daher tolerant zu sein und um so weniger ist sie de facto tolerant. Sie hatte die Möglichkeit, den Bereich des Verstehens zu erweitern, aber gleichzeitig hat sie den Bereich der Toleranz verengt. Wenn eine Kultur einen höheren Grad der Zivilisation erreicht, ist es natürlich, daß die Menschen ihre Kriterien bereitwillig annehmen, so daß sie es weniger nötig hat, tolerant zu sein. Da in einer mehr »entwickelten« und »perfekten« Gesellschaft Ausnahmen selten und geringfügig sind, ist sie sogar weniger tolerant ihnen gegenüber.

Das Ausmaß der Toleranz, die ein Durchschnittsbürger in einer technologischen Gesellschaft genießt, ist von ganz anderer Art als das Ausmaß der Toleranz in einer Situation, in der ein anderes Verhältnis zwischen Mythos und Logos vorherrscht. Möglicherweise bemerkt es der Durchschnittsbürger nicht immer, vor allem, wenn er schon so an den *status quo* gewöhnt ist und keine Möglichkeit des Vergleiches hat, wenn er schon in die Gesellschaft »integriert« und zu einem Rad im Getriebe der riesigen und komplexen technokratischen Megamaschine geworden ist, die wir die moderne Zivilisation nennen. Daher stört es viele »zivilisierte« Menschen nicht, daß ihre Zivilisation keinen toleriert, der nicht nützlich ist oder nicht arbeitet. Technologisch hochentwickelte Gesellschaften können kaum tolerieren, daß jemand sich sein eigenes Leben einrichtet. Die »moderne« Mentalität ist für keine andere Alternative offen.

Die heutige panökonomische Zivilisation ist radikal jeder menschlichen Tätigkeit gegenüber intolerant, die, wie zum Beispiel die Kontemplation, nicht den geringsten Profit bringt. Sie läßt antiökonomischen Faktoren nur insofern Raum, als sie sie nicht eliminieren oder integrieren kann.

Wir können noch ein anderes Beispiel anführen: Je mehr die Ehe aufhört, ein Mythos zu sein und zur Ideologie wird, um so mehr nimmt die eheliche Toleranz ab.

Doch jede Entmythologisierung bringt immer eine Remythisierung mit sich, und dieser Wandel der Mythen ist eine echte Rückkehr zum Mythos. Die Toleranz ist die inhärente mythische Dynamik, die die Remythisierung möglich macht. Und hier öffnet sich ein neuer Weg, der auf Erforschung wartet – das menschliche Abenteuer, den Mythos wiederzugewinnen und vielleicht eine neue Unschuld zu erringen. Können wir nicht in dem *nous* der heutigen Kultur eine *Metanoia* erwarten statt einer *Paranoia*?

Anmerkungen

1 Über den Mythos wurde so viel gesagt und geschrieben, und die gegenwärtige Bibliographie darüber ist so umfangreich, daß ich dieses Thema hier nicht weiter zu entwickeln brauche. Vgl. jedoch die Bände der Kolloquien, die vom *Istituto di studi filosofici* in Rom organisiert wurden, hrsg. von E. Castelli (Paris: Aubier 1961-1978). Einige Bände wurden in deutscher Übersetzung in der Reihe *Kerygma und Mythos* im Herbert Reich Verlag, Hamburg, herausgebracht.

2 »Bestimmte begriffliche Systeme von praktischer Bedeutung nennen wir Ideologien«, bemerkt H. Kuhn am Beginn seines Aufsatzes »Ideologie als hermeneutischer Begriff« (in: *Hermeneutik und Dialektik*, hrsg. von R. Bubner, K. Cramer und R. Wiehl, Tübingen: J. C. B. Mohr [P. Siebeck] 1970, Bd. 1, S. 343). Vgl. auch: »Ideologie, ein System von Ansichten und Ideen: politischer, rechtlicher, ethischer, ästhetischer, religiöser, philosophischer. I. ist ein Teil des Überbaus ... und als solcher spiegelt sie letztlich ökonomische Beziehungen wider« (in: *A Dictionary of Philosophy*, hrsg. von M. Rosenthal und P. Yudin, Moskau: Progress Publishers 1967, *sub hac voce*). Ferner: »Die I. ist ein System des gesellschaftlichen Denkens, worin die außerempirischen Kategorien und die Auswahl des empirischen Materials durch die gesellschaftlichen Interessen und Affekte des Betrachtenden beeinflußt, wenn nicht gänzlich bestimmt werden.« (N. Birnbaum, RGG [1959], *sub hac voce*.) Oder auch Karl Rahner, der feststellt, daß »das Wesen der Ideologie darin besteht, eine bestimmte, einzelne Wirklichkeit der pluralistischen Welt der Erfahrung als absoluten Fixpunkt zu setzen«. (*Schriften zur Theologie*, Einsiedeln: Benziger 1965, VI, S. 82.)

3 Vgl. A. de Waehlens, »Sur les fondements possibles de la tolérance« (in: E. Castelli [Hrsg.], *L'herméneutique de la*

liberté religieuse, Paris: Aubier 1968): »Weil die Wahrheit nicht ein Besitz ist, den man verteidigen oder aufzwingen müßte, sondern eine Weise sich zu öffnen ... das heißt diese Offenheit selbst.« (S. 394.)

4 Dies hätte keinen Sinn, wenn wir unter Wahrheit ausschließlich logische Wahrheit verstehen, doch die Wahrheit, die frei macht, ist nicht eine bloß logische Wahrheit. Vgl. meinen Aufsatz »Die existentielle Phänomenologie der Wahrheit« (in: *Philosophisches Jahrbuch der Görresgesellschaft*, Nr. 64 [1956], S. 27-54, und in: *Māyā e Apocalisse*, Rom: Abete 1966, S. 241-289).

5 Vgl. Thomas v. Aquin in *De malo* II,2, wo er sagt, daß in jedem Gesichtspunkt ein Kern von Wahrheit enthalten ist.

6 Es ist interessant festzustellen, daß viele Worte des Sanskrit, Griechischen und Latein, die gebraucht werden, um die Idee der Toleranz auszudrücken, von Wurzeln abgeleitet sind, die auch die Bedeutung von Sieg, Eroberung, Macht, Kraft enthalten, und daher die Fähigkeit zu widerstehen, auszuhalten, geduldig zu warten, anzunehmen, zu dulden, d.h. zu tolerieren. Vgl. derselbe Begriff in drei Gruppen von japanischen Wörtern, die den Begriff der Toleranz ausdrücken, bei W. M. Fridell (»Notes on Japanese Tolerance«, *Monumenta Nipponica*, 27 [3], 1972, S. 254-56).

7 Diese Übersetzung ist übrigens nicht originell. Mindestens einmal wird ὑπομονή in der Vulgata nicht mit »Geduld« (*patientia*), sondern mit *tolerantia* übersetzt (2. Kor. 1,6).

8 Vgl. Luk. 21,19.

9 Nach Thomas (*Sum. theol.* II-II, q. 136, a. 4) ist die Geduld »*pars fortitudinis*«. Doch ist der hellenistische Mut nicht dasselbe wie die christliche Geduld, nicht einmal in einem passiven Sinn. Geduld, »das vollkommene Werk« (Jak. 1,4), ist nicht nur, nicht einmal primär, bloße Standhaftigkeit und Ausdauer angesichts des Bösen, sie ist vielmehr ein Tragen der Bestimmung des Menschen und der ganzen Welt. Τλάω (von der Wurzel ταλ, von der Toleranz kommt, vgl. das lat. *tolo*) bedeutet tragen, erdulden, erleiden, durchhalten, ausharren, aushalten, kaum je im physischen Sinn, sondern eher im geistigen

Sinn von erlösen. Von der doppelten Bedeutung von τέλλω (erheben und erfüllen) her können wir sagen, daß der Christ, wenn er etwas toleriert und auf sich nimmt (im ersten Sinn), es als den Gegenstand seiner Toleranz erträgt und daher verwirklicht (in der zweiten Bedeutung). Von daher ist es klar, daß es keine christliche Toleranz – wie überhaupt keinen christlichen Wert – geben kann ohne die Liebe, die allein die bloße Ausdauer in ein von Hoffnung erfülltes Tragen verwandelt.

10 Vgl. Gal. 6,2.

11 Vgl. meine Studie über die christliche Toleranz: »Pluralismus, Toleranz und Christenheit« (in: *Pluralismus, Toleranz und Christenheit*, Nürnberg: Abendländische Akademie 1961, S. 117-42, und in: *Los Dioses y el Señor*, Buenos Aires: Columba 1967, S. 116-46).

12 In allen Scholastiken ist die dialektische Methode, durch die man lehrmäßig tolerant sein kann, die der Unterscheidungen. Man wird toleriert, wenn es einem gelingt, seine Meinung in die Hauptströmung der orthodoxen Meinung einzuordnen, indem man die nötigen Unterscheidungen trifft.

13 Vgl. das Prinzip *de internis non judicat Ecclesia* und andererseits das totalitäre Prinzip gewisser kommunistischer und religiöser Ideologien, das die Unterwerfung der privaten Überzeugung verlangt. Vgl. auch das Problem des religiösen Gehorsams, der, einmal entmythologisiert, untragbar wird.

14 Eine Analyse der Argumente für oder gegen das Tolerieren der Pornographie in diesen letzten Jahren, vor allem in den Vereinigten Staaten, bietet ein interessantes Beispiel, das für unser Gesetz spricht. Je mehr man in dem einen oder anderen Mythos lebt (in dem der Moral oder dem der Demokratie), um so mehr toleriert man die eine oder die andere Seite. Je mehr man der einen oder anderen Ideologie anhängt (der des Gemeingutes oder der Freiheit), um so intoleranter ist man der einen oder anderen Sache gegenüber. Diejenigen, denen es hauptsächlich um Moral und um das Gemeingut geht, werden strenge antipornographische Gesetze erlassen. Die anderen, die für Demokratie und Freiheit einstehen, werden eine »liberale« Haltung befürworten.

15 Vgl. als Beispiel: »Einige Leute beginnen jetzt zu verstehen, daß das Gefängnis sowohl die Qualität wie die Quantität der Kriminellen vermehrt, daß es tatsächlich oft aus bloßen Nonkonformisten Kriminelle macht. Weit weniger Leute jedoch scheinen zu verstehen, daß Nervenheilanstalten, Pflegeheime und Waisenhäuser fast das gleiche bewirken.« (I. Illich, »The Institutional Spectrum«, in: *Cross Currents*, 21 [1], Winter 1971, S. 89.)

16 Vgl. den letzten Satz des Artikels von H.-W. Bartsch, »L'idée de tolérance chez Paul«, in dem in Anm. 3 zitierten Band *L'herméneutique de la liberté religieuse*: »Die Intoleranz des Paulus richtet sich nur gegen die Intoleranz.« (S. 205.) Selbstverständlich bezieht sich Intoleranz auf das, was man nicht toleriert.

17 »Die Toleranz kann daher nicht darin bestehen, irgend etwas von irgend jemandem anzunehmen, in dem Sinne, in dem wir sagen, daß wir die Gedanken und Handlungen von jemandem annehmen. Sie müßte darin bestehen, jedem zu erlauben, seine Möglichkeiten auszuschöpfen, Möglichkeiten der Enthüllung oder der Entdeckung, sowohl theoretisch wie praktisch, die ihm durch seine Situation in der Ganzheit des Seins zufallen.« (A. de Waehlens, loc. cit., S. 394.) Gewiß, aber wo sind die Kriterien? Wer sagt uns, welche diese Möglichkeiten sind? Vielleicht können wir soweit gehen, den Selbstmord zuzulassen. Aber den Mord?

18 »Ideologie ist in Theorie umgesetzte Aktion; praktische Philosophie ist Theorie, aus der eine Aktion folgt.« (Vgl. H. Kuhn, op. cit., S. 348.)

19 »... für die Ideologie ist der Sachbezug, so wenig er fehlen kann, *nicht* das Entscheidende. Sie *will* etwas, und im Licht des von ihr Gewollten liest sie die Chiffren der Wirklichkeit. ... die Theorie und der Theoretiker (als wollendes Subjekt) bilden für sie eine untrennbare Einheit. Die Doktrin ist hier zugleich Aktionsprojekt.« (H. Kuhn, op. cit., S. 348.)

20 Vgl. die beiläufige Bemerkung des ehemaligen Präsidenten Richard Nixon vor einer Gruppe von Kongreßabgeordneten: »Ich kann in mein Büro gehen und ein Telephongespräch füh-

ren und innerhalb von fünfundzwanzig Minuten wären siebzig Millionen Menschen tot.« (Zitiert im Leitartikel von *The Progressive*, 38,2, Februar 1974:6.) Kein Durchschnittsamerikaner, der an den Mythos der Gründerväter glaubt, würde einen solchen Gedanken hegen. Watergate war nur ein anekdotisches Beispiel für eine solche Haltung der höchsten Macht.

ZWEITES KAPITEL

Moral und Mythos: Die »Moral« des Mythos und der Mythos der Moral

Geht der große SINN zugrunde
So gibt es Sittlichkeit und Pflicht.

Tao Te King 18*

1. *Moral*

Es ist charakteristisch und sogar symptomatisch, daß der heutige Mensch, nachdem er das Dogma entmythologisiert hat, nun auch die Moral zu entmythologisieren versucht. Frühere Jahrhunderte neigten dazu, die Religion zu moralisieren, und versuchten daher, den Mythos zu moralisieren, d.h. ihn auf seine »Moral« zu reduzieren, ihn als Träger einer moralischen Botschaft zu verstehen. Das Anliegen war, den Mythos zu retten oder zumindest dasjenige, was man für das Wesen des Mythos hielt. Die gegenwärtige Tendenz will hauptsächlich die Moral retten, die sonst äußerst gefährdet ist.

Hier berühren wir ein entscheidendes Problem, das ohne weiteres als Ausgangspunkt für eine ganze Phänomenologie unserer Epoche dienen könnte. Ich werde mich auf einige Überlegungen beschränken, die mehr konzentriert als systematisch sind.[1]

Vielleicht sollte ich – als Tribut an die kartesianische Klarheit? – eine Übersicht über diese Untersuchung geben:

* SINN: Tao. Übers. von Richard Wilhelm, Laotse, *Tao Te King*, Düsseldorf: Diederichs, Erw. Neuausgabe 1979, S. 58.

Die »Moral« des Mythos ist der Mythos selbst und nicht sein moralisierter »Gehalt«. Wenn man den Mythos moralisiert, zerstört man ihn.

Der Mythos der Moral ist selbst die Moralität, und wenn die Moral aufhört ein Mythos zu sein, hört sie auch auf, Moral zu sein. Die Moral entmythologisieren bedeutet, sie zu töten.

Die Moral »remythisieren« bedeutet nicht, sie bewußt und künstlich zu entmythologisieren. Sofern die Moral überlebt, findet sie sich selber einen neuen Mythos, so wie die Schlange ihre Haut wechselt. Sie gründet nicht in der Vernunft und auch nicht im Mythos, sondern entspringt dem Glauben. Und der Glaube? – *ad calendas graecas*!

a) Die »Moral« des Mythos

Die sogenannte Renaissance hat den Mythos weder in die europäische Welt eingeführt noch hat sie ihn wiederentdeckt; sie hat nur eine mehr oder weniger rationale Reflexion über den Mythos hervorgerufen.[2] Auf diese Weise ist jene hybride und sogar widersprüchliche, Mythologie genannte Wissenschaft entstanden. Denn es ist eine Tatsache – aufgrund des Wesens von Mythos und Logos –, daß der Mythos, sobald man sich ihm mit dem Instrument des Logos nähert, nur verschwinden kann, so wie die Dunkelheit nicht mehr Dunkelheit ist, wenn das Licht in sie eindringt. Die Analogie ist zutreffend, denn in diesem Fall zerstört das erhellende »Licht« der Vernunft tatsächlich die »Dunkelheit« des Mythos. Gewiß, es heißt, daß Gott es liebt, »im Dunkel zu wohnen«[3], aber es steht auch geschrieben, daß die Finsternis das Licht nicht empfangen hat.[4] Doch kann die Finsternis nicht das Licht empfangen und Finsternis bleiben: Die einzige Möglichkeit für die Finsternis, dem Licht zu begegnen, ist, es nicht zu empfangen. Wenn die Dunkelheit nicht dunkel wäre, würde sie kein Licht brauchen; aber sie kann mit dem Licht nicht koexistieren. Kann das Geschöpf, das, insofern es nicht Gott ist, Dunkelheit ist[5], wirklich den Schöpfer empfangen und noch Geschöpf bleiben? Wenn der Schöpfer nicht wirklich in das Geschöpf herabsteigt oder sich mit ihm vereinigt, was würde von ihm übrigbleiben?[6] Hier verbirgt sich eine tiefere Dialektik als man gewöhnlich vermutet. Auf der Seite Gottes ist die Erlösung frei, aber auf der Seite des Geschaffenen ist sie der einzige Ausweg aus der existentiellen Sackgasse. Der Schatten hat seine *raison d'être* und seine Berechtigung als eine Funktion des Lichtes.[7]

Wie dem auch immer sei, die Mythologie ist der Tod des Mythos. Der Mythos ist kein »Gegenstand«, sondern ein Instrument der Erkenntnis, eine menschliche Grundhaltung, wenn man will, nicht gegenüber, sondern neben dem Logos.[8] Er kann nicht zum »Objekt« des Logos werden, ohne zu degenerieren. Hier haben wir schon die ganze Problematik: Wenn man den Mythos zum »Objekt« der Erkenntnis, zum Gegenstand der Analyse macht, zerstört man ihn als Mythos. Man kann vielleicht Bruchstücke davon retten, aber der Mythos ist tot. Der Mythos kann dem objektivierenden Licht der Vernunft nicht standhalten, er verlangt die Unschuld des Nichtwissens. Wir werden sehen, daß das gleiche auf die Moral zutrifft.

Es gibt jedoch eine andere, akzeptablere Weise, »Mythologie« zu verstehen. In diesem Fall bedeutet sie nicht das Eindringen des Logos in den Mythos, indem der letztere auf den ersten reduziert wird, sondern vielmehr *mythos legein*: den Mythos erzählen, sagen, das ganzheitliche Wort aussprechen, das zugleich Mythos und Logos ist. Mythen können nur dann angemessen erzählt werden, wenn man an sie glaubt. Sie können nicht mit einem anderen Organ untersucht werden, so wie der Ton nicht mit dem bloßen Auge wahrnehmbar ist. Erst neulich hat die Mythologie ihren Anspruch, eine Wissenschaft zu sein, aufgegeben und wieder entdeckt, daß ihre Rolle wieder darin besteht, den Mythos »nachzuerzählen«: μῦθον λέγειν. Dies ist entmytho*logisierte* Mytho-*logie*.[9]

Abgesehen von diesen inneren Widersprüchen steht die Mythologie als Wissenschaft von den Mythen vor einer fast unüberwindlichen Schwierigkeit, wenn sie versucht, den Mythos zu retten. Selbst heutzutage sind Worte wie wunderbar, fabelhaft, phantastisch, sagenhaft, legendär, unwirklich, mythisch usw. in der Alltagssprache fast gleichbedeutend. Im Licht des Logos betrachtet ist der Mythos nicht nur falsch, er erweist sich auch als unmoralisch. Daher hat eine bestimmte wohlmeinende und apologetische Mythologie den Versuch unternommen, ihn zu moralisieren. Wie kann man den Mythos moralisieren? Indem man ihn entmythologisiert.

Die folgende Umkehrung – die Entmythologisierung der Moral – tritt nun auf, um sich zu rächen. So kommen wir zu unserem Problem. Wie kann man die Moral entmythologisieren? Indem man sie »demoralisiert«. Wir werden dies nun systematisch darstellen.

b) Entmythologisierung des Mythos

Ein entmythologisierter Mythos ist *per definitionem* kein Mythos mehr. Wenn er noch als Mythos bestehenbleibt, so bedeutet das, daß er unvollständig entmythologisiert wurde. Ein entmythologisierter Mythos ist ein Eunuch, ein menschliches Gesicht ohne Nase, Augen und Ohren. Ein entmythologisierter Mythos ist ein Leichnam. Manche möchten entmythologisieren, um zur »Wahrheit« zu gelangen, zur reinen Wahrheit, so wie man durch chemisch-physikalische Experimente reines Metall gewinnt. Dieser Prozeß tötet den Mythos ebenso, wie Vivisektion ein Lebewesen tötet. Die Verfechter dieser Methode verstehen unter

Wahrheit einen Begriff, ein »Konzept«, und durchtrennen dadurch die Nabelschnur, die sie mit der »Konzeption« verbindet, die sie empfangen (konzipiert) hat. Entmythologisierung bedeutet dann, den Begriff aus dem formlosen, undifferenzierten Magma des Mythos herauszulösen. Selbstverständlich soll dieser Prozeß der Entmythologisierung nicht mit der Bultmannschen Entmythologisierung verwechselt werden, obwohl eine Verbindung besteht, noch mit der »personalen Entscheidung«, die aus einer »existentialen Interpretation« eines mythischen Textes folgt.

Nehmen wir ein Beispiel: Adam, so sagt man, kann nicht existiert haben (d.h. historisch, als ein Individuum – als wäre Existenz nur eine individualistische , historische Kategorie); der Apfel mag nicht wirklich gewesen sein (d.h. biologisch und materiell – als wäre Wirklichkeit durch diese beiden Dimensionen zu erschöpfen); die Schlange mag nicht fähig gewesen sein zu sprechen (d.h. phonetisch und mit menschlichen Worten – als müßte alle Kommunikation in Worten erfolgen), usw. usf. Aber der Kern des Mythos, so sagt man uns, erinnert uns an Begriffe wie Gehorsam, Demut, Versuchung, Verantwortung für das Leid, usw.[10] Die Entmythologisierung würde dann die Wahrheit des Mythos liefern. Der Mythos mag nicht »wahr« sein, d.h. »historisch« wahr, aber er wird Wahrheiten enthalten.[11]

Das Problem ist hier nicht zu Ende. Nachdem wir seine Wahrheit extrahiert haben, »rehabilitieren« wir den Mythos in Begriffen der Moral. Adam »erkannte« seine Frau, die in gewissem Sinn seine Tochter war. Was Kain und Abel betrifft, so berichtet uns die Genesis nicht, wer ihre Frauen waren, die Mütter ihrer Kinder.[12] Im biblischen Kontext müssen wir annehmen, daß ihre Frauen ihre Schwestern waren. Der Mythos vom Inzest beginnt, und er wird sich in der ganzen westlichen Welt entwickeln.[13] Die griechischen diesbezüglichen Mythen sind bekannt. Wir kennen auch

Analogien in Indien.[14] Wir geben uns wieder nicht damit zufrieden, den Wahrheitsgehalt dieser Mythen zu finden, wir wollen auch ihre ethische Botschaft interpretieren, ihre Moral entdecken.[15] Und obwohl ein Gleichnis kein Mythos ist, haben wir doch dasselbe mit den Gleichnissen der Evangelien getan: Wir wollen, daß sie eine moralische Lehre geben.[16]

Im Fall von Jakobs Überlistung des Esau und Isaak[17], die so schwer zu moralisieren ist, gibt Augustinus aufrichtig zu: *»non est mendacium, sed mysterium.«*[18] Auf diese Weise weigert er sich zu entmythologisieren, weil er sehr wohl weiß, daß der ganze Mythos, wenn er ihn zu sehr moralisiert, einstürzen wird, und mit ihm all das, was er an Wahrheit oder Güte enthält. Der Träger des Mysteriums ist der Mythos selbst. Ohne den Mythos ist das Mysterium dem Untergang geweiht, und umgekehrt, ohne den Sinn für das Mysterium stirbt der Mythos.[19] Augustinus fordert uns auf, uns dem Mysterium zu öffnen und das Eindringen der Vernunft in einen Bereich, der ihr nicht zugehört, zu verhindern. Aber nicht alle machen an dieser Schwelle halt.[20] Wir verlangen Erklärungen, wir wollen überall mit dem Verstand eindringen, wir profanieren die Klausur des Seins, wir vergewaltigen die Jungfräulichkeit des Mythos.[21] Genau gesagt ist es die Re-flexion, das Selbst-Bewußtsein, das den Mythos tötet. Wenn die Erkenntnis ihre ekstatische Haltung verliert, wenn sie nicht mehr erleuchtet, wenn sie sich umkehrt und zurückblickt[22], wird sie zur Erkenntnis von Gut und Böse, aber sie verliert auch ihre Unschuld und der Mythos löst sich auf. Dann versucht man den Mythos zu »retten«, indem man ihn entmythologisiert und wenigstens versucht, seine Moral zu retten, was nicht immer leicht ist. Dann entmythologisiert man weiter.

Nehmen wir als Beispiel für die moralisierende Entmythologisierung den hinduistischen Mythos vom Inzest.[23]

Hier finden wir zwei verschiedene Mythen oder, genauer gesagt, zwei dynamische Momente desselben Ur-Mythos von der Einheit und Vielfalt, des Absoluten und des Relativen.[24] Das erste Moment bezieht sich auf die Vereinigung des Vaters der Götter, Prajāpati, mit seiner Tochter Uṣas. Prajāpati entdeckt, daß er allein ist, und langweilt sich. Er sehnt sich nach einem zweiten.[25] Er, der schon vollkommen ist, der ursprüngliche Ātman, der mit dem Ur-Menschen, der Person[26], identisch ist, der sich vor niemandem fürchten könnte, weil es außer ihm niemanden gibt[27], das androgyne Wesen, spaltet sich in zwei.[28] Dann vereinigt er (schon der Vorrang des Männlichen) sich mit Uṣas, und die Menschheit wird gezeugt. Man könnte sagen, daß dieser Mythos die Liebe Gottes für sein Geschöpf darstellt und seine Herabkunft zu ihr, seiner Tochter, um sie zu vergöttlichen, um sie wieder an sich zu ziehen. Der Inzest bedeutet die ἀποκατάστασις πάντων und die ἀνακεφαλαιώσις aller Dinge.[29] Gott schenkt seiner Kreatur sein eigenes Leben. Er gibt sich nicht damit zufrieden, sie »platonisch« zu lieben, er befruchtet sie, er macht sie zu seiner Frau.[30] »Gott hat die Welt so sehr geliebt«[31], daß er »herabgekommen ist« und in seine Kreatur »einging« und seine eigene Schöpfung fruchtbar machte.[32] Dem Ausgesetztsein der Schöpfung entspricht die Umarmung des Herabstieges Gottes, die Befruchtung, die Inkarnation, deren Frucht die Vergöttlichung der Kreatur ist.[33] Man kann sagen, daß wir uns hier weit vom Inzest entfernt haben, und irgend jemand wird uns gewiß sagen, daß der Mythos nur eine besonders rohe Ausdrucksweise ist, und daß das Wesen des Mythos in Wirklichkeit das ist, was wir eben gesagt haben.[34] So machen wir eine kosmische Hermeneutik.[35]

Das zweite Moment dieses Mythos, das bis zu einem gewissen Grad schon in der ersten Version gegenwärtig ist, stellt die historische Dimension und die anthropologische

Vision desselben Problems dar. Es geht nicht mehr darum, daß sich Gott in einer zeitlosen Situation mit seiner Kreatur vereinigt, sondern es geht um die Reintegration des Menschen. Da dies in einem einzigen Exemplar der Menschheit unmöglich ist, muß es durch die Fortpflanzung der Rasse geschehen.[36] Yama, der erste Mensch, muß sich mit seiner Zwillingsschwester vereinigen, weil die Vorfahren von den einzigen auf der Erde Lebenden Nachkommen haben wollen.[37] Das erste menschliche Paar muß seine Abscheu davor, das zu tun, was »unerhört und schrecklich« ist, überwinden, um das menschliche Wesen um den Preis der Vielheit wieder zu vereinigen. Auf diese Weise wird die ganze Menschheit die Fülle der Wiedervereinigung erlangen. Yamī, die »Eva des Rigveda«, »versucht« ihren Bruder Yama:[38]

> Ich biete mein Lager wie das Weib ihrem Mann an,
> laß uns hin- und herrollen wie Wagenräder![39]

Doch er weigert sich:

> Niemals werde ich meinen Leib mit dem deinen vereinen;
> Sünde nennt man es, sich seiner Schwester zu nähern.
> Geh fort von mir, suche dein Glück bei einem anderen!
> Dein Bruder, o Schöne, wünscht es nicht.[40]

Später stirbt Yama, der erste Sterbliche, und wird zum König und Gott der Toten, dem Yama der Mythologie.[41] Um Yamīs Trauer zu lindern, schufen die Götter die Nacht.[42] Die Vielfältigkeit der Zeit ist für und durch den Menschen gemacht.[43] Der moderne Westen würde sicher versuchen, diesen Mythos mit Hilfe der Tiefenpsychologie zu deuten.[44] Doch der Vorgang ist in beiden Fällen der gleiche: Wir haben den Mythos moralisiert. Wir haben ihn »gerettet«, während wir den Inzest auf der bloß menschlichen Ebene verdammen. Die Analogie bleibt jedoch bestehen, so wie die klare, unzweideutige Sprache des Mythos.

Warum sprechen wir dann noch immer von Inzest? Haben wir das Recht, die Welt in zwei Teile zu teilen – in den menschlichen Bereich der Moral und in die amoralische kosmische Ordnung? Hat die Moral ein solches ontologisches Gewicht, daß sie die Wesen teilen kann in solche, an die sich das moralische Gesetz richtet, und solche, die davon nicht betroffen sind? Gibt es nicht eine Kontinuität, die mit der Vergöttlichung der Kreatur beginnt und die zum Inzest führt?[45] Was ist denn diese Moral, die mit demselben Recht wie die Vernunft Mythen entmythologisieren kann? Ist der Mythos bloß eine Fabel wie die von Aesop oder des Pañcatantra, deren Wert in ihrer »Moral« besteht? Sind wir in dieser »humanistischen« Epoche so sehr in unsere kleinen Begriffe verliebt, daß uns nicht mehr bewußt ist, daß wir sie darauf reduziert haben, nur die oberflächlichste Ebene einer viel reicheren Wirklichkeit zu erklären? Bedeutet »Inzest« – um zu unserem Beispiel zurückzukehren – nur »sexuelle Beziehungen mit einem bestimmten Grad von Blutsverwandtschaft«? Oder meint »sexuelle Beziehung« ausschließlich den »Geschlechtsverkehr«? Gibt es keinen anderen »Geschlechtsverkehr« als diesen? Wir könnten die Beispiele vervielfältigen: Wir sagen »Materie« und meinen »physikalische Masse«; »Physik« scheint nur von den sogenannten »Naturwissenschaften« zu stammen und »Natur« nur von der materiellen Welt. Warum haben wir den Menschen auf das Individuum reduziert, die Wahrheit auf einen Begriff, die Güte auf Recht und die Blume auf ihre Nützlichkeit? Wir können die Wahrheit des Mythos nicht auf seine begriffliche Wahrheit reduzieren. Ebenso können wir den Sinn der Güte nur schwächen, wenn wir sie zur bloßen moralischen Güte machen. War Judith moralisch?

Sicher wird jemand einwenden: Was will denn der

Mythos dann sagen, wenn er mehr ist als die Wahrheit und die moralische Lehre, die wir aus ihm gewinnen? Ich würde zuerst antworten, daß weder Wahrheit noch Moral es zulassen, in Begriffe oder moralische Regeln eingesperrt zu werden; zweitens und vor allem, daß der Mythos das sagen will, was er *sagt*. Wenn wir einen Mythos fragen, was er sagen will, so sagt er es. Das Problem ist vielmehr, daß wir eine viel zu begrenzte Vorstellung vom *Sagen* haben, eine viel zu kurzsichtige Konzeption des *Sprechens*, einen viel zu engen Begriff des *Wortes*, das der Mythos sagt und spricht. Die *fides ex auditu*[46] muß ergänzt werden durch den μῦθος ἐξ τοῦ λόγου. Der aus dem Hören und Erkennen geborene Glaube benötigt die Ergänzung des Mythos, der mit dem Wort zu uns kommt. Vielleicht wird unsere Zeit durch die Vermittlung des Bildes fähig sein, den Sinn des Mythos wiederzugewinnen.[47]

Was bleibt vom Mythos übrig, wenn wir ihn einmal entmythologisiert haben? Nichts. Wir haben vielleicht eine Wahrheit oder eine moralische Lektion daraus gezogen, aber vom Mythos selber bleibt nichts übrig. Doch der Mensch kann nicht ohne Mythen leben. Wenn die alten Mythen entmythologisiert sind – und sie sind es noch nicht, weder in der ganzen Welt noch dort vollständig, wo sie den meisten Angriffen ausgesetzt sind –, sucht der Mensch sich andere Mythen. Diese neuen Mythen beginnen als einfacher Ersatz für die alten, aber langsam bereichern sie sich und nehmen allmählich all das wieder in sich auf, was ursprünglich abgelehnt worden war.[48] Dem Abbau der alten Mythen entspricht der Aufbau der neuen, die sich aus den Trümmern der früheren zusammensetzen. In der Menschheit gibt es einen mythischen Stoffwechsel, der es wert ist, untersucht zu werden.

Die Notwendigkeit des Mythos erscheint auf frappierende und sogar tragische Weise im Problem der Moral.

2. *Mythos*

a) Der Mythos der Moral

Hier übt unsere Zeit ihre erbarmungslose, messerscharfe Kritik. Wir wollten den Mythos moralisieren. Was haben wir getan? Wir haben den Mythos getötet. Nun werden wir die Moral entmythologisieren. Denn ist nicht letzten Endes die Moral selber ein Mythos?

Der »Primitive« folgt seinem Mythos ohne zu fragen. In dem Moment, wenn er zu fragen beginnt »warum?«, erlangt er die Erkenntnis von Gut und Böse[49], und sofort wird ihm der unvernünftige, irrationale Charakter des Mythos bewußt. Dadurch verliert er sogleich seine »primitive« Unschuld; der Mythos des Paradieses hat für ihn keine Gültigkeit mehr, aber er findet sich auch aus dem Paradies des Mythos verstoßen. Ein mit einem Flammenschwert bewaffneter Engel bewacht den Eingang zu diesem Paradies und verbietet ihm den Zutritt, damit er nicht vom Baum des Lebens esse und das Geheimnis des Daseins verstehe.[50]

Geschieht nicht dasselbe bei den »zivilisierten« Völkern in bezug auf die Moral? Sie leben entsprechend ihren moralischen Normen, ohne nach Gründen zu fragen. Sobald sie es tun, gerät die Moral in eine Krise, und in dem Moment, wenn sie die Gründe finden, hört die Moral auf. Die Moral (oder Ethik) wird zur Logik oder Dialektik – oder zur Wissenschaft. Wenn sie zum *Logos* wird, hört die Moral auf, *Ethos* zu sein. So gehorchen wir einer Schlußfolgerung. Wir sind gut dank eines logischen Schlusses. Wir nehmen die Spielregeln des Lebens an, weil wir ihre Begründung untersucht und beurteilt haben. Von nun an ist das Gute gleich einer richtigen Erkenntnis, und das Böse ist ein bloßer Irrtum. Dies kann man auf der Ebene des Individuums wie im soziologischen Bereich nachprüfen: Die Moral nimmt in dem Maße ab, wie das »Wissen« Fortschritte macht.[51]

Es ist kein Zufall, daß Sokrates der erste »westliche« Mensch genannt wurde, der erste »zivilisierte« Mensch, der erste einer Zivilisation, der es selbst heute noch nicht gelungen ist, die mythische, nicht-rationale und oft irrationale Macht der Moral zu zerstören.

Wir handeln moralisch, solange wir nicht fragen warum. Sobald wir uns verpflichtet fühlen, die Moral durch die Vernunft zu rechtfertigen (und wie könnten wir es sonst tun?), beginnt sie zu schwanken. Was für Argumente führen wir nicht heute z. B. an für oder gegen die Geburtenregelung, den Schwangerschaftsabbruch oder die Euthanasie? Wie viele »Theorien« konstruieren wir für oder gegen den Krieg, die Gewalt und den Betrug? Wir ignorieren den Wunsch der Gläubigen, die keine Vernunftgründe anhören wollen, sondern die wissen wollen, was sie tun sollen. Gewiß ist es ein zweischneidiges Schwert: Der »Beichtende« hat recht, wenn er im Beichtstuhl keine Gründe hören will, aber er hat unrecht, wenn er um ein einfaches »Rezept« bittet, das ihm die Verantwortung einer freien und persönlichen Entscheidung erspart.[52]

Damit wollen wir keine bestimmte Theorie vorschlagen. Wir stellen einfach den mythischen Charakter der Moral dar, nicht nur in ihren Erscheinungsweisen, sondern in ihrer tiefsten Struktur. Wenn die Moral nicht mehr selbständig, nicht mehr selbst-verständlich ist, wenn sie nicht mehr diskussionslos angenommen wird, wenn sie sich nicht mehr selbst behauptet, dann muß sie, wie der Mythos, an die Vernunft appellieren, um sich zu retten und irgendwie zu rechtfertigen. Aber die Moral verkauft damit ihr angeborenes Recht[53]; sie hört auf, autonom zu sein und fähig, eine moralische Pflicht zu fordern; sie wird zur Wahrscheinlichkeit (oder Wahr-Scheinlichkeit) und Logik. Sie ist Schlußfolgerung aus einer Beweisführung, gemünzte Rationalisierung, Anstandsregel, Ergebnis eines Syllogismus – nicht aber der Ausdruck einer Ordnung[54], die Manifestation eines Willens, das andere Gesicht der Wahrheit.

Doch dann geschieht es, daß derjenige, der andere Gründe findet, zu anderen Schlüssen kommt, eine bessere Regel findet (wie eine perfektere – weil praktischere – Verkehrsordnung), nicht länger an dieses moralische Gebot gebunden ist, das seinem Wesen nach eine weit universalere Gültigkeit verlangt als die Prinzipien der Vernunft. Moral soll auch dort gültig (d.h. bindend) sein, wo die Vernunft noch nicht zu sehr »fortgeschritten« ist. Kurz, die Moral hört auf Moral zu sein, sie wird zu einer pragmatischen Regelung der Koexistenz.

Angesichts des Fortschreitens der europäischen Kultur glaubte der westliche Mensch einmal (mit Kant), daß die Moral universaler und daher gültiger wäre, wenn sie auf Vernunft begründet wäre statt auf Zielen. Wir müssen dabei sofort festhalten, daß diese Ziele schon zu Zwecken geworden waren, d.h. zu subjektiven Absichten. Tatsächlich hatte das Selbstbewußtsein schon die objektive und kosmische Ordnung, den Bereich der Ziele, durchdrungen. Kants Kritik war folglich unvermeidlich.

Sowohl die heteronome wie die autonome Bemühung haben versagt. Um die Moral zu retten, bleibt uns keine andere Alternative, als sie radikal zu entmythologisieren. Kant selbst wollte die Grenzen der Vernunft finden, »um zum Glauben Platz zu bekommen«.[55]

b) Entmythologisierung der Moral

Was bleibt dann von der Moral übrig? Selbst wenn es uns gelingt, ihren Wahrheitsgehalt zu bewahren, wie können wir ihre nicht zurückführbare Endgültigkeit, ihre Autorität, das volle Gewicht ihres Gebotes, ihr »Soll« garantieren und rechtfertigen? Die Vernunft kann höchstens vorschreiben, was unter gewissen Voraussetzungen und unter Annahme bestimmter Ziele sein sollte. Aber die Vernunft ist absolut unfähig vorzuschreiben, was sein *soll*. Sie kann weder Gründe noch Motive für den Eckstein der Moral liefern, daß man das tun *muß*, was sein soll. Kurz gesagt, man tötet das menschliche Gewissen, wenn man es auf eine saubere rationale Überlegung reduziert. Die Moral wäre dann nichts anderes als die Schlußfolgerung einer Rationalisierung in der Form von Anweisungen, um diejenigen zu »überzeugen«, die nicht schlau genug sind, die »Gründe« zu verstehen.

Betrachten wir zum Beispiel die Pflicht des Gehorsams. Warum muß Adam Gott gehorchen, statt auf Eva und die Schlange zu hören oder der Anziehungskraft der verbotenen Frucht nachzugeben? Adam kann gehorchen oder nicht, er hat die Wahl. Er ist frei, den einen oder anderen Weg einzuschlagen. Aber wenn ihm seine Freiheit einmal bewußt ist, kann er gar nicht anders, als zu fragen, warum – warum gehorchen? Und sobald er nach dem Grund des Gehorsams fragt, gibt er damit die Möglichkeit des Ungehorsams zu, wenn seine Frage keine befriedigende Antwort findet. Mit anderen Worten, sobald er zu entmythologisieren beginnt, verliert er seine Unschuld und meidet den Gehorsam. Indem er sich fragt, »warum« er gehorcht, vertraut er dem Gebot selbst nicht mehr; er will es rechtfertigen. Sein Gehorsam ist nicht mehr spontan, er bietet sich seinem Gewissen nicht mehr unmittelbar an, und daher muß er an eine dritte Instanz appellieren, an die *Gründe*, die seiner Frage zugrunde liegen und auf denen er seinen Gehorsam rational begründen will.

Dann findet er sich entblößt; er entdeckt seine Nacktheit.[56] Und da jede Ent-deckung eine Enthüllung ist, hat er sich tatsächlich selbst entblößt. Er war zuvor nicht nackt, er war von Gott bedeckt und auch vom Mythos, bis zu der Ent-deckung seines Ungehorsams, der Ent-hüllung seiner Erkenntnis.[57] Wenn ich bereit bin, den Gründen zu vertrauen, die mein Fragen zu entdecken behauptet, so vertraue ich nicht mehr Gott, sondern mir selbst, der ich das Grundprinzip meines Gehorsams entdecke. Wenn ich nicht bereit bin, den Entdeckungen meiner Vernunft zu folgen, zu gehorchen, oder wenn die Frage nur rhetorisch war, in der Hoffnung, daß der Konflikt nicht ausbrechen wird, dann bin ich nicht mehr ehrlich. Eine Zeitlang machte der westliche nachmittelalterliche Christ Gott zu der rationalen Grundlage, nach der er suchte, was unvermeidlich zu dem »Tod Gottes« im letzten Jahrhundert führte. Wenn Gott der »Grund« ist, warum ich gehorchen soll, so kann ihn jeder andere »Grund« ersetzen. Echter Gehorsam versucht zu entdecken, *wem* er gilt, nicht den Grund, das *was*. Er verwechselt nicht eine Entscheidung, die *ich* treffe, mit dem Grund dieser Entscheidung, der nicht *in* mir liegt. Wenn ich das letzte Kriterium bin, werde ich der Rivale Gottes, doch gibt es auf der letzten Ebene keinen Platz für zwei.

Die traditionelle Erklärung für den Fall Adams ist einfach: Er ist dem Teufel in die Falle gegangen, er ist der Versuchung erlegen. Sünde ist Entfremdung, sich von einem anderen verführen lassen. Das Judentum zur Zeit Christi pflegte zu sagen, daß der Mensch zwei *jeṣer* hat, und diese Lehre der zwei Geister, der zwei Wege, der zwei Neigungen und sogar der zwei Ziele des Menschen bleibt im frühen Christentum allgemein verbreitet.[58] Eine dieser Neigungen ist die Tendenz zu sündigen. Dieser *jeṣer*, der im Herzen wohnt, wird διαβούλιον genannt; später wird es durch den λογισμός ersetzt, ein Wort stoischen Ursprungs.[59] Was ich hier hervorheben will, ist der universale Glaube an ein δαιμόνιον als unmittelbare Ursache von

Versuchung und Sünde. Dieser Glaube, der in der modernen Zeit so lächerlich gemacht wird – zweifellos aufgrund des Mißbrauchs, der damit getrieben wurde –, hielt die Moral aufrecht: Solange man nicht nach einer rationalen Erklärung sucht, steht alles fest. Es gibt kein »Warum«, sondern ein »Wer«, einen Dämon oder Geist, der den Menschen zum Bösen oder zum Guten antreibt. Wenn das δαιμόνιον und das πνεῦμα verschwinden, müssen wir die Sünde mit Hilfe natürlicher, ja sogar rationaler Gründe erklären, und dies bedeutet, sie wegzudeuten. Die Sünde wird rational, sogar vernünftig, höchstens ist sie ein Irrtum.

Aber das Problem hört hier nicht auf. In der Tat beginnt es mit der Frage »warum?«. Es ist leicht zu sagen, daß man, solange man noch nach einem weiteren Grund fragt, das letzte Fundament noch nicht erreicht hat. Das Problem entsteht dann, wenn uns bewußt wird, daß es unmöglich ist, wenn die Frage einmal gestellt ist, wenn der Zweifel einmal aufgetaucht ist, die Frage *nicht* zu stellen, und dann ist es ebenso unmöglich, sie auf eine andere Weise zu stellen. Sobald ich nach dem Warum frage, kann ich nicht mehr anders fragen. Entweder ich frage überhaupt nicht, und dies ist der Mythos und der Zustand der Unschuld; oder ich frage, und die Frage selbst beginnt die Moral zu entmythologisieren und zu zerstören. Die Tragödie des *status deviationis* besteht eben darin, daß man die Frage nach dem Warum nicht vermeiden kann: das reflektive Bewußtsein tötet das moralische Gewissen, es zerstört nicht nur seine Spontaneität, sondern auch seine Unrückführbarkeit. In diesem Fall ist das moralische Gewissen nicht mehr letztgültig, es ist nicht mehr die letzte Instanz. Es manipuliert nur die Gründe, die mein rationales Denken ihm liefert. Adam mag sich nicht in diesem Zustand befunden haben, aber wir tun es. Die Sehnsucht nach

nach einem verlorenen Paradies ist weder das Paradies noch die Erlösung.

Heute wird dieses Dilemma in all seiner Schärfe spürbar. Wenn wir nicht entmythologisieren, wird der Gehorsam – um bei dem schon erwähnten Beispiel zu bleiben – blind, die ihm entsprechende menschliche Haltung wird fanatisch und die sich daraus ergebende Situation unkritisch und unhaltbar. Wer sagt mir, ob es Gott ist oder der Satan, der spricht? Yahwe oder die Schlange? Wenn ich zu entscheiden habe, dann bin ich die letzte Instanz, der endgültige Richter zwischen Gott und dem Teufel. Wenn wir nicht entmythologisieren, kann jeder alles befehlen, und vorausgesetzt, daß der äußere Anschein nicht Verdacht erregt, werde ich kritiklos gehorchen. Wir dürfen nicht vergessen, daß die erste Frage – und damit der erste Zweifel – in der Bibel in Wirklichkeit die der Schlange ist.[60] Doch wenn wir keine Fragen stellen, sind wir keine Menschen. Der Mensch ist ein Wesen, das fragt und sich selbst befragt. Und genau an diesem Punkt sagen fast alle Traditionen der Menschheit, daß die existentielle Situation der Menschheit der *status deviationis* oder *naturae lapsae* ist, verstanden nicht als ein bloß oberflächlicher Mangel, sondern als eine Wunde, die bis zur tiefsten Ebene unseres Seins dringt. Die grundlegendste Frage – Wer bin ich? – ist nicht nur in der Antwort, sondern in der Frage selbst bedingt durch die gefallene existentielle Situation des Menschen, des Ich, das nach sich selbst fragt.

Wir mögen nicht das Bedürfnis empfinden zu entmythologisieren, aber in dem Moment, wenn jemand uns fragt (wie die Schlange Adam), warum wir gehorchen müssen, sind wir nicht mehr frei, die Frage beiseite zu schieben, und müssen vielmehr unsere Entscheidung rechtfertigen, ja selbst unsere Freiheit. Andererseits, wenn wir den Gehorsam entmythologisieren, zerstören wir ihn vollständig; der

Gehorsam als solcher verschwindet. In der Entmythologisierung entdecken wir entweder den Grund, das zugrundeliegende Warum, oder wir tun es nicht. Aber in beiden Fällen gehorchen wir nicht mehr.

Im ersten Fall ist dieses Warum, das wir finden, entweder überzeugend oder nicht (überzeugend bedeutet, daß ich einen Grund finde, um zu gehorchen). Wenn es überzeugt, *gehorche* ich nicht mehr einem Befehl, sondern ich folge vielmehr meiner Vernunft, meinem eigenen Kriterium. Ich »gehorche«, weil ich jenseits des Befehles selbst entdeckt habe, daß ich tun muß, was mir befohlen wird. Auch wenn niemand den Befehl aussprechen würde, würde ich gehorchen, d.h. ich würde es auf jeden Fall tun. Diese Haltung charakterisiert das 19. Jahrhundert. Die Religion – gleichgesetzt mit Moral – wurde für das Volk für gut erachtet, besonders für die Ungebildeten, die eine Autorität brauchen, um sie zu führen. Was die *Aufgeklärten* betrifft, so brauchen sie weder Religion noch Moral außerhalb ihrer selbst.[61] Dies ist auch die gebräuchlichste vedantische Einstellung: Derjenige, der den Ātman, den αὐτός, verwirklicht hat, ist jenseits aller Gebote und aller Moral.[62] Derjenige, der die Wirklichkeit intuitiv erkannt hat, *ist* diese Wirklichkeit (geworden), und es gibt keine höhere Instanz, der er zu gehorchen hätte.[63] Die Autorität ist nur für diejenigen notwendig, die noch nicht sich selbst gefunden haben. *Ipsi sibi sunt lex.*[64] Die Extreme berühren sich!

Wenn hingegen die Begründung, die man gefunden hat, nicht überzeugend ist, dann gehorcht man nicht, *a fortiori*. Man entdeckt zugleich das Motiv für das Gebot und dessen Schwäche.

Nehmen wir an, daß Adam den Grund für das Verbot Gottes, die Frucht zu essen, in dem Motiv, das ihm die Schlange suggerierte, gefunden hätte: Göttliche Eifersucht, Angst vor Rivalen, der Wunsch, das Privileg der Erkenntnis von Gut und Böse für sich allein zu behalten.[65] So könnte Adam sich gedacht haben, daß er nicht verpflichtet war zu gehorchen; statt dessen mag er die »moralische« Verpflichtung gefühlt haben, die Androhung des Todes zu riskieren[66] und das Recht Gottes herauszufordern.

Wir könnten zweifellos die Möglichkeit eines »Gehorsams« trotz allem annehmen, aber dann handeln wir entweder gegen unser eigenes Gewissen, was unmoralischer wäre als glatter Ungehorsam (denn dann folgen wir dem Gebot aus Berechnung, Angst, Trägheit, Opportunismus usw. – aber wir können es nicht mehr Gehorsam nennen); oder wir bleiben allem zum Trotz einem Mythos verhaftet, der alle »Gründe« übersteigt, was bedeutet, daß wir ihn nicht ernsthaft entmythologisiert haben.

Wenn wir nicht erfolgreich entmythologisieren, d.h., wenn wir das Warum, die Begründung eines Gebotes, nicht herauslösen können, können wir gewiß weiterhin »mythisch« glauben, daß es einen verborgenen Grund gibt, der nicht enthüllt werden kann. Indem wir diesem unbekannten Faktor Glauben schenken, gehorchen wir nur scheinbar, denn in Wirklichkeit haben wir uns schon zu seinen Gunsten entschieden und vertrauen blind seiner Existenz und Macht. Ist dies nicht vielleicht die üblichste Form des »Gehorsams«? Oder wir können glauben, daß es kein Warum gibt, keinen Grund hinter dem Gebot, und dann gehorchen wir nicht länger, denn die bloße Tatsache, daß wir zu entmythologisieren versuchen, bedeutet, daß wir diese Entmythologisierung für notwendig erachten, um unseren Gehorsam zu rechtfertigen. Aber in diesem Fall kann man nicht gehorchen; selbst wenn man will, kann man die verlorene Unschuld nicht wiedergewinnen, kann man nicht zurückgehen und von neuem beginnen, so als hätte man nicht schon einen Schritt getan (und geschwankt), um Gründe für den Gehorsam zu finden. Hier ist der wirkliche

Ort für das gegenwärtige Problem des ernsthaften Atheismus.

Das Dilemma ist zum Verzweifeln. Wenn wir die Moral nicht entmythologisieren, wird sie wie ein Krebsgeschwür, sie dringt in alles ein, lähmt alles mit Regeln, Tabus und Irrationalität. Die meisten moralischen Gesetze sprechen uns nicht mehr an, sie sind nicht mehr selbstverständlich für uns. Wir können heute nicht umhin, eine Begründung der Moral zu finden – oder vielmehr zu suchen. Wenn wir die Moral entmythologisieren, kann sie als Moral, als das letztgültige Kriterium für das Verhalten, nur verschwinden. Was bleibt, ist nur eine statische Rationalität, die jeder Autorität entbehrt, in der eine dynamisch verstandene Pflicht ihre Wurzeln haben könnte.

c) Die Remythisierung der Moral

Gibt es einen Ausweg aus dieser hoffnungslosen Situation? Es ist unmöglich, hier eine Lösung zu geben, die dem Problem vollkommen gerecht würde. Ich werde mich darauf beschränken, die mythische Morphologie der Moral zu betonen und darauf hinzuweisen, daß die einzige Möglichkeit, die Moral vorläufig aufrechtzuerhalten, in ihrer möglichen Remythisierung besteht.

Dies kann keine künstliche, nicht einmal eine bewußte und pragmatische Remythisierung sein. Mein einziges Anliegen ist, die Existenz eines Gesetzes zu behaupten und seine Bedeutung zu erklären.

Ich habe anderswo von *Ummythologisierung* gesprochen.[67] Die Remythisierung der Moral wäre ein Beispiel dafür: Es handelt sich gewiß nicht um eine Rettungsaktion mit mehr oder weniger bewußten, absichtlichen und künstlichen Rettungsankern, sondern um einen spontanen und natürlichen Prozeß, der sich vor unseren Augen abspielt.[68]

Die Moral ist, wie ein Eisberg, nicht nur unbewußt, und neun Zehntel ihrer »Substanz« sind verborgen, sondern sie bewegt sich auch und schwimmt herum, sie bewegt sich auf Meere zu, die von der Reflexion, vom reflexiven Bewußtsein, noch unberührt sind. Ist das moralische Gewissen nur ein Ersatz für das Bewußtsein, so daß, wenn die Erkenntnis eintritt, die Moral gänzlich verschwindet? Sind die beiden unvereinbar, so daß das eine den Platz des anderen einnimmt?

Es gibt hier eine Art Unbestimmtheit zwischen diesen beiden Arten des Bewußtseins, dem reflexiven und dem moralischen, ähnlich der Unbestimmtheitsrelation, die Heisenberg zwischen zwei einander zugeordneten Variablen in der Physik aufstellte. Wenn die Erkenntnis zunimmt, nimmt die Moral ab – und umgekehrt. Aber ebenso wie in der Physik die beiden Ordnungen verbunden, einander zugeordnet sind, so gibt es keine Dimension der reinen Erkenntnis, noch der blinden Moral. Moral ohne Erkenntnis bedeutet Fanatismus und Sklaverei, ebenso wie eine Erkenntnis, die alles zu durchdringen sucht und überall eindringen will, den Menschen tötet und das Leben zerstört. Infolgedessen ist ein Idealismus, der Sein mit Erkenntnis identifiziert, gezwungen, die Moral auszuschalten, und jede moralische Institution (jede Kirche zum Beispiel) neigt immer dazu, das Wachstum der Reflexivität mit Argwohn zu betrachten.

Wir haben schon festgestellt, daß eine Moral, die sich selbst in Frage stellt, aufhört, Moral zu sein. Wenn ich mich frage, warum ich meine Eltern lieben muß oder welcher Grund mich dazu verpflichtet, immer ehrlich zu sein, dann beginnen meine kindliche Liebe und meine Ehrlichkeit ins Schwanken zu geraten.

Wir stellen die moralischen Werte, die wir annehmen, nicht in Frage. Und eben deshalb akzeptieren wir sie, weil wir sie für letztgültig halten, und zwar ohne ein weiteres Warum. Ebenso gibt es in unserer heutigen Welt bestimmte soziale Werte, über die nicht diskutiert wird, wie Gerechtigkeit, Demokratie, soziale Wohlfahrt, Treue dem eigenen Land gegenüber und sogar nationale Integrität, besonders im Fall junger Nationen. Diese Werte sind im kollektiven Unbewußten der Menschheit verwurzelt.[69] Indien zum Beispiel weigert sich einfach, das Kaschmir-Problem auf neutralen Voraussetzungen und ohne vorgefaßte Lösungen zu diskutieren. England wird kaum anerkennen, daß ein Referendum den Status der Monarchie auflösen könnte. Spanien weigert sich glattweg anzunehmen, daß seine religiöse Einheit in Frage gestellt werden kann. Ähnlich würden die Vereinigten Staaten kaum eine Diskussion über ihr Recht, »die stärkste Nation« zu sein, zulassen. Selbst die spekulativen Wissenschaften nehmen bestimmte Prinzipien oder Postulate an, die weder bewiesen noch widerlegt werden. Sollte es notwendig werden, so beruft man sich auf eine andere Wissenschaft oder auf die Philosophie, oder auf die Evidenz, oder auf den Pragmatismus, um die Hypothese zu rechtfertigen, auf der eine Wissenschaft begründet ist. Die Mathematik ist ein klassisches Beispiel.

Die traditionelle Antwort hält stand, wenn wir alle ihre Voraussetzungen annehmen: Die moralische Ordnung ist im Willen Gottes begründet oder in der Natur der Dinge, sie ist von der Offenbarung oder von der Vernunft bekanntgegeben, sie wird durch die Kirche oder durch die Kultur vermittelt, usw. Jedoch besteht zwischen dem Gebot, das eine absolute, allgemeine Anordnung ist – zum Beispiel »du sollst nicht töten« – und meiner konkreten Situation genügend Abstand, damit irgendein bestimmter Fall von allen denkbaren »Scharfschützen« abgeschossen werden kann, von der »philosophischen« Vernunft oder von irgendeiner Humanwissenschaft, vor allem der Psychologie. So bleibt das Problem bestehen.

Es ist bezeichnend, daß, solange wir die Moral so lebten wie den Mythos, d. h. in sie eingetaucht waren ohne »kritische« Distanz, als wir auf der Ebene einer »mythischen« Moral lebten (wie der moderne Mensch sagen wird), die Schwere einer Sünde in Relation zu dem Anteil des Willens, mit dem sie begangen wurde, bemessen wurde und daher auch in Relation zur Vernunft. Ein Akt der Leidenschaft war traditionellerweise nicht so sträflich wie eine vorausgeplante, kaltblütige Tat. Die Schwere einer Sünde war direkt proportional zu dem Anteil der Vernunft und des Willens an ihr. Heute ist es fast das Gegenteil. Wenn es einem gelingt, die Rationalität und die Absicht von Akten zu beweisen, die sonst als der allgemein gültigen Moral entgegengesetzt gelten würden, so wird die Gesellschaft sie wahrscheinlich entschuldigen. Wir denken hier nicht nur an den Fall Vanderput, noch ausschließlich an Abtreibung oder Kriegsdienstverweigerung, sondern auch an sogenannte »unmoralische« sexuelle Beziehungen zwischen mündigen Erwachsenen, oder an Lügen, die »für gute Zwecke« ausgesprochen werden, usw. Es scheint so, als ob, wenn man die eigenen Handlungen erklären und vor allem rational rechtfertigen kann, das Böse ausgeschaltet wäre. Die rationale Erklärung kommt einer moralischen Rechtfertigung gleich. Aber wofür können wir nicht irgendeine Erklärung finden, vor allem, wenn es darum geht, uns selbst zu rechtfertigen?

Wohin führt dieser Prozeß? Ist er ein Stadium der Evolution?[70] Ist es das *kaliyuga*, das Zeitalter der Erbsünde?[71] Oder ist es der gesamte menschliche *kalpa*?[72] Aber ist der Mensch selbst nicht nur ein Strang in dem Gewebe von Raum und Zeit, das die ganze Schöpfung verbindet und differenziert? Dies sind Fragen, die wir hier nur andeuten können, wobei uns bewußt ist, wie weit sie von der »Moral« entfernt sind und wie nahe sie dem Mythos stehen.

Der berühmte, wenn auch nicht kanonische Text des Lukas[73], der der befreienden Formel Christi vorausgeht, daß der Menschensohn auch Herr über den Sabbat ist[74], scheint diese Denkrichtung zu bestätigen. Er wird außerdem durch die mutigen Worte des heiligen Paulus bekräftigt: »Glücklich, wer sich nicht selbst bei seiner Entscheidung das Urteil spricht«[75], selig der Mensch, der mit einer unmittelbaren und nicht reflexiven Haltung handelt, so daß es keinen Zweifel darüber gibt, was er tun soll.[76] Der Text von Lukas lautet folgendermaßen: »Am selben Tag, als er einen am Sabbat arbeiten sah, sagte er zu ihm: Mann, wenn du wirklich weißt was du tust, bist du selig, aber wenn du es nicht weißt, bist du verflucht, und ein Übertreter des Gesetzes.«[77] Christus zitiert dann das Beispiel Davids, der die Schaubrote aß, die nur die Priester essen durften.[78] Müssen wir daraus schließen, daß man, vorausgesetzt, man weiß, was man tut, frei ist, alles zu tun? Ich glaube nicht. Der Text kann nicht auf eine solche rein anarchistische Weise interpretiert werden. Zunächst muß man wirklich wissen, was man tut.[79] Hat nicht derselbe Christus seinen Vater gebeten, seinen Henkern zu verzeihen, »denn sie wissen nicht, was sie tun«?[80] Der Text meint, daß man, wenn man *weiß*, durch dieses Wissen konditioniert ist. Aber wahres Wissen ist immer befreiend.[81] Nur wenn man weiß und nicht danach handelt, sündigt man. Man kann einen Irrtum nicht *wissen*, aber man kann eine Wahrheit ignorieren oder eine Handlung für gut halten, wenn sie es in Wirklichkeit nicht ist, wenn man weder den Vater noch Christus kennt.[82] Was ist dieses befreiende Wissen?[83] Nach Paulus, der sich auf das Evangelium stützt[84], ist dieses Wissen der Glaube.[85] Es ist kein rationales Wissen, obwohl es auch nicht unvernünftig ist.[86]

Können wir eine Paraphrase der ersten Seligpreisung wagen, der ersten und bestimmenden Note der ganzen Bergpredigt?[87] »Selig sind die Armen im Geiste!« – diejenigen, die wirklich und daher geistig arm sind, die ihren Geist nicht besitzen, die sich selbst nicht besitzen, die sich ihres Wertes und ihrer Größe nicht bewußt sind (die verlorengehen, sobald man sie weiß). Selig sind, die nicht selbstbewußt sind, die zum Leben geboren sind, aber die nicht wissen, wie sie dieses Leben handhaben sollen, außer es zu *leben*. Selig sind, die die *docta ignorantia* erreicht haben, die beten, ohne es zu wissen, die Gutes tun und selbst am Tag des Gerichtes gestehen werden, daß sie es nie gewußt haben[88], weil ihre rechte Hand sich nicht bewußt war, was die Linke tat.[89] Selig sind die, die einen solchen Glauben haben, der Berge versetzt[90] und der rettet.[91] Selig sind die, die ihr Leben verloren haben.[92] Selig sind die, die dem Herrn ein so neues Lied singen[93], daß es alle Reflexion ausschließt, denn würde man ihr die Aufmerksamkeit zuwenden, so könnte das Lob nicht mehr so rein sein und würde in Schmeichelei oder sogar Aberglauben abgleiten. Unsere Stunden des Psalmengebetes »berühren« Gott nicht oder bringen ihm nichts, es sei denn, sie werden im Geist durch den Sohn zum Vater gebetet, wenn der Mensch des Gebetes von ihm emporgehoben und hinweggetragen wird – von einem Gebet, das Gott Gott selbst darbringt. Nun kann aber das echte Bewußtsein dieses Aktes nicht selbstbewußt sein, da das αὐτός nicht mehr unser Ego ist, sondern der Geist[94]; unser Ego kann die inner-trinitarische Symphonie nur stören, zu der wir gerufen sind und an der wir teilhaben, vorausgesetzt, daß wir *ontisch* schweigen.[95] Wahrer Apophatismus ist nie reflexiv; dasselbe trifft auch für jede positive Aussage zu.[96] »Selig sind, die das unendliche Nichtwissen erlangt haben.«[97]

Und nun erhebt sich die Frage: Wie kann man diesen

Glauben haben, der selbst vom Gesetz befreit?[98] Wie kann man dieses Glaubensbewußtsein erlangen, das die Moral nicht zerstört und das weder blindes Wissen noch fanatische Anhängerschaft ist, noch einfach ein logischer Schluß oder eine rationale Überzeugung, was sowohl die Freiheit wie den Willenscharakter des Glaubensaktes töten würde?

Hier beziehen wir uns wieder auf den Fall des Gehorsams. Wenn Gehorsam bloße Rationalität ist, ist er kein Gehorsam. Wenn Gehorsam bloße Irrationalität ist, ist er ebenso kein Gehorsam. Ich gehorche nicht, weil ich die logische Begründung des Befehls einsehe, noch weil ich sie nicht einsehe (im Fall der Irrationalität), sondern weil ich *einsehe*, daß ich gehorchen muß. Glaube ist diese *Einsicht*. Er ist letztgültig und unrückführbar, ohne weitere Absichten oder äußere Gründe für den Glauben (Glaubwürdigkeit und Gutgläubigkeit sind etwas ganz anderes).

Hier befinden wir uns in der dem Fideismus genau entgegengesetzten Haltung, der einem wirklichen Angriff auf die Rechte der Vernunft gleichkommt. Doch sind wir ebenso weit entfernt von einem sogenannten Naturalismus, der beansprucht, die Moral in der Vernunft oder in der Natur zu begründen.[99] »Was nicht aus Überzeugung (Glauben) geschieht, ist Sünde.«[100]

Vielleicht wird jemand einwenden, daß mein Argument das Problem nur verschiebt. Es mag sein, daß ich es auf die Frage des Glaubens abgeschoben habe, aber ich bin überzeugt, daß ich dazu beigetragen habe, das Problem zu zentrieren. Müssen wir den Glauben remythisieren oder entmythologisieren? Hat der Glaube etwas mit dem Mythos zu tun? Die folgenden Kapitel werden dieses Problem wiederaufgreifen.

Anmerkungen

1 Vgl. als Einführung in diese Problematik: *Il problema della Demitizzazione* (1961), *Demitizzazione e immagine* (1962), *Ermeneutica e tradizione* (1963), *Tecnica e casistica* (1964), die Akten der Kolloquien, die vom *Istituto di studi filosofici* (Rom) unter der Leitung von E. Castelli veranstaltet wurden (Padua: Cedam), und die Reihe *Kerygma und Mythos* (Hamburg: Reich 1963, 1964, 1967, Bd. VI, 1, 2 u. 3).

2 Vgl. nur zur Erinnerung: M. D. Chenu, *La théologie au douzième siècle* (Paris: Vrin 1966); H. de Lubac, *Exégèse médiévale; les quatre sens de l'Ecriture* (Paris: Aubier 1959f., 4 Bde.).

3 Vgl. 1 Kg. 8,12; Ps. 17,12 (18,11); 97,1; Sir. 14,4; usw. Vgl. auch Dionys. Areop., *Epist.* 3; Maximus Conf., *Ambigua* (P. G. 91, 1048) und SU I,3. Vgl. SB VI,1,1,2: »Die Götter lieben das Geheimnisvolle« (wörtl. das Unsichtbare, Unoffenbare, *parokṣa*) oder Heraklit: φύσις κρύπτεσθαι φιλεῖ, »die Natur liebt es, sich zu verbergen« (περὶ φύσεως, Fragm. 123, übers. von H. Diels, *Die Fragmente der Vorsokratiker*, Reinbek: Rowohlt 1957, S. 30).

4 Vgl. Joh. 1,5.

5 »Creatura est tenebra in quantum est ex nihilo.« Thomas v. Aquin, *De veritate*, q. 18, a. 2 ad 5.

6 Vgl. den schönen und suggestiven Ausdruck von RV I, 164, 47: *kṛṣṇam niyānam*, »der Weg ist dunkel« (»the Path is dark«, V. S. Agrawala). »Dark is the descent« (Griffith). Agrawala übersetzt auch: »Dark is the Source« (in: *Vision in Long Darkness*, Varanasi: Bhargava Bhushan Press 1963, S. 185). Nach der sog. Schöpfungshymne, dem *nāsadīya sūkta*, gab es am Anfang zwei Arten von Finsternis: »Im Anfang war Finsternis von Finsternis verhüllt« (RV X, 129,3). Die erste Finsternis ist der Schöpfer selbst (*svayambhū*, das männliche Urprinzip), der (hier taucht das Thema des Inzests auf) die Schöpfung (*parameṣṭhī*, das weibliche Prinzip, die Emanation aus dem Schöpfer) umhüllt.

7 Vgl. Gen. 1,2–5 usw. Jedes Zeitalter hatte seine eigene Licht-

theorie; selbst heute haben wir langsam begonnen, unsere eigene zu entwickeln.

8 Vgl. R. Panikkar, *Le mystère du culte dans l'hindouisme et le christianisme* (Paris: Cerf 1970, S. 177–182).

9 Vgl. die Werke von W. F. Otto, K. Kerényi, M. Eliade u.a. zu diesem Thema.

10 Diesbezüglich könnten wir eine Anzahl von Handbüchern der Theologie und Exegese zitieren. Die noch immer aktuelle Diskussion über die »Natur« der Sünde Adams (Hochmut, Begehrlichkeit, Ungehorsam, usw.) zeigt, daß wir noch weit davon entfernt sind, die moralische Phase überwunden zu haben.

11 Selbst bis in unsere Zeit behaupten noch Leute, Jesus Christus hätte in Gleichnissen gesprochen, um sich dem »plumpen und primitiven« Charakter seiner Zuhörer »anzupassen«. Offensichtlich hätte er in scholastischen oder marxistischen Kategorien sprechen sollen!

12 Gen. 4,17: »Cain cognovit uxorem suam«.

13 Wir wissen, daß die engste Endogamie (Geschwisterehe) in einer alten Kultur wie der persischen von der Religion gefördert wurde, und das nicht nur für die Königsfamilien (wie im ptolemäischen Ägypten), sondern für jedermann. »Die Theologie rechtfertigt oder vielmehr ermutigt diese Praxis durch eine ganze Argumentation mythologischer Art: Ahura Mazdah hat als Gemahlin seine Tochter Spenta Aramati; Gayomart, der erste Mensch, der aus der Erde entstanden ist, befruchtet seine Mutter, und das Paar, das von ihnen geboren wird, verwirklicht die erste Ehe zwischen Bruder und Schwester, die die ganze Menschheit hervorbringt.« J. P. de Menasce, »Le monde moral iranien«, in: *Les morales non-chrétiennes*, Journées »Ethnologie et Chrétienté« (Paris: Monde 1954, S. 49).

14 Wir finden einen kurzen Hinweis auf den Inzest in RV X,162,5. Der Inzest zwischen Bruder und Schwester (Yama und Yamī) findet sich unter den Namen Yima und Yimak (Yimeh) auch im Avesta; der Mythos wurzelt in einer sehr alten indo-iranischen Tradition (zweifellos vor Manu, der als

der erste Mensch gilt). Für die zweite Art des Mythos vgl. Anm. 23. Vgl. Kap. 3 für die weitere Problematik.

15 Vgl. die neuere Arbeit über dieses Thema, die mit der Absicht geschrieben wurde, den Hinduismus gegen die Anschuldigung eines »mangelnden ethischen Sinnes« zu verteidigen: U. C. Pandey, »Prajāpati and his Daughter«, *Bhāratī*, Bulletin of the College of Indology, B. H. U., VIII, 1 (Varanasi 1964/65), S. 95–102. Der junge Autor sieht hier »einen Mythos, der sich unmittelbar auf rituelle Übungen bezieht oder auf die Naturerscheinungen von Sonne und Morgendämmerung« (S. 102).

16 Vgl. die traditionellen Bemühungen zu beweisen, daß die »klugen Jungfrauen« nicht egoistisch waren, daß der Besitzer des Weinberges nicht ungerecht war, daß der Diener, der das Talent begraben hat, falsch gehandelt hat, daß der Mann, der kein hochzeitliches Gewand trug, im Unrecht war, usw.

17 Gen. 27,1 ff.

18 Der Text lautet: »Jacob autem quod matre fecit auctore, ut patrem fallere videretur, si diligenter et fideliter attendatur, non est mendacium, sed mysterium. Quae si mendacia dixerimus, omnes etiam parabolae ac figurae significandarum quarumcumque rerum, quae non ad proprietatem accipiende sunt, sed in eis aliud ex alio est intelligendum, dicentur esse mendacia: quod absit omnino.« (*Contra mendacium*, X, 24).

19 Eben dies – wenn auch nur in einer einzigen Richtung – sucht R. Garrigou-Lagrange in seinem schönen Buch: *Le sens du mystère et le clair-obscur intellectuel* (Paris: Desclée 1934).

20 Sein berühmter Satz über die Zeit: »Was also ist die Zeit? Wenn niemand mich danach fragt, weiß ich's, will ich's aber einem Fragenden erklären, weiß ich's nicht.« (*Bekenntnisse* XI, 14). Vgl. KenU II, 2–3: »Nur wer es nicht erkennt, kennt es, Wer es erkennt, der weiß es nicht, – Nicht erkannt vom Erkennenden, Erkannt vom Nicht-Erkennenden!« (Übers. P. Deussen, *Sechzig Upanishad's des Veda*, Darmstadt: Wiss. Buchgesellschaft [4]1963).

21 Wir können den »Durst« der Vernunft, alles aufschlüsseln zu wollen, mit der Nüchternheit vergleichen, die für die kanonischen Schriften so kennzeichnend ist. (So sehr, daß diese

Nüchternheit fast ein entscheidendes Kriterium für die Unterscheidung zwischen kanonischen und apokryphen Texten darstellt.) Der Mythos ist mehr verborgen und implizit als offenbar und ausgedrückt. Will man z. B. das »verborgene Leben« Jesu beschreiben, oder bedauert man, daß es nie geschrieben wurde, so würde das bedeuten, daß man es zerstört.

22 Vgl. Luk. 9,62.

23 Für den Inzest zwischen Gott (Prajāpati usw.) und seiner Tochter (Uṣas, die Morgenröte, der Himmel, usw.) vgl. RV I,71,5; I,164,33; III,31,1; VI,17,3 (zweifelhaft); VI,12,4; X,61,5 ff.; AV VIII,6,7; TMB VIII,2,10; AB III,33; SB I,7,4,1 ff.; II,1,2,8–10; JaimB III,2,61 ff.; TB II,3,10 ff.; BU I,4,3–4. Vgl. auch Kap. 3. In den Purāṇen finden wir dasselbe Motiv mit anschaulicheren und oft rohen Details (vgl. U. C. Pandey, op. cit.), z. B. Matsya Purāṇa III,32 ff. (Brahmā und Śatarūpā, Sāvitrī, Sarasvatī, Gāyatrī, Brāhmaṇī); BhagP III,12,28 ff. (Prajāpati und Vāc, das Wort!); ViṣṇuP I,7 ff. (Manu und Śatarūpā); GaruḍaP V,19; VāyuP III,168; MārkP L,13; PadmaP; usw.

24 Hier kann ich nur kurz zusammenfassen, was ich ausführlich in einem bald erscheinenden Buch über das Problem der Schöpfung darlegen werde.

25 »Er sehnte sich nach einem Zweiten« (*sa dvitīyam aicchat*), BU I,4,3. Er, der »Eine ohne ein Zweites« (*ekam evādvitīyam*, CU VI,2,1). Vor der Ursünde des Geschöpfes gab es eine ursprüngliche Schuld von seiten des Schöpfers, da die Schöpfung diese Projektion eines (noch) nicht-(Gott)Seins ist, und daher von Gott entfernt. Die Schuld Gottes ist die Schöpfung. Da er schuf, konnte er nur einen Nicht-Gott schaffen, einen Abstand, eine Entstellung, eine Degradierung, d. h. eine Sünde begehen. In Gott ist diese Sünde nicht wirklich, da er nicht geschaffen hat, sondern in einem ewigen Akt schafft, in dem der Abstand (schon) überwunden ist, weil die Schöpfung (schon) vollendet, d. h. nicht mehr bloß »Geschöpf« ist. Diese Schuld wird nur in der Zeit sichtbar, und sie wird ferner nur dann wirklich, wenn das Geschöpf auf halbem Wege stehenbleibt, wenn es nie Gott wird (vgl. Kap. 3 u. Anm. 43). Vgl. die

felix culpa in der christlichen Liturgie der Osternacht, das berühmte *etiam peccata* des Augustinus sowie die zwei kontroversen Artikel des Thomas v. Aquin, *Sum. Theol.*, III, q. 1, aa. 1 u. 2.

26 Vgl. BU I, 4, 1 (*puruṣa*).

27 Vgl. BU I, 4, 2.

28 Hier ist nicht der Ort, um Vergleiche anzustellen, aber wir mögen uns daran erinnern, daß dieser Mythos universal ist und ebenso christlich. Maximus der Bekenner sagt z. B., daß der auferstandene Christus nicht mehr männlich oder weiblich ist, da er in seiner paradigmatischen Reintegrierung die Geschlechter vereint hat (*De divisionibus naturae*, II, 4; II, 8; 12, 14). Vgl. auch M. Eliade, *Méphistophélès et l'androgyne* (Paris: Gallimard 1962, S. 128 ff.).

29 Vgl. Apg. 3,21 und Eph. 1,10.

30 Dieses Thema stellt das Leitmotiv der Beziehung zwischen Yahwe und Israel dar. Vgl. L. Bouyer, *La Bible et l'Evangile* (Paris: Cerf 1953).

31 Joh. 3, 16.

32 Vgl.: »Heiliger Geist wird über dich kommen (ἐπελεύσεται ἐπὶ σέ) und Kraft des Allerhöchsten wird dich überschatten (καὶ δύναμις ὑψίστου ἐπισκιάσει σοι)«, Luk. 1,35. Um mögliche (doketische, allegorische) Mißverständnisse zu vermeiden, hatte der Engel zuvor verkündet: »Siehe, du wirst empfangen und einen Sohn gebären.« Vgl. auch Spr. 8,31.

33 Vgl. die zentrale Idee des Christentums: »Factus est Deus homo, ut homo fierit Deus.« »Gott wurde Mensch, damit der Mensch Gott werde«, Augustinus, *Sermo* 128 (P. L. 39, 1997) und auch *Sermo de nativitate* 4 u. 12 (P. L. 38, 999 u. 1016). Ferner: »Verbum Dei ... qui propter immensam suam dilectionem factus est quod sumus nos, uti nos perficeret esse quod est ipse«, Irenäus, *Adv. haeres.* V, praef. (P. G. 7, 1120) und auch III, 18, 1 (P. G. 7, 932): »Ostendimus enim, quia non tunc coepit Filius Dei, existens semper apud Patrem; sed quando incarnatus est, et homo factus, longam hominum expositionem in seipso recapitulavit, in compendio nobis salutem praestans, ut quod perdideramus in Adam, id est

secundum imaginem et similitudinem esse Dei, hoc in Christo Jesu reciperemus« (»... Damit, was wir in Adam verloren hatten, nämlich Bild und Abbild Gottes zu sein, wir in Jesus Christus wiedergewinnen.«); und ferner: III, 18, 7 (P.G. 7, 937): »Oportuerat enim mediatorem Dei et hominum, per suam ad utrosque domesticitatem, in amicitiam et concordiam utrosque reducere, ut facere, ut et Deus assumeret hominem, et homo se dederet Deo. Qua enim participatione filiorum adoptionis ejus participes esse possumus, nisi per Filium eam, quae est ad ipsum, recepissemus ab eo communionem; nisi Verbum ejus communicasset nobis, caro factum?«; vgl. andere Texte bei J. Lemarié, *La manifestation du Seigneur* (Paris: Cerf 1957, S. 145–160).

34 Vgl. ein anderes typisches Beispiel, das sowohl eine alte wie eine moderne Haltung verdeutlicht: »Wenn Kumārila von seinen Gegnern in bezug auf die Immoralitäten seiner Götter angegriffen wird, antwortet er mit der ganzen Freiheit eines vergleichenden Mythologen: Es wird erzählt, daß Prajāpati, der Herr der Schöpfung, seine Tochter vergewaltigt hat. Aber was bedeutet das? Prajāpati, der Herr der Schöpfung, ist ein Name der Sonne; und er wird so genannt, weil er alle Geschöpfe beschützt. [Hier können wir anmerken, daß die Sonne nie der Vater der Morgenröte genannt wurde (Uṣas), obwohl sie oft mit Agni (SB VI, 2, 1, 23; VI, 5, 3, 7 u. 9; VI, 8, 1, 4) und Savitṛ identifiziert wurde (SB XII, 3, 5, 1; PañcB XVI, 5, 17); vgl. U. C. Pandey, op. cit., S. 98.] Seine Tochter Uṣas ist die Morgenröte. Und wenn es heißt, daß er in sie verliebt war, so bedeutet das nur, daß die Sonne bei Sonnenaufgang der Morgenröte folgt; die Morgenröte wird gleichzeitig Tochter der Sonne genannt, weil sie aufgeht, wenn sich die Sonne [masc.!] nähert.« F. Max Müller, *History of Ancient Sanskrit Literature* (London: Williams and Norgate 1859, S. 529–530). Es ist symptomatisch, daß dieser ganze Abschnitt in der englischen Übersetzung des Rigveda von R. T. H. Griffith zitiert wird: *The Hymns of the Rig Veda* (Varanasi: The Chowkhamba Sanskrit Series Office 1926, Bd. II, S. 611).

35 Trotz der menschlichen moralischen Zweifel, die in dem wun-

derbaren Dialog zwischen Yama und Yamī so deutlich zum Ausdruck kommen (vgl. Verse 4–5 u. 12).

36 »Das Geheimnis des menschlichen Wesens ist eng verbunden mit dem Geheimnis des Androgynen«, N. Berdiaev, *Le sens de la création* (Paris: Desclée 1955, S. 261).

37 Nach der Übersetzung von L. Renou, *Hymnes spéculatifs du Véda* (Paris: Gallimard 1956, S. 55 ff.) widersteht Yama und es gibt keinen »Fall«. Nach L. von Schröder, *Mysterium und Mimus im Rig Veda* (Leipzig: H. Haessel 1908, S. 275–303) wurde der Inzest vollzogen, und er begründet seine These mit parallelen Texten im Rigveda selbst. »Das Dialoglied von Yama und Yamī ist nur der erste Akt eines größeren kultlichen Dramas, das nach Analogie des Agastyadramas auf einen Generationsritus, resp. phallischen Fruchtbarkeitszauber in großem Stil hinauslief. Das erste Menschenpaar vereinigte sich zu einer rituellen Zeugung, und unermeßliche Fruchtbarkeit mußte die Folge sein.« (S. 291). A. A. Macdonell, *The Vedic Mythology* (Varanasi: Indological Book House 1963, S. 173; Neudruck der Erstausgabe, Straßburg: Trübner 1897), vertritt auch diese Interpretation.

38 Vgl. J. Muir, *Original Sanskrit Texts* (Amsterdam: Oriental Press 1967, Bd. V, S. 288 ff.).

39 RV X, 10, 7.

40 RV X, 10, 12.

41 Vgl. RV X, 14, 1 ff. usw.

42 Die Nacht, die im Dialog zwischen Yama und Yamī herbeigesehnt wird, um den Inzest zu begehen (RV X, 10, 9), und ebenso in MaitS I, 5, 1 ff. (eine etwas »romantisierte« Version des Mythos), wird als die Schöpfung der Götter angesehen.

43 Die ganze Stelle ist wert, in der schönen Übersetzung von Schröder zitiert zu werden (Leipzig, 1881–86, S. 81 und *Mysterium* ..., S. 277–78): »Yama starb. Die Götter suchten der Yamī den Yama auszureden. Wenn sie sie fragten, dann sagte sie: ›Heute ist er gestorben!‹ – Da sprachen sie: ›Fürwahr, so vergißt diese ihn nicht. Laßt uns die Nacht schaffen!‹ Es gab nämlich damals nur den Tag, (noch) nicht die Nacht. Die Götter schufen die Nacht. Da wurde ein morgender Tag.

Darauf vergaß sie ihn. Darum sagt man: Tag und Nacht lassen das Leid vergessen!« (MaitS I, 5, 12). Vgl. dieselbe Idee in der christlichen Liturgie:

Aeterne rerum Conditor,
Noctem diemque qui regis,
Et temporum das tempora,
Ut alleves fastidium.

Hymn. dom. ad Laudes (Brev. Rom.)

44 Es ist z. B. bekannt, daß für C. G. Jung der Archetyp des Inzest den Wunsch darstellt, uns mit unserem wahren, verborgenen Selbst, unserem echten Wesen zu vereinigen, und einen Weg zur »Individuation« anbietet. Die Tatsache, daß Yama und Yamī Zwillinge sind (RV X, 10, 5), kann darauf hinweisen, daß Yamī als die wahre Seele des Mannes, als sein *alter ego*, zu verstehen ist. Vgl. aus dem letzten Jahrhundert H. E. Meyer, *Indogermanische Mythen*, I, S. 299 u. 232 (bei Macdonell, op. cit., S. 173).

45 Es ist nicht nötig, daran zu erinnern, daß alle christliche Scholastik ausnahmslos daran festhält, daß in jeder Handlung eine Nachahmung Gottes sich vollzieht. »Vestigium trinitatis invenitur in unaquaque creature ...« sagt Augustinus (*De Trinitate*, VI, 10, fin.), und Thomas v. Aquin präzisiert: »in creaturis omnibus ... per modum vestigii« (*Sum. Theol.* I, q. 45, a. 7); »assimilare ad Deum est ultimus omnium finis« (*C. Gentes* III, 20 [2009]). Für eine systematischere Untersuchung vgl. R. Panikkar, *El concepto de naturaleza* (Madrid: C.S.I.C. ²1972, S. 238 ff.)

46 ἡ πίστισ ἐξ ἀκοῆς, Röm. 10,17.

47 Vgl. R. Panikkar, »Una meditazione teologica sulle tecniche di communicazione« (*Studi cattolici*, VII, 37 [1963], S. 3–7). Christus ist εἰκῶν ebenso wie λόγος.

48 Vgl. z. B. M. Eliade, *Mythes, rèves et mystères* (Paris: Gallimard 1957; deutsche Übersetzung: *Mythen, Träume und Mysterien*, Salzburg: Otto Müller 1961).

49 Vgl. Gen. 2,17.

50 Vgl. Gen. 3,22–24.

51 die alte These, daß die Erbsünde das Heraustreten des Men-

schen in die volle Selbstbewußtheit bedeute, ist, inspiriert durch Teilhard de Chardin, in unserer Zeit von dem verstorbenen R. C. Zaehner auf glänzende Weise wiederbelebt worden. Vgl. *The Convergent Spirit* (London: Routledge & Kegan Paul 1963, S. 44ff.; für das Zitat s. S. 61).

52 Die beiden gegensätzlichen Reaktionen auf die Enzyklika Pauls VI. *Humanae vitae* (29. Juni 1968) bieten ein treffendes Beispiel dafür. Diejenigen, die den Mythos moralisieren, werden das Recht des Papstes bestreiten, solche Aussagen zu machen, und diejenigen, die die Moral entmythologisieren, werden sich auf die Gültigkeit der Argumente konzentrieren, die in der Enzyklika gebraucht werden.

53 Gen. 25,29ff.

54 Es ist bedeutsam, daß das Wort ›Ordnung‹ (»order«: An- und Verordnung) gleichzeitig die letzte Struktur eines Prozesses oder einer Wirklichkeit und den Befehl einer Autorität zum Ausdruck bringt.

55 *Kritik der reinen Vernunft*, Vorrede zur zweiten Auflage (1787). (I. Kant, Werkausgabe, hrsg. v. W. Weischedel, Frankfurt am Main: Suhrkamp 1968, Bd. 3, S. 33).

56 Gen. 3,7.

57 Gen. 3,10–11.

58 Vgl. J. Daniélou, *Théologie du judéo-christianisme* (Tournai: Desclée 1958, S. 413ff.). Vgl. auch natürlich den platonischen Mythos der beiden Pferde (*Phaedrus*, 246dff.) und die ähnliche Parabel in KathU III,3ff.

59 Vgl. die reiche Dokumentation bei J. Daniélou, loc. cit.

60 Gen. 3,1: »Die Schlange aber war listiger als alle anderen Tiere des Feldes, die Gott der Herr gebildet hatte. Sie sprach zum Weibe: ›Hat Gott wirklich gesagt, ‚Ihr dürft von keinem Baum des Gartens essen'‹?«

61 Vgl. den bekannten Vers:

»Wer Wissenschaft und Kunst besitzt,
Hat auch Religion,
Wer jene beiden nicht besitzt,
Der habe Religion.«

Goethe, *Zahme Xenien* IX.

62 Vgl. z.B. TU II,9,2 (zit. in Anm. 81).

63 Vgl. MundU III,2,9: »Wahrlich, wer das höchste Brahman kennt, wird selbst Brahman« (*sa yo ha vai tat paramam brahma veda brahmaiva bhavati*).

64 Röm. 2,14.

65 Gen. 3,4–5.

66 Gen. 2,17.

67 Vgl. R. Panikkar, »Die Ummythologisierung in der Begegnung des Christentums mit dem Hinduismus«, *Kerygma und Mythos* (Hamburg: Reich 1963, Bd. VI, No. 1, S. 211–235).

68 Vgl. R. Panikkar, art. cit.

69 Vgl. R. Panikkar, *Patriotismo y Cristianidad* (Madrid: Rialp 1961, S. 37ff.).

70 Vgl. die bemerkenswerten Sätze von Teilhard de Chardin: »Die Elemente der Welt, die, weil sie denken, sich weigern, der Welt zu dienen. Oder genauer: die Welt, die, wenn sie bewußt sich selbst erblickt, sich selbst zurückweist. Hier liegt die Gefahr. Was hinter der modernen Unruhe sich herausbildet und heranwächst, ist nichts Geringeres als eine organische Krise der Evolution.« *Der Mensch im Kosmos* (München: DTV ²1982, S. 235).

71 Das *kaliyuga*, das vierte Weltzeitalter, das 3102 v. Chr. begonnen haben soll und 432000 Jahre dauern soll, ist das Zeitalter des kosmischen Niedergangs und der Auflösung.

72 Genau gesprochen ist ein *kalpa* nur ein Tag Brahmās, der 4300 Millionen Jahre dauert.

73 Luk. 6,4, Erweiterung nach Codex D (Cambridge).

74 Luk. 6,5.

75 Röm. 14,22. (Üb. von F. Tillmann, Kösel.) Ein schwer zu übersetzender Text, den die Vulgata folgendermaßen wiedergibt: »Beatus qui non judicat semetipsum in eo quod probat.«; die *Bible de Jérusalem*: »Heureux qui ne se juge pas coupable au moment même où il se décide.«; die RSV: »Happy is he who has no reason to judge himself for what he approves.«; und die NEB: »Happy is the man who can make his decision with a clear conscience!«

76 Wir müssen daran denken, daß der Kontext ein sehr ernstes

Problem ist, mit dem vor allem die ersten Christen konfrontiert waren: Die Teilnahme an den Riten und an der Kultur der umgebenden Religionen. Im selben Vers fügt jedoch Paulus hinzu: »Behalte du deine Überzeugung, die du hast, für dich vor dem Angesicht Gottes.« (Üb. Tillmann)

77 Selbst wenn der Text, wie die meisten Exegeten meinen, nicht echt ist, ist er doch alt. Er kann doch – vielleicht auf ambivalente Weise – eine tiefe Lehre über die Freiheit des Geistes erteilen, eine Lehre, die überdies von der ganzen Haltung Jesu abzulesen ist (vgl. auch 2 Kor. 3,17).

78 Vgl. 1 Sam. 21,1–6; Lev. 24,9.

79 Vgl. Jak. 4,17: »Wer etwas Gutes zu tun weiß und es nicht tut, dem wird es als Sünde angerechnet.« (Üb. Tillmann)

80 Luk. 23,34. Eigenartigerweise fehlt dieser Text in vielen Handschriften.

81 Vgl. den upaniṣadischen Text:

> Von wo die Worte umkehren, zusammen mit dem Denken,
> ohne es zu erlangen –
> wer diese Freude Brahmans kennt, fürchtet nichts.
>
> TU II,4,1 (vgl. auch II,9,1)

Oder auch: »Der Gedanke quält ihn nicht: Habe ich Gutes getan, habe ich Böses getan? Denn der Wissende ist von beidem befreit. Dies ist die Lehre (*ity upaniṣat*).« TU II,9,2.

82 Joh. 16,2–3.

83 Joh. 8,32: »Und die Wahrheit wird euch frei machen.«

84 Vgl. Joh. 17,3.

85 Vgl. Röm. 3,22ff. usw.

86 Das ganze Evangelium bezeugt dieses »Über-Verstehen« des Glaubens. Ein willkürliches Beispiel: Was sollen wir tun, wenn wir die Parabel vom Pharisäer und Zöllner gehört haben (Luk. 18,9–14)? Sie zerstört unsere Unschuld. Wenn wir uns selbst erniedrigen, *um* erhöht zu werden, wenn wir am letzten Platz sitzen, *damit* uns der Gastgeber bitte, einen höheren Platz einzunehmen (Luk. 14,10), wenn wir wissen, daß die Letzten die Ersten und die Ersten die Letzten sein werden (Matth. 20,16; Luk. 13,30; Mark. 10,31), und bewußt die Letzten sein *wollen*, so werden wir sicher dort bleiben, oder jedenfalls wer-

den wir nicht gerechtfertigt. Wenn man sich für den Ersten hält, wenn man sich für gerecht hält, dann trifft die Parabel zu; ebenso wenn man sich als Sünder erkennt, der den letzten Platz verdient. Das reflexive Bewußtsein verhindert eine moralische Existenz. Wir müssen wissen, doch ist derjenige unglücklich, der weiß, daß er weiß. Vgl. dieselbe Tendenz in den hinduistischen, buddhistischen, konfuzianistischen und taoistischen Traditionen. Die Einfachheit des Herzens, die Reinheit des Auges (Matth. 6,22–23; Luk. 11,34–35) ist ein wichtiges traditionelles christliches Thema, das mit dieser Problematik in enger Verbindung steht. Es ist kennzeichnend, daß das zitierte ἁπλοῦς, das in der Vulgata mit *simplex* wiedergegeben ist, in den modernen Übersetzungen (gewiß nicht falsch) mit »sain« (Bible de Jérusalem), »sano« (Nardoni), »puro« (Istituto Biblico), »sound« (NEB, OAB), »clear« (Knox), »gesund« (Tillmann, Rösch) usw. wiedergegeben wird. Vgl. ἁπλότης im Gegensatz zu διψυχία in der frühchristlichen Tradition (vgl. C. Edlund, *Das Auge der Einfalt*, Upsala 1952) als Synonym von τέλειος (vgl. J. Daniélou, op. cit., S. 418 ff.) und verwandt mit ἀκακία, Unschuld. Vgl. das Gebet ohne bewußte, reflexive Wiederholung, das προσευχή μονολόγιστος der Väter (vgl. I. Hausherr, *Noms du Christ et voies d'oraison* (Rom, Pont. Inst. Orient. Stud. 1960, S. 250ff.). Vgl. auch: »Weil Luzifer sich selbst betrachtete und seine eigene Schönheit sah, verfiel er in Hochmut, und von einem Engel wurde er zu einem abscheulichen Teufel. Was Eva betrifft ... so geschah der Anfang ihrer Sünde durch ihre Augen. Und die Frau *sah*, daß der Baum gut zu essen war ...« (Gen. 3,6) *The Ancrene Riwle*, II, übers. von M. B. Salu (Notre Dame, Ind.: University of Notre Dame Press 1956, S. 22–23).

87 Matth. 5,3.

88 Matth. 25,37–39.

89 Vgl. Matth. 6,3.

90 Vgl. Matth. 17,20; 21,21; usw.

91 Vgl. Luk. 7,50; 17,19; 18,42; usw.

92 Vgl. Mark. 8,35; Luk. 9,24; 17,33; Matth. 10,39; 16,25; Joh. 12,25; usw.

93 Vgl. Ps. 40,3 (4): »Er (der Herr) gab mir in den Mund ein neues Lied, ein Lob auf unseren Gott.« Auch Ps. 144,9; 149,1; Jes. 42,10; Apk. 5,9; 14,3; usw.

94 Vgl. Röm. 8,15, 26–27; Gal. 4,6; usw.

95 Ein heiliger Text des Hinduismus, der, um seiner Botschaft treu zu bleiben, nur verlorengehen konnte, sagt, daß »der Ātman Schweigen ist«, Śaṅkara, *Brahmasūtra Bhāṣya* III, 2, 17. Vgl. als Entsprechung Ignatius von Antiochien, *Epist. ad Magn.*, VIII, 2 (P.G. 5, 669): ὅς ἐστιν αὐτοῦ Λόγος ἀπὸ σιγῆς προελθὼν ... (»qui est Verbum eius a silentio progrediens ...«). Die Lesart ἀΐδιος οὐκ d.h. »... Verbum eius aeternum non post silentium ...« scheint ein Fehler zu sein. Vgl. M. J. Rouët de Journal, *Enchiridion patristicum* (Barcinone: Herder 1969, 45) und G. W. H. Lampe, *A Patristic Greek Lexicon* (Oxford: Clarendon 1961) unter σιγή, die sich beide für die von mir zitierte Version entscheiden. Gott ist Schweigen; sein Wort, sein Sohn, sein Ausdruck und Bild ist nicht mehr er selbst, sondern der Logos. »Tibi silet laus« übersetzt Hieronimus, Ps. 65,2 (P.L. 28, 1174); »date gloriam laudi eius«, Schweigen ist wahrlich das Lob des Schöpfers durch das Geschöpf, Ps. 66,2 (P.L. 28, 1175). Augustinus schreibt: »Sileant ... et ipsa sibi anima sileat«, *Bekenntnisse*, IX, 10, 25. Maria, »religiosum silentium Virginis ... circa secretum Dei« (Rupert, *In Cantica* I, P.L. 168, 844), ist die »Verbi silentis muta mater« (Santeuil, *Hymne pour la Purification*, bei H. de Lubac, *Méditation sur l'Eglise*, Paris: Aubier, [3]1954, S. 298).

96 Vgl. mehrere Belegstellen, die eine sorgfältige Erläuterung verlangen: Jes. 45,15; Weish. 18,14–15; Kol. 3,1; BG II, 25 (»Er wird unoffenbar, undenkbar, unveränderlich genannt ...«); XIII, 12; BU II, 3, 6; KenU I, 4; TU II, 9; MandU 7; usw.

97 Evagrius Ponticus, III *Centuria*, 88. Vgl. KenU II, 2–3.

98 Vgl. praktisch der ganze Römerbrief.

99 Das christliche Gebot, nicht *secundum rationem* oder *secundum naturam* zu leben, sondern *secundum te*. Vgl. das Gebet des 8. Sonntags nach Pfingsten: »... ut qui sine te esse non possumus, secundum te vivere valeamus.«

100 Röm. 14,23.

DRITTES KAPITEL

Der Mythos von Prajāpati: Die Urschuld oder das schöpferische Opfer

'Αρκετὸν τῇ ἡμέρᾳ ἡ κακία αὐτῆς
Jedem Tag genügt seine Plage.
Matth. 6,34

1. Das Problem

a) Die universelle Tatsache des Leidens

Es gibt in der Welt ein unbestreitbares Element des Leidens, es gibt auch das Böse. Wir können uns ihm gegenüber mehr oder weniger indifferent zeigen, es für wirklich oder imaginär halten, aber wir können kaum leugnen, daß es existiert.

Sprechen wir geradewegs den traditionellen Hintergrund aus: Das Problem des Leidens stammt von dem Bösen.[1] Das Leid scheint immer eine Folge des Bösen zu sein und gleichzeitig der erste Schritt, um es zu überwinden. Ein Übel ohne Leid würde hoffnungslos für immer ein Übel bleiben. Leid oder Schmerz (pain, ποινή, *poena*)* ist die Strafe, die sogar einen Mörder rechtfertigen kann. Von daher bekommt es die Bedeutung: Wiedergutmachung, Genugtuung und Rache einerseits und Strafe, Buße und Züchtigung andererseits.[2]

Das Wort ›pain‹ (Schmerz) hat ursprünglich diese bedeutsame Ambivalenz enthalten: einerseits bedeutete es Leid, Schmerz und andererseits Strafe, Bestrafung.[3] Im Englischen ist diese zweite Bedeutung im Laufe der Zeit etwas

* Anm. des Übers.: Das Englische ›pain‹ ist mit *poena* verwandt, dieses Wortspiel ist aber im Deutschen mit ›Leid‹ oder ›Schmerz‹ nicht möglich.

verlorengegangen, aber ihre Wurzeln sind offensichtlich. Im Sanskrit bedeutet z. B. *śikṣaṇam* gleichzeitig Erziehen, Bilden, Aufziehen und auch Bestrafen, Leiden machen, züchtigen.

Das Verbindungsglied zwischen diesen beiden Bedeutungen ist die Vorstellung, daß durch den auferlegten Schmerz (die Strafe) der verdiente Schmerz (das Leid) aufgehoben wird, daß man, *indem man die Strafe annimmt, das Leid auslöscht.* Die (angenommene) Strafe löscht den (verdienten) Schmerz aus, weil Schmerz oder Leid selbst eine Strafe ist.

Die stellvertretende Wiedergutmachung, die traditionellen Strafgesetze, die Vergebung, die man durch Reue erwirbt, die durch Askese erreichte Vollkommenheit, das Leiden Christi usw. bieten uns alle Beispiele (wenn auch verschiedenen Wertes) dafür, daß der Schmerz erlösend ist, daß das Leiden eine positive, reinigende Funktion im menschlichen Leben besitzt.[4]

Da es keinen Schmerz ohne Leid gibt, sind die Implikationen schwerwiegend: Das Leid scheint die letzte Struktur der Welt zu sein, weil es scheinbar das Leid ist, durch das die gestörte Ordnung wiederhergestellt wird.

Dies ist der *Mythos des Leidens.* Wir leiden, und dieses Leiden besitzt für uns einen Sinn, den keine physische oder psychische Kausalität restlos erklären kann. Jede Sünde verlangt ihre Strafe, verlangt Leid; das Band zwischen Sünde und Strafe ist sowohl moralisch wie auch ontologisch. Die Sünde bringt mit sich die Reue und gleichzeitig eine Strafe, da eine objektive Ordnung menschlicher oder göttlicher Gesetze durchbrochen wurde. Dies ist die traditionelle Position der meisten Kulturen und Religionen.[5] Die traditionelle Erklärung der Hölle z. B. wurzelt in einer ähnlichen Begründung: Eine »schwere« oder »Tod«-Sünde verdient eine »ewige« Strafe. Es wäre göttliche Ungerechtigkeit, eine solche Sünde nicht mit einem gleichrangigen Leid zu bestrafen.

Die letzte Konsequenz dieser Problematik ist diese: Es scheint in der kosmischen Ordnung, in der Schöpfung einen Fehler, eine Sünde, einen Makel zu geben.[6] Es muß etwas geben, das sehr tief in das Leben des Menschen und der Welt einschneidet, wenn Vollkommenheit, Bestimmung, Freude, Fülle und Vergöttlichung (ganz gleich, wie wir es nennen mögen) nur auf einem Weg des Leidens, nur durch das Kreuz erlangt werden können.[7]

b) Das Bewußtsein des Leidens als Leiden

Wir leben ganz im Mythos des Leidens, wenn wir den schwachen Doppelsinn des Wortes »pain« (Schmerz) nicht in Frage stellen, d.h. wenn wir die Tatsache für selbstverständlich halten, daß Schmerz als Leid und Schmerz als Strafe eng miteinander verbunden sind, wodurch die Ordnung wiederhergestellt wird. Es ist ein weitverbreiteter Glaube, daß Unglück die Folge von Sünde ist und daß daher Schmerz und Leid immer Schmerz-als-Strafe ist, was gleichbedeutend ist mit Schmerz-als-Reinigung. Diese Gleichsetzung ist in den westlichen Ländern immer noch im Bewußtsein des Volkes, in der Erziehung, in der Strafordnung usw. zu finden. Wir bestrafen ein Kind, wie wir einen Verbrecher bestrafen oder wie der Asket sich selbst bestraft, und zwar, um eine Unordnung wiedergutzumachen, um eine Schuld zu bezahlen, um sich selbst zu reinigen und zu verbessern, um der Verzeihung würdig zu werden, um die Freiheit (wieder)zugewinnen, usw. Alles beruht auf dem Mythos des Leidens. Wir sprechen davon, eine verletzte Gerechtigkeit zu befriedigen, um eine gerechte Rache zu erlangen. Wir sprechen sogar von rächender Gerechtigkeit! Die Schuldigen, sagen wir, müssen ihre Schuld bezahlen – aber wem? Ferner bestrafen wir sie, wie es heißt, um sie zu heilen, zu bessern, um ihnen eine neue Würde in der Gesellschaft wiederzugeben, wir lassen sie ihren Angriff auf die festgefügte Ordnung verwerfen, damit ihre Bestrafung als Beispiel diene. Eine ganze Theologie der Erlösung, des geistlichen Lebens in der Gesellschaftsordnung wurde auf diesen Voraussetzungen begründet.

Die wichtigste Frage ist, nicht zu wissen, wer das Recht hat, Schmerz zuzufügen, sondern zu begreifen, *warum* die Strafe überhaupt existiert. Die erste Antwort, die schon eine entmythologisierte Antwort ist, spricht vom heilenden Charakter des Leidens[8], doch ist dies offensichtlich nicht befriedigend. Die Erfahrung allein zeigt und die Psychologie bestätigt es, daß Schmerz und Leid heute weitgehend ihren reinigenden Wert verloren haben. Selbst wenn die Strafe noch ihren Heilscharakter bewahrt hat, ist die Frage nicht gelöst: Man könnte immer noch fragen, *warum* es notwendig ist, jemandem Schmerzen zuzufügen, um ihn zu läutern.

Das Problem wird noch schwerwiegender, sobald wir zu entmythologisieren beginnen. Sobald man fragt, warum man »leiden« muß (für seinen Nächsten, wegen eines moralischen Vergehens oder selbst ohne eindeutigen Grund), nimmt man das Leid nicht mehr als solches an. Die reinigende Wirkung des Leidens nimmt in direktem Verhältnis zu seiner Entmythologisierung ab. Kurz: *Das Leid verliert ohne den Mythos seine Daseinsberechtigung* und wird unerträglich. Der Mythos hört dann auf, wirksam zu sein, sobald man das Leid oder den Schmerz als Reinigungsprozeß in Frage stellt. Ohne »Glaube« gibt es kein Heil, d.h., wenn man einmal aufgehört hat, an die reinigende Wirkung des Leidens zu glauben, verliert es seine Heilsfunktion.[9]

Hier sind wir mit einem universalen Problem konfrontiert: Was ist der Sinn des Leidens? Warum leiden wir? Der

Mythos des Falles versucht nur diesen kosmischen Skandal zu erklären und gleichzeitig die Ehre Gottes zu retten. In der indischen Tradition behauptet das Gesetz des *karma* die Normalität des Leidens, da hier der Schmerz immer »Folge« ist und nie ursprünglich. Der Buddhismus geht ebenso von der universalen Tatsache des Leidens aus. Die »Erbsünde« der Bibel beansprucht nur, das Leiden und das Böse ohne Blasphemie zu erklären.

Bis jetzt hat der Mythos des Leidens verschiedene Formen angenommen und verschiedene Reaktionen hervorgerufen, aber wir haben den Mythos immer als Mythos respektiert. Was das Leid betrifft, so versuchen wir beispielsweise es auszuschalten (Buddhismus) oder zu verleugnen (Hinduismus), es zu erklären (Judentum, Islam) oder zu verklären (Christentum) – und es gelingt uns in dem Maße, in dem die Menschen an den Mythos glauben und ihn leben. Aber nun entmythologisieren wir sogar den Mythos des Leidens. Was wird dabei herauskommen?

Die Mehrheit der kosmogonischen Mythen haben auf die eine oder andere Weise versucht, eine plausible Antwort auf dieses quälende menschliche Problem zu finden. Ich möchte hier keine derartige Untersuchung anstellen. Ich möchte nur einen Mythos des Leidens darstellen, der sich von denen unterscheidet, die in den Kulturen und Religionen des Mittelmeerraumes bekannt sind. Dies mag eine für die gegenwärtige Theologie wichtige Überlegung ins Licht rücken, und zwar, daß Glaube nicht notwendig an eine bestimmte Religion gebunden ist. Glaube ist nicht Kennzeichen *einer* Religion, sondern Grundlage *aller* Religionen.[10]

Ich will hier nicht das Christentum hinduisieren oder den Hinduismus verchristlichen. Wir haben es mit einem menschlichen Problem zu tun, das von fast allen religiösen Traditionen als solches empfunden und ausgedrückt wird. Ich bin erstens davon überzeugt, daß dies vor allem ein menschliches Problem ist, das von keiner Religion oder Philosophie monopolisiert werden kann, und zweitens, daß eine gegenseitige Befruchtung von Hinduismus und Christentum in der Tiefe des Mythos nicht nur möglich, sondern in unserem *kairos* sogar notwendig ist. Es ist nicht genug, einfach Lehren zu vergleichen, wir müssen auch Mythen miteinander versöhnen. Ich muß noch hinzufügen, daß unsere Hermeneutik, die über die klassische hinduistische Interpretation hinausgeht, schon ein bewußter Versuch einer Symbiose ist. Aber wir brauchen unsere Brücken nicht abzubrechen und als Synthese ausgeben, was wir nur als Arbeitshypothese anbieten.

c) Die christliche Antwort: die Erbsünde

Die Antwort, die als die christliche Lösung der Frage nach dem Ursprung des Leidens gilt und die der Gesellschaftsordnung der westlichen Welt zugrunde liegt, besagt, daß Gott im Anfang die Welt geschaffen hat, daß die Schöpfung gut war, und im besonderen, daß Gott den Menschen nach seinem eigenen Bild und Gleichnis geschaffen hat.[11] Später verlor der erste Mensch durch eine Sünde des Ungehorsams die ursprüngliche Unschuld, wurde zum Sünder, wurde von der Gemeinschaft mit Gott ausgeschlossen und bestraft, er und das gesamte Menschengeschlecht, das von ihm abstammt.[12] Dies ist der Mythos des Sündenfalles, das Dogma von der Erbsünde. Der Mensch sündigt, nicht Gott. Wir werden zu diesem Punkt zurückkehren. Es ist kaum nötig, daran zu erinnern, daß der Mythos des Sündenfalles nicht ursprünglich christlich ist. Und doch ist die christliche Wirklichkeit, die Tatsache des Kreuzes, auf diesen Mythos der Ursünde aufgepfropft.

Der Mythos der Erbsünde zeigt zwei schwache Punkte. Der eine betrifft den Ursprung des Bösen, der unerklärt bleibt: Wie kann der Mensch Böses tun, wenn er »gut« geschaffen wurde? Der andere, der für uns hier von Bedeutung ist, ist das Problem eines Gottes, der sich den Forderungen der Gerechtigkeit beugen muß: Der Mensch hat gesündigt und Gott *muß* ihn bestrafen. Gott kann die Sünde des Menschen vergeben, aber anscheinend kann er dem Menschen das Leid nicht ersparen. Der Mythos des Leidens scheint daher über Gott zu stehen.

Die Antwort der Theologie ist bekannt: Gott kann es vermeiden, Leid zuzufügen, doch er will es nicht, weil der Schmerz nicht schädlich ist, sondern eine heilende Kraft besitzt.[13] Doch gibt dieselbe Theologie zu, daß Gott eine weniger bittere Medizin »erfunden« haben könnte. Der Mythos des Leidens wird zum Mysterium des Leidens. Die Schwierigkeit ist offenkundig: Wenn Gott die Sünde vergeben und das Leid vermeiden kann, es aber nicht tut, wird seine Güte eher in Frage gestellt.

2. *Der Mythos von Prajāpati*

Die heiligen Texte des Hinduismus sind von verwirrendem Reichtum und außerordentlicher Vielfalt, und doch kann man in ihnen eine grundlegende Intuition entdecken, was den kosmogonischen Mythos betrifft. Aber diese Grundeinsicht kann nicht vollständig in Worten ausgedrückt werden, weil sie sich nicht in *eidos*, in die Idee, übersetzen läßt, und wenn, dann nur sehr unvollkommen: »Jenseits« von Sein und Nichtsein »gibt es« ein »Dieses« (*tad*), das Eine (*ekam*), das am Ursprung von allem »steht«.[14] Hier finden wir den Mythos von Prajāpati, dem Gott schlechthin[15], dem Vater der Geschöpfe[16], alles dessen, was geboren wird (*jāta*).[17] Er ist es, der die Zeugungskraft besitzt.[18] In der berühmten Hymne an Hiraṇyagarbha, den »goldenen

Keim« des 10. Buches des Rigveda wird Prajāpati gepriesen als Schöpfer von Himmel und Erde, des Wassers und alles Lebendigen, als der, dessen Ordnung alle Götter anerkennen.[19] Er ist der Vater der Götter[20], der Einzige vom Ursprung an.[21] Er ist der erste Opferer.[22]

Im Folgenden nennen wir »Gott« das höchste Prinzip, *Brahman*, das Sein, das Absolute usw. Diese Begriffe haben zweifellos sehr verschiedene Bedeutungen, aber da wir nicht alles gleichzeitig behandeln können, nennen wir diese letzte Wirklichkeit Gott. Für diese Untersuchung ist es gleichgültig, von welchem Gesichtspunkt wir sie betrachten oder mit welchem Namen wir sie benennen.

In der erwähnten Hymne wird diese Wirklichkeit mit dem Fragepronomen *kaḥ*, »wer?«[23] bezeichnet. Gott ist der *Wer*, der allem zugrunde liegt und auf den sich alles richtet: die Handlungen, die Gedanken, das Sein usw.

Um diesen Mythos besser zu verstehen, können wir ihn in drei Elemente auflösen und diese getrennt betrachten: a) Einsamkeit, b) Opfer und c) Integration.

a) Einsamkeit

Im Anfang war nichts da, nicht einmal das Nichts: es war eine absolute Leere.[24] »Weder Sein noch Nichtsein war da, die Luft war nicht, noch auch der Himmel«[25], »weder Tod gab es noch Unsterblichkeit, von Tag und Nacht war keine Spur. Das Eine atmete ohne Luftzug aus eigenem Antrieb.[26] Außer dem Einen war nichts anderes vorhanden.«[27] »Finsternis war da, von Finsternis umhüllt.«[28] Die absolute Einsamkeit ist das erste Symbol für die Einheit und Transzendenz des Unbeschreiblichen, für seine Vollkommenheit wie für seine Einfachheit, sein ursprüngliches Urwesen.[29]

In einem zweiten Moment sozusagen (gewiß kann es sich hier nicht um zeitliche oder sogar ontologische Priorität handeln, was auf dieser Ebene keinen Sinn hätte) »wurde das Eine, das von der Leere umhüllt war, durch die Kraft der inneren Glut geboren«.[30] Das Nichtseiende wollte sein, und da war es[31]: Prajāpati. Es sagte: »Möge ich sein!« und da war es, das Selbst (*ātman*) in der Gestalt einer Person (*puruṣavidhaḥ*).[32] Das Selbst sah sich um und konnte natürlich nichts anderes sehen als sich selbst. So wird es sich seiner selbst bewußt und sagt: »Ich bin« (*so'ham*).[33]

Das Eine beginnt bei sich selbst zu sein, und indem es sich seiner selbst bewußt wird, entdeckt es sozusagen seinen Schatten und zerbricht so seine vollkommene Einsamkeit. Die Einsamkeit wird zur Isolation. Das Selbst, das sich dieser Isolation bewußt wird, fürchtet sich.[34] Die Angst taucht auf, die reinste Angst des Seins, des Alleinseins angesichts des Nichts. Es sieht sein eigenes Abbild und fürchtet sich davor.[35] Es findet keine Freude im Alleinsein, sondern es langweilt sich und fühlt Widerwillen.[36] Es ist im Begriff, seine Unschuld zu verlieren.[37]

Dann überwindet die Vernunft die Angst: Wenn es nichts gibt, ist auch nichts da, vor dem man sich fürchten müßte, denkt das Selbst.[38] Die Irrationalität der Angst wird deutlich. Die Selbstreflexion beginnt, und die Unschuld geht verloren. Indem das Selbst über sich selbst nachdenkt, verliert es seine bloße Einsamkeit. Da es sich sozusagen nackt findet, da ihm sein Alleinsein bewußt wird, begehrt es ein Zweites.[39] Der Wunsch nach einem Zweiten wurde unerträglich. Es wollte viele sein, es sehnte sich danach zu zeugen. Es begehrte einfach.[40]

So beginnt es, noch tief in der Urnacht, aus sich selbst herauszugehen.[41] »Der Weg ist dunkel.«[42] Prajāpati begehrte einen Zweiten und begab sich daher auf den Weg des Opfers, der Entfremdung, des Kreuzes.

Prajāpati begehrte einen Zweiten.[43] Er hätte wie der Gott der Mordwinen ausrufen können: »Wenn ich einen Partner hätte, würde ich die Welt erschaffen!«[44] Aber der Gott des vedischen Hinduismus hat keine Urmaterie, aus der er das Universum erschaffen kann.[45] Er hat keine andere Möglichkeit, als sich selbst zu opfern, und die Zerstückelung Prajāpatis ist das Ur-Opfer, durch das alles geschaffen wurde.[46] Die Schöpfung ist dann ein Opfer[47], eine Selbsthingabe[48], ein Schöpfungsopfer.[49] Aber es gibt niemanden, dem dieses Opfer dargebracht wird, keinen Empfänger[50]: Prajāpati muß gleichzeitig der Hohepriester[51], die Opfergabe[52], der Empfänger des Opfers[53] und selbst sein Ergebnis sein.[54] Er zerteilt sich in so viele Teile, wie notwendig sind, um die Schöpfung zu vollenden. Aus dem so vollständig dargebrachten Opfer[55] kommt alles hervor: Hymnen und Melodien, Pferde und alle Tiere, die vier menschlichen Kasten.[56] Sein Kopf bildet den Himmel, seine Brust den Luftraum, seine Körpermitte den Ozean, seine Füße die Erde; der Mond ist aus seinen Gedanken entstanden; aus seinem Auge wird die Sonne geboren, aus seinem Mund gehen Indra und Agni hervor, aus seinem Atem ist der Wind geworden[57] und so auch alles übrige.[58] Selbst das Übel hat er geschaffen: »Ich habe gewiß das Übel geschaffen, denn indem ich sie (die *Asuras*, die bösen Geister) erschuf, entstand die Finsternis.«[59]

Was hat Prajāpati bewegt zu schaffen? Er selbst, denn ein Akt Gottes kann weder eine ihm vorausliegende Ursache noch eine zielgerichtete Motivation haben: Prajāpati genügt sich selbst. Wenn er sich entscheidet, sich selbst zu opfern, so ist es weder für irgend jemanden – den es nicht gibt – noch für irgend etwas außerhalb seiner selbst – was es ebensowenig geben kann.[60] Eine einzige Kraft treibt Prajāpati zu schaffen: Der Wunsch nach Nachkommen, das Bedürfnis, sich selbst zu vermehren.[61] Hier spricht der Text von zwei geheimnisvollen Faktoren, die wie die immanente Macht der Wirklichkeit und die innere Kraft sind, die Prajāpati animiert: *tapas* und *kāma*.

Ob wir von der personalistischen Tradition sprechen, die in Prajāpati das Symbol des Ursprungs vor allem sieht, oder von der apersonalen Tradition, für die das Eine aus dem Nichts, aus dem Nichtsein hervorkommt, immer hat der schöpferische Prozeß seinen Ursprung in diesen beiden »Kräften«. *Tapas*, die Urglut, die innere Hitze, die göttliche Konzentration, die schöpferische Energie, setzt den ganzen Kosmos in Bewegung:

> Ordnung (*ṛta*) und Wahrheit (*satya*)
> wurden aus der glühenden (*abhīddha*) Hitze (*tapas*) geboren.
> Aus ihr ist die Nacht entstanden,
> aus ihr der Ozean mit seinen Fluten.[62]

Als am Anfang nichts anderes existierte als das Eine, als die Finsternis von Finsternis bedeckt war, wie die göttliche Schöpferkraft in ihren eigenen Eigenschaften (*guṇa*)[63] verborgen ist, zeigte sich das Eine, das in Leere gehüllt war, durch die Kraft des *tapas*.[64]

Es ist ebenso mit Hilfe von *tapas*, durch die Konzentration seiner Hitze, seiner schöpferischen Energie, daß Prajāpati sich selbst zerstückelt.[65]

Doch die Liebe (*kāma*) war selbst das ursprüngliche Sichausstrecken, der Wunsch, der erste Same (*retas*) des Denkens (*manas*).[66] Und wahrlich, indem sie in sich selbst suchen, entdecken die Dichter gewiß das Band des Seins im Nichtsein.[67] Auf diese Weise tritt Verlangen oder Liebe auf (*kāma*). Diese Liebe, dieser Wunsch kann nicht ein Begehren von etwas sein, was noch nicht existiert. Es ist eine

Konzentration in sich selbst, und in gewissem Sinn hängt es mit *tapas* zusammen: Es dringt in sich selbst ein, bis es birst und so sich selbst zerstückelt.

Tapas und *kāma* gehören zusammen.[68]. Die Liebe ist die Glut, die die schöpferische Kraft hervorbringt, die Energie des *tapas* wird durch die Liebe aktualisiert, die es hervorruft: »Er begehrte: ›Möge ich viele werden, möge ich zeugen.‹ Er übte *tapas*. Nachdem er *tapas* geübt hatte, schuf er die ganze Welt, so wie sie ist.«[69]

Hier haben wir das zweite Moment, die Opferung. Damit das Sein sein kann, muß es sich selbst opfern. Sein ist weit mehr als ein Substantiv, es hat den Wert eines Verbums, und zwar eines transitiven Verbums. Selbst das göttliche Sein kann nicht leben, ohne sich selbst hinzugeben, ohne zu lieben, ohne sich zu opfern (*ad intra* ebenso wie *ad extra*, mag eine gewisse Theologie hinzufügen).

c) Integration

Prajāpati ist zerstückelt, aus seinem Körper sind alle Geschöpfe entstanden.[70] Er hat sich selbst geopfert. Aber wenn das Opfer einmal vollzogen ist, bleibt nichts von ihm übrig. Die Schöpfung war ein solches Selbst-Opfer, daß Prajāpati, nachdem er die Welt erschaffen hatte, erschöpft dalag, alt, schwach in seinem Geist: er fühlte sich »entleert« und fürchtete den Tod.[71] Wir dürfen nicht vergessen, daß Prajāpati sowohl sterblich wie unsterblich war[72], daß er, obwohl er sterblich war, unsterbliche Wesen hervorbrachte.[73] Er kann sterben und er fürchtet den Tod.

Der Preis für die Schöpfung, für jede wirkliche Schöpfung, ist der Tod. Aber nur, wenn er sich vollkommen selbst darbringt, kann Prajāpati wirksam schaffen. Als er die Lebewesen hervorgebracht hatte, als er am Ende war und in Stücke zerteilt, verließ ihn sein Atem mitten aus dem Körper, und als der Atem ausgegangen war, verließen ihn auch die Götter.[74] In einer modernen Sprache, die dem Geist jener Zeit nicht ganz fremd ist, kann man sagen: Gott ist tot, weil er geschaffen hat, er hat sich selbst dargebracht, damit sein Geschöpf sein kann; die Welt ist nichts anderes als der geopferte, dargebrachte Gott. Er sagte zu Agni: »Schaffe mich neu«[75], und er rief aus: »Ach, mein Leben!« Die Wasser hörten ihn, mit dem *agnihotra* kamen sie ihm zu Hilfe, sie brachten ihm seinen Rumpf zurück[76], und die Götter brachten ihm seine Glieder zurück. Als Vollendung desselben Opfers wird Prajāpati vom Tod errettet. Er war geopfert und er lebt wieder.[77] Er war zerstückelt, aber er bleibt derselbe, weil das Opfer ihn neu geschaffen hat. Durch das Opfer haben die Götter ihr Dasein und ihre Unsterblichkeit.[78] Durch das Opfer wird Prajāpati, der aus seinem eigenen Opfer Nutzen zieht, sozusagen wieder aufgebaut.[79]

Aber die Geschöpfe fliehen vor dem Schöpfer, sobald sie geboren sind: Nachdem sie aus ihm hervorgegangen waren, gingen sie fort und wandten sich von ihm ab.[80] Die Geschöpfe fürchteten ihren Schöpfer, denn sie fürchteten sich, von ihm wieder verschlungen zu werden. Doch als sie sich selbst überlassen waren, gerieten sie in völlige Verwirrung.[81] Sie waren sich nicht einig und verschlangen sich gegenseitig. Prajāpati war unglücklich darüber[82] und entschied sich, sie zu verschlingen. Als sie seine Absicht erkannten, flohen die Geschöpfe voller Schrecken. Er sagte zu ihnen: Kommt zurück zu mir, ich werde euch so verschlingen, daß ihr, wenn ich euch gegessen habe, euch vermehrt und Nachkommen habt.[83] Er entließ einen Lichtstrahl, und als die Geschöpfe das Licht sahen, kehrten sie zu ihm zurück.[84]

Hier in diesem zweiten Moment, wenn die Schöpfung schon geschehen ist, tritt der Mythos vom Inzest auf.[85] Er erzählt uns nicht, wie der Kosmos entstanden ist, sondern wie derselbe Kosmos sich fortsetzte, aufstieg oder zurückkehrte. Der indische Mythos vom Inzest tritt in zwei Hauptformen auf: Der Inzest Gottes, des Vaters der Schöpfung mit seiner eigenen Tochter, oft in Uṣas symbolisiert, der Morgenröte, dem Himmel[86], und der Inzest zwischen Yama und Yamī, Bruder und Schwester, dem ersten Paar.[87] In diesem zweiten Fall wird die Notwendigkeit des Inzests ganz deutlich: Es ist die Notwendigkeit, das menschliche Geschlecht fortzupflanzen. Und doch ist das Tabu des Inzests so stark, daß Yama trotz der Argumente seiner Schwester Yamī der Versuchung widersteht (nach den wichtigsten Texten[88]).

Die Bedeutung der ersten Art des Inzests – zwischen Gott und Geschöpf – ist klar: Die Schöpfung, wenn sie hervorgebracht ist, versucht sich von ihrem Schöpfer zu befreien, doch wenn sie sich selbst überlassen ist, ist sie ohne Leben und chaotisch.[89] Gott muß wieder in seine Kreaturen eingehen, um sie zu beleben.[90] Nachdem er sie geschaffen hatte, ging er in sie ein. Nachdem er in sie eingegangen war, wurde er das Seiende und das Gewesene, d.h. das, was ist (das Sichtbare) – *sat* –, und das, was anders ist (das Unsichtbare) – *tyat* –, oder aber die Zuflucht und der Mangel an Zuflucht, das Wissen und das Nichtwissen, die Wirklichkeit und die Unwirklichkeit. Die Wirklichkeit wurde alles, was existiert. All dies nennen wir Wirklichkeit.[91]

Die erste Art des Mythos kennt viele Variationen. Erwähnen wir nur einige charakteristische Passagen, da es hier nicht notwendig ist, eine erschöpfende Aufzählung zu bringen. Prajāpati bringt sein weibliches Gegenüber hervor, zeugt sie, trennt sie von sich selbst ab. Er vereinigt sich mit ihr, um andere Wesen zu schaffen. Das Geschöpf erkennt ihn als seinen Vater, schämt sich und flieht. Sie verwandelt sich in eine Kuh, aber dann wird er zu einem Stier und befruchtet sie; sie nimmt nacheinander die Formen anderer weiblicher Tiere an und er die entsprechenden männlichen Formen. Auf diese Weise werden die Paare der Schöpfung hervorgebracht.[92]

Die populärste Form dieses Mythos, der Inzest zwischen Vater und Tochter, überlebt in den Purāṇen. Damit die Schöpfung weiterexistieren kann, muß sie immer wieder von ihrem Schöpfer befruchtet werden, und so verfolgt Prajāpati die Göttin Uṣas oder Dyaus, um sie zu besitzen.[93] Dies entspricht einem Inzest, weil alles seine Schöpfung ist, seine Nachkommenschaft. Die anderen Götter (seine Söhne) können dieses Verhalten nicht dulden und wollen ihre Schwester rächen.[94] Trotz des Vorwurfs und der Verachtung der Götter entscheidet sich jedoch Prajāpati, den Inzest zu begehen, wieder herabzusteigen[95], die Schöpfung fruchtbar zu machen und sie dadurch in sein eigenes Leben einzubeziehen.[96]

Gelegentlich wird der Inzest von Prajāpati auf seine Söhne übertragen, weil die erste Version zu roh erscheint.[97] Solche moralischen Skrupel finden sich nicht nur bei heutigen Autoren, die versuchen, den Mythos allegorisch zu erklären, sie sind von Anfang an schon vorhanden. Und doch wird der Mythos als »Faktum« genauestens wiedergegeben. Dies bedeutet, daß für die Rishis, die Seher der Vorzeit, der Inzest mehr ist als ein schamloser Akt. Der menschliche Akt ist falsch, und sogar blasphemisch, und zwar gerade weil er einen besonderen göttlichen Akt äußerlich nachahmt, der, wenn überhaupt, nur mystisch nachvollzogen werden kann. Nicht nur die moderne und die traditionelle Mentalität schreckt vor einem solchen Verhalten zurück, die Götter selbst teilen diese Abscheu. Wir mögen sagen, daß der Grund dafür darin liegt, daß die Götter nur superanthropomorphe Gestalten sind, daß sie nicht wirklich die höchsten sind, und daß ihr Moralgesetz nur unser eigenes widerspiegelt. Wir könnten ebenso hinzufügen, daß der Mythos von einem natürlichen Urgeschehen berichtet, während die Götter zur menschlichen Kultur gehören. Wie dem auch sei, die Handlung Prajāpatis ist einzigartig und kann nicht auf irgendein allgemeines Paradigma zurückgeführt werden.

Die Texte, die ich kurz erwähnt habe, umfassen einen weiten Kreis grundlegender Themen. Alle sprechen vom Inzest, aber die Absicht ist nicht immer dieselbe. Wenn wir uns auf Prajāpati beschränken, finden wir die folgenden Motive:

1. Ein bestimmter Typus anthropomorpher Liebe. Der Schöpfer verliebt sich in seine Tochter und versucht sie zu verführen; die Götter wehren sich dagegen und versuchen ihre Schwester zu beschützen. Rudra wird der Rächer, und er durchbohrt Prajāpati mit einem Speer. Danach heilen die Götter ihren Vater[98], und die spätere Tradition liefert dazu eine ritualistische Erklärung.[99]
2. Der Wunsch, seine eigene Schöpfung zu vervollkommnen. Die ersten Geschöpfe, die von Prajāpati hervorgebracht wurden, waren ohne Leben. Ein zweiter Eingriff ist nötig, um der Welt Leben zu verleihen – göttliches Leben. Hier steht der Inzest für eine Art von Neuschöpfung, oder besser gesagt, er symbolisiert die Vollendung des schöpferischen Aktes.
3. Der Heilswille. Die Schöpfung geht in die Irre, alle Geschöpfe sind im Begriff, Hungers zu sterben. Prajāpati beschließt, sie zu retten. Dies ist das typische Erlösungsschema.
4. Der Wunsch, das Geschöpf an der göttlichen Fruchtbarkeit teilhaben zu lassen und damit der Schöpfung die ihr eigene Energie der Fortpflanzung zu verleihen. Das Geschöpf wird ein Partner Gottes in der Fortsetzung der Welt. Dadurch wird das Geschöpf nicht nur »erlöst«, sondern auch vergöttlicht. Es hat teil an der göttlichen Dynamik, nicht an einer statischen »Natur«.

Die zentrale Tendenz ist klar: Nach der Schöpfung durch die Zerstückelung Gottes muß das Geschöpf auf irgendeine Weise wieder in seinen Schöpfer eingehen, zu dem Ausgangspunkt zurückkehren, kurz, es muß vergöttlicht werden. Die Vergöttlichung ist jedoch keine äußere Handlung, wie das Werfen eines Rettungsseiles, damit die Welt es fängt und so gerettet wird. Es muß ein wirklicher Wiederaufbau des Leibes Gottes sein, eine vollkommene Befreiung von der Unfreiheit, von der Geschöpflichkeit. Um dies zu erreichen, wird nur eine Umarmung zwischen Schöpfer und Geschöpf, ihre völlige Wiedervereinigung, das Problem lösen. Nichts weniger als das, was durch den Mythos vom Inzest symbolisiert wird, ist vonnöten. Wir dürfen nicht vergessen, daß für den Hinduismus, wie für viele andere Religionen, die Erlösung kein bloß äußerlicher Akt ist, eine moralische Rettung, sondern eine ontologische Tat, eine wirkliche Neuschöpfung, ein neues Leben, ja ein göttliches Leben. Allein auf sich gestellt ist das Geschöpf unfähig. Gott muß wieder herabsteigen, es verschlingen, sich mit ihm vereinigen, den Inzest begehen, damit die Kreatur vergöttlicht wird und an das einzige Ziel gelangt, das Gott haben kann: Er selbst.

Der wesentliche Sinn dieses reichen und ambivalenten mythischen Komplexes scheint der folgende zu sein: Der Ursprung von allem ist sogar ursprünglicher als Sein und Nichtsein. Dann entstehen durch die Vermittlung von *tapas* und *kāma* Sein und Nichtsein. Aus der Spannung zwischen diesen beiden (sie werden mit zwei Zweigen verglichen[100]) tauchen die Grundprinzipien auf: kosmische Ordnung, Wahrheit, die Urelemente usw., kurz, die Welt. Doch ist diese Erscheinung nichts anderes als der zerteilte Leib des Gottes, der unsichtbar in Leere gehüllt war, des Unoffenbaren, des unbegreiflichen Einen, das dem Sein vorausliegt.

Die Schöpfung erscheint also als das Opfer Gottes, als die ontologische Erniedrigung des Höchsten Prinzips, das diesen Zwischenzustand hervorbringt, den wir Kosmos nennen, der weder Gott ist, da er sein Geschöpf ist, noch Nicht-Gott, da er sein eigener zerteilter Leib ist.[101]

Doch ist dieser Zwischenzustand weder beständig noch selbständig, es ist ein konstitutiver Übergangszustand, eine wahre Ex-sistenz, ein *extra causas*, sozusagen außerhalb seiner selbst. Die Schöpfung allein, eben weil sie ein *pascha* ist, ein bloßer Durchgang, ist unfähig, sich selbst zu erhalten und von selbst ihre Bestimmung zu erreichen. Diese Unfähigkeit, diese konstitutive Schwäche ist die Urschuld und die Ursache der Sünde. Denn Sünde ist nichts anderes als der Wunsch des Geschöpfes, sich allein auf sich selbst zu verlassen und das Band, das es mit Gott verbindet, zu zertrennen, diese Verbindung, die das Geschöpf erst zu dem macht, was es ist, indem es ihm erlaubt, zu ex-sistieren. Gott steigt ein »zweites« Mal herab, um diese Schwäche zu heilen, um sein Geschöpf wiederzugewinnen, indem er es vergöttlicht, es mit sich zu Gott macht, es wieder mit seinem Ursprung verbindet.

Es ist notwendig, die zerstreuten Fragmente zu sammeln[102], die zerbrochene Einheit wiederherzustellen, den ursprünglichen Fehler zu reparieren.[103] Dies ist der Mythos, den wir interpretieren werden.

3. Die Hermeneutik

Wir wollen hier keine bloße Exegese dieses indischen Mythos geben noch aller indischer Mythen, die den Fall oder die Schöpfung durch Zerstückelung oder durch Opfer zum Gegenstand haben. Abgesehen von den Mythen, die wir schon erwähnt haben, müßte man viele andere Texte studieren, wie zum Beispiel den Mythos des Kampfes zwischen Indra und dem Drachen Vṛtra[104], und wir müßten auch viele andere Religionen mitheranziehen, denn diese

Mythen gehören nicht ausschließlich zu Indien.[105] Von dem babylonischen *Enūma-eliš* bis zu den Mythen Australiens gibt es einen ganzen mythischen Komplex, der dieselbe Problematik betrifft und der eine ähnliche Lösung andeutet.[106] Was uns hier interessiert, ist eine Hermeneutik, mit deren Hilfe wir vielleicht etwas Licht auf die Problematik des Leidens im philosophischen Denken der Gegenwart werfen können.

Ich werde versuchen, der hinduistischen Tradition treu zu bleiben. Wenn unsere Exegese über deren Grenzen hinausgeht, so geschieht dies zunächst, weil jede Tradition besteht, um weitergegeben, d.h. überschritten zu werden, und zweitens, weil wir die Probleme, die in diesen Mythen zum Ausdruck kommen, vor einem universaleren Horizont sehen, der auch andere Kulturen und Religionen umfaßt.

Das Wort »Fehler« (Schuld) drückt die Tatsache des Falles (von lat. *fallere*) wie auch die anthropologischen Implikationen des Mythos besser aus, ohne in den Bereich der vom bloßen Willen bedingten Sünde abzugleiten. Wenn die christliche Tradition von »Erbsünde« spricht, so betont sie, daß es ihr nicht um einen ausschließlich moralischen Begriff der Sünde geht, sondern um einen Makel, eine Wunde im Geschöpf, welche die ganze natürliche Ordnung durchdringt.[107]

a) Die Urschuld

Wir haben schon bemerkt, daß der Mythos der Erbsünde, wie immer er formuliert werden mag, ein Mythos ist, der den Menschen für seine Sünde und für das daraus entstehende Übel verantwortlich macht. Der Mensch hat die von Gott festgesetzte Ordnung gebrochen und er muß die Folgen erleiden. Dies erspart Gott die Verantwortung für das Böse und das Leid. Das Böse ist die Folge des Falles des

Menschen und das Leiden die Frucht der menschlichen Sünde.[108] Aber dieser Mythos weist für eine metaphysisch gesinnte Kultur wie die Indiens einen schwachen Punkt auf. Für das indische Denken ist nicht die menschliche Solidarität problematisch, d.h. die Tatsache, daß ein Mensch für den Irrtum und die Sünde eines anderen bezahlen muß (ein Problem, das einem Individualismus entstammt, den es vielleicht nicht einmal im Europa des Mittelalters gab). Die Schwierigkeit liegt für den Hinduismus vielmehr in der Tatsache, daß die Initiative zu sündigen vom Menschen kommt, was dem universalen Gesetz und der absoluten Macht Gottes zu widersprechen scheint. Wie kann sich der Mensch dem Willen Gottes widersetzen? Wer ist der Mensch, um gegen Gott aufzutreten? Kurz, wenn die Sünde oder irgend etwas anderes im Menschen entspringt – oder selbst im Teufel, d.h. jedenfalls außerhalb Gottes –, so impliziert dies einen Dualismus, der unvereinbar ist mit der Vorstellung von Gott als dem absoluten und einzigen Ursprung von allem. Nun sind die meisten Mythen des Falles dualistisch[109]: Die Bibel zitiert die Schlange als Prinzip des Bösen, das vor der Sünde des Menschen existiert; der Partner, den der Gott der Mordwinen begehrt, ist in Wirklichkeit der Teufel. Das Christentum hat dies von Anfang an gesehen und versucht, diese Schwierigkeit durch die christozentrische Vision der Schöpfung, durch eine christologische Schau der Wirklichkeit zu überwinden; die Sünde ist nur eine *felix culpa*, eine Gelegenheit für die volle Entfaltung des Pantokrator, ein Moment in der Vergöttlichung des Kosmos.

Doch der Hinduismus kann den Menschen nicht als den Ursprung von irgend etwas annehmen. Allerdings stellt auch das Gesetz des *karma* die Gefahr eines Dualismus dar. Gott ist nicht für das *karma* der Menschen verantwortlich, aber ist es der Mensch? Wenn ja, dann nur sehr entfernt auf persönliche Weise. Er findet das *karma* als ein fast unpersönliches Faktum vor. Wenn es aber eine Ursünde gibt, so muß es zuerst die Sünde Gottes sein und nicht allein die des Menschen.[110] Aber in Gott kann es weder Sünde noch Unvollkommenheit noch Makel geben. Der Begriff einer Ursünde in Gott ist widersprüchlich. Was ursprünglich ist, kann keine Sünde sein. Wenn es eine Ursünde in Gott gäbe, so wäre es keine Sünde mehr, sondern etwas Göttliches, denn Sünde ist *per definitionem* unvereinbar mit der göttlichen Natur.

Angesichts dieses Dilemmas wählt der hinduistische Mythos einen mittleren Weg: Das Übel, das in der Welt existiert, kann nicht vom Menschen stammen, denn das würde ihn zu einem anderen, zu einem bösen Gott machen. Doch kann das Übel ebensowenig in Gott verwurzelt sein, denn dann würde Gott zum Prinzip des Bösen. Es gibt keine Ursünde, d.h. eine Sünde *in* Gott, eine Sünde, die Gott berührt, sondern einen ursprünglichen Fehler, eine Schuld Gottes, die von Gott kommt und die die Welt entstehen läßt. In anderen Worten, es gibt einen bestimmten Akt Gottes, der nicht göttlich ist – die Christen würden sagen: nicht innertrinitarisch –, eine Tätigkeit, die von Gott trennt, eine Handlung, die das Nicht-Göttliche hervorbringt und die daher in gewissem Sinn ein Fehler und eine Schuld ist: Es ist die Schöpfung, die Zerstückelung des Leibes Gottes, das Hinausschleudern aus ihm von etwas, das noch nicht (Gott) *ist* oder vielmehr, das nicht mehr Gott ist. Wir könnten es mit der Schwäche jeder Liebe erklären. Wenn Gott die Liebe ist, so muß er sie, d.h. sich selbst, mitteilen wollen. Da er niemanden findet, dem er sich schenken kann, erzeugt oder schafft er den Gegenstand seiner Sehnsucht, so daß er ihn begehren und seine Liebe verwirklichen kann. Er geht aus sich heraus, er verliebt sich, er begeht den Fehler, das Geschöpf zu erschaffen. Kurz: Wir sind der Fehler Gottes.

Näher betrachtet gibt es nach diesem Mythos keine wirkliche Ursünde, sondern nur einen vorläufigen ursprünglichen Fehler, der im Begriff ist, überwunden zu werden. Wenn einmal alles in den Ursprung zurückkehrt, d. h. wenn der Prozeß beendet ist, wenn der göttliche Plan erfüllt ist, wird der Fehler aufhören, einer zu sein. Die Schuld besteht nicht im den Ursprung Setzenden, d.h. in Gott, sondern vielmehr ist es der Fehler selbst, der den Ursprung setzt, der den *saṃsāra* entstehen läßt, die Zeit, das sterbliche und gebrechliche Antlitz des kosmischen »Schemas«.[111] Der Fehler ist vorläufig. Er ist nur in der Zeit wirklich, für diejenigen, die die Zeit für Wirklichkeit halten, d. h. die die Zeit besitzen wollen, die sie festnageln und nicht fließen lassen, für diejenigen, die den Strom der Ex-sistenz, die spannungsgeladene Ganzheit des Geschöpfes aufhalten. Die Schuld ist die für substantiell gehaltene Zeitlichkeit. Die Existenz wäre tatsächlich ein Fehler und sogar eine Sünde, wenn man sie für eine bloße *Sistenz* halten würde, die von ihrer Quelle und ihrer Bestimmung abgeschnitten ist, als ein bloßer Fall – ins Nichts. Das schuldhafte Nichtwissen (*avidyā*) besteht darin, sich selbst als etwas »Selbständiges« zu betrachten, sich zu substantivieren, an ein eingebildetes *Selbst* zu glauben. Die Schöpfung als Substantiv ist Sünde, nicht aber als ein Verb, das die göttliche Schöpfertätigkeit ausdrückt. Die christliche Scholastik spricht von einer Schöpfung *passive et active sumpta.*[112]

Die Urschuld ist jener göttliche Akt, der Gottes »unwürdig« ist, nämlich die »Schöpfung«, zumindest insofern sie reines »Geschöpf« ist, denn zu schaffen bedeutet etwas hervorzubringen, das nicht Gott ist. Die Schöpfung ist der Akt, durch den die Welt entspringt, oder genauer gesagt, die Schöpfung ist jener Teil der göttlichen Tätigkeit – sozusagen ein halber Akt Gottes –, der der Welt ihr anfängliches Dasein in der Zeit verleiht, damit sie an ihre transtemporale

Bestimmung gelangt. Gott bringt nicht ausschließlich zeitliche Wesen hervor. Die Schöpfung entspricht nur der zeitlichen Dimension der Seienden, doch die Seienden, die von Gott hervorgebracht werden, sind in Wirklichkeit mehr als bloße Zeitlichkeit. In christlichen Begriffen könnte man sagen, daß Gott seinen Sohn »zeugt«, in dem der neue Himmel und die neue Erde wirklich werden, wenn einmal alles vollendet ist.[113] Derselbe Akt, mit dem der Vater den Sohn zeugt, »schafft« auch die Welt.[114]

Der einfache und totale Akt Gottes ist dann nicht die Schöpfung, sondern die Zeugung des ganzen Leibes – oder des mystischen Leibes, wie es die Christen ausdrücken würden, d.h. Christi. Wenn wir eine andere Ausdrucksweise verwenden, um dieselbe Einsicht auszusprechen, so könnten wir sagen, daß Gott, indem er schafft, einfach *fortfährt*, Gott zu sein. Ebenso wie »Sein« hier der Akt ist, durch den Gott sich ausdrückt, *ist* Gott Gott, indem er über sich hinausgeht – in reinem »Wachstum« sozusagen –, in einer immer neuen und unerwarteten Explosion, ohne Vergangenheit und ohne Zukunft. Die Welt ist nichts anderes als diese halbe Wirklichkeit, die dazu unterwegs ist, Gott zu werden, die dazu gerufen ist, an diesem Akt des göttlichen »Wachstums« teilzuhaben. Natürlich *wird* Gott nicht Gott, die Welt wird Gott, denn ihre ontologische Struktur ist *zeitewig*.[115]

So ist die Existenz an sich keine Sünde, doch hat sie ihren Ursprung in einem Fehler, der morphologisch dem *ex nihilo* der westlichen christlichen Tradition entspricht. Genau gesagt »sündigt« Gott nicht, denn er hat das Geschöpf nicht auf halbem Weg verlassen. In Wirklichkeit »schafft« er nicht, besser gesagt, er gibt sein Leben voll und ganz, obwohl wir hinzufügen sollten, daß er sein Leben demjenigen mitteilt, was vor dieser Mitteilung gar nicht ist. Das Wachstum Gottes ist nicht aus einer vorher existierenden

Nahrung genährt, sondern aus Nichts. In der Zeit wird diese zeitlose Handlung vom Menschen auf fragmentarische Weise gelebt, erfahren und gedacht. Die Existenz ist ein Zwischenstadium und ein Durchgang, sie ist nur dann Sünde, wenn sie sich für endgültig und beständig hält. Sünde heißt auf halbem Weg stehenbleiben, sie ist die *conversio ad creaturam* der christlichen Tradition.

Mit anderen Worten: um sein Ziel zu erreichen, muß das Geschöpf durch ein Stadium der Sünde gehen, durch einen vergänglichen Aufenthaltsort, eine Prüfung, die nur soweit wirklich ist, als man sie dafür hält. Aus diesem Grund ist *avidyā*, das Nichtwissen, die erste menschliche Sünde, ebenso wie die Erkenntnis von Gut und Böse die Urschuld des Kosmos ist. Ohne göttliche Erkenntnis würde die Welt nicht bestehen. Dieser kosmische Prozeß ist nur insofern *saṃsāra*, d.h. zeitliche und unechte Existenz, als der Mensch die ganze Wirklichkeit noch nicht entdeckt hat. Es gibt daher eine Urschuld am Anbeginn der Welt, ohne die es weder Geschöpf noch Schöpfer gäbe. Wenn es einen Schöpfer gibt, muß es einen schöpferischen Akt geben, der, insofern er Nicht-Gott hervorbringt, ein Fehler ist: die Urschuld der Schöpfung. Das Geschöpf selbst ist dieser Fehler. Das Heil liegt darin, die Geschöpflichkeit zu übersteigen.

b) Schöpferisches Opfer

Alles, was wir hier gesagt haben, wurde von den meisten Religionen mythisch gesehen und ausgedrückt, wobei der zentrale Mythos das Opfer ist, durch das die Schöpfung geschieht. Durch das Opfer ist die Welt erschaffen und wird sie im Dasein erhalten[116]; durch das Opfer kehrt der ganze Kosmos zu seinem Ursprung zurück. Doch wollen wir hier nicht eine religionswissenschaftliche Theorie des Opfers entfalten. Es genügt in diesem Zusammenhang, unsere Hermeneutik fortzusetzen.[117]

Die Urschuld setzt das Opfer Gottes voraus. Der Lohn der Sünde ist der Tod.[118] Gott stirbt sozusagen, indem er sein Geschöpf schafft; auf dieser Ebene gibt es keinen Platz für zwei. Es gibt kein *nihil ex quo* Gott irgend etwas machen könnte; Gott kann nur aus sich selbst schaffen. Daraus folgt, daß Gott nicht *ex Deo*, sondern *a Deo* schafft.[119] Es gibt weder einen anderen noch irgendeine mögliche Hilfe.[120] Es bleibt nur die Selbstopferung. Gott opfert sich selbst, er verschwindet, er zerstückelt sich selbst, er stirbt, um in sein Geschöpf einzugehen und sich in ihm wiederzufinden. Die Schöpfung ist der Altar, auf dem sich Gott selbst opfert, sie ist der zum Opfer gewordene Gott. Die göttliche Liebe stirbt sich selbst ab; niemand hat eine größere Liebe als diese, sein Leben für seine Freunde hinzugeben[121], und es gibt keine größere Liebe als die Liebe Gottes. Gott gibt sich selbst seiner Schöpfung, und er stirbt dabei.

Der Mensch hat nicht nur seine eigene »private« Bestimmung in seinen Händen, sondern auch und vor allem die göttliche Bestimmung. Er ist auf gewisse Weise der Nachfolger Gottes, das Werkzeug der Gottheit. Er besitzt nicht nur die Macht, sich selbst zu zerstören und das materielle Universum zu vernichten; die Bestimmung Gottes selbst liegt in der Macht des Menschen. Der Unterschied zwischen Gott und Mensch ist kein numerischer: Sie sind nicht zwei. Noch aber sind sie eines, denn die Einheit ist noch nicht verwirklicht oder erreicht. Insofern der Mensch *ist*, *ist* Gott nicht; insofern Gott ist, ist der Mensch nicht; die Anwesenheit des einen bedeutet die Abwesenheit des anderen. Die Beziehung zwischen dem Zeitlichen und dem Ewigen kann nicht in Begriffen des Seins ausgedrückt werden. Letztlich sind »Gott« und »Mensch« sowie »Kosmos« bloße Abstraktionen einer alles umfassenden kosmotheandrischen Wirklichkeit.

Gott hat sich selbst erniedrigt, entleert[122], sich selbst geopfert und dargebracht. Aber wem? Nichts, denn es gibt keinen »Empfänger« des Opfers Gottes, gab und gibt es doch nichts außer ihm. Er ist sozusagen in das Nichts gefallen, in die Leere – *in nihilum.* So ist die Schöpfung nicht nur *ex nihilo*, sondern auch *in nihilum.*[123] Das Ergebnis ist der Mensch und der Kosmos, ein beraubter, geopferter, hingegebener, toter Gott, der jetzt auf dem Weg zur Auferstehung ist kraft der göttlichen Dynamik selbst, die in die Hände der Menschen übergegangen ist, der Priester des Alls, der Vermittler zwischen dem Gott, der war, und dem Gott, der sein wird.[124] Gewiß hat dieser letzte Satz für einen substantiellen Gottesbegriff als ein unveränderliches Wesen, verschieden und unabhängig, keinen Sinn, denn ein solcher Gott kennt weder Vergangenheit noch Zukunft. Nichtsdestoweniger ist die obige Behauptung gültig, und zwar für den Menschen, der sozusagen in der Schwebe ist zwischen einem Nichts, das »war«, und einem Gott, der »sein wird«. Die Schöpfung ist keine Illusion, im Gegenteil, sie ist ein Akt, der Gott und Mensch eigen ist, in ihr spielt sich die Bestimmung der Wirklichkeit ab. Das Opfer Gottes ist ein wahres Opfer, eine wirkliche Darbringung, und eben deshalb ist es schöpferisch. Die Welt ist aus einem Opfer geboren und sie stirbt durch ein anderes Opfer, d.h. sie wird zum wahren Leben wiedergeboren, sie kehrt zu Gott zurück. Das kosmische Opfer, das neu schafft, was in dem schöpferischen Akt *in illo tempore* gemacht wurde[125], vollzieht sich in Raum und Zeit. Die Schöpfung ist nur dann Illusion, reine Unwirklichkeit, wenn sie sich von ihrer Quelle lostrennt und sich selbst für in sich kristallisiert, selbständig hält.

In der Tat ist der Prozeß gegenseitig und komplementär:

Gott zerstückelt sich unentwegt und wird ständig neu geschaffen. Der kosmische Prozeß ist nicht bloß historisch, es ist auch ein theopoetischer Prozeß, der Gott wiederherstellt. Er ist nicht ausschließlich zeitlich, sondern zeitewig. Der Mensch ist nicht eine Art vergänglicher und verachtenswerter Wurm, ein bloßes Staubkorn, das dazu bestimmt ist, sich im kosmischen Raum zu verlieren. Der Mensch ist ein göttlicher Funke, ein Moment in der »Neuschöpfung« oder Erneuerung Gottes, ein Element des göttlichen Opfers, das den Urfall umkehrt. Gott ist andererseits nicht eine Art losgelöstes Wesen ohne Sorge für die Welt, außerhalb des menschlichen Lebens und unberührt vom menschlichen Schicksal: Er ist der Gott des Menschen, sein göttliches Prinzip. So übersteigt er unendlich den empirischen Menschen, doch ist er nicht »etwas« anderes oder ein »anderer«. Ebenso wie die Erbsünde eine Urschuld voraussetzt, verlangt das Geschöpf nach einem Schöpfer. Die Wirklichkeit ist weder Geschöpf noch Schöpfer getrennt verstanden, sondern die Spannung dieser *radikalen Relativität.*

Mit anderen Worten: Der ganze Prozeß des Menschen, der Geschichte und des Universums ist nicht bloß eine geschöpfliche Angelegenheit, sondern er gehört zur Schöpfung selbst; es ist der zweite Akt des Dramas der Schöpfung und die Umkehrung und Ergänzung des ersten göttlichen Aktes. Das bedeutet, daß das Heil oder das Versagen des Menschen weit mehr ein göttliches Problem und die Verantwortung Gottes sind als des Menschen. Das Leiden ist vor allem das Leiden Gottes, die Schuld ist auch seine Schuld, die Solidarität zwischen Mensch und Gott ist vollständig. Es ist weder ein »anderer« Gott, der für das menschliche Leid zuständig ist, noch ein »anderer« Mensch, der die Last einer Erbsünde zu tragen hat; beide haben sich auf dasselbe Abenteuer der Existenz eingelassen, auf die Waghalsigkeit der Schöpfung, auf den wunderbaren Weg, wie eine neue

Spur durch den Neuschnee, zum Aufbau des kosmotheandrischen Leibes der Wirklichkeit.[126] Das *pati divina* der hellenisch-christlichen Mystik sollte hier nicht nur verstanden werden als das »Leiden« des Menschen unter dem Gewicht Gottes, sondern auch als die Last des menschlichen Leidens, die Gott trägt.[127]

c) Ontische Erlösung

Wenn wir den Westen des Dualismus beschuldigen und den Osten des Pantheismus, so wird uns das nicht weiterbringen. Wir verfehlen die Kraft des Mythos vom Sündenfall, wenn wir denken, daß der Westen notwendig dualistisch ist, weil er dem Menschen ein ursprüngliches Handeln zuschreibt, sei es die Sünde oder die Fähigkeit zu sündigen. Wir gehen ebenso an der Tiefe des Mythos von Prajāpati vorbei, wenn wir sein Opfer materialistisch interpretieren und der Zerstückelung Gottes einen pantheistischen Sinn geben.

Die Schau, die wir aufzuzeigen versucht haben, könnte diese Dichotomie überwinden: Es kann eine Ursünde geben, weil es nicht der Mensch allein ist, der sie begeht, Gott ist ebenso miteinbezogen. Es kann eine Urschuld geben, weil es nicht das unveränderliche Wesen Gottes ist, das sie vollbringt.

Mit anderen Worten, was wir Schöpfung nennen, ist nur der erste Akt in dem großen kosmotheandrischen Drama der Wirklichkeit: Dem Opfer Gottes entspricht das Opfer des Menschen; der Schöpfung entspricht seine Vergöttlichung.[128] Die Erlösung ist nicht eine Art historischer Zufall in dem kosmotheandrischen Abenteuer, sie ist nicht ausschließlich von der menschlichen Situation abhängig, sondern sie gehört zu der Ökonomie der gesamten Wirklichkeit, sie ist die Brücke, die das Opfer Gottes mit dem des

Menschen verbindet, der Weg, der ans andere Ufer führt. Sie ist die Weise, wie Gott »lebt«, sich selbst enthüllt, »schafft« und liebt. Die Erlösung des Seins ist eine Frage von Leben und Tod für alles Existierende. Das Geschöpf ist nur ein *quasi medium inter Deum et nihil.*[129] Wenn es seine Fülle nicht erlangt, fällt es ins Leere. Die Erlösung ist das Opfer des Geschöpfes.[130] Das Sein kann seine Grenze nicht erreichen, es sei denn durch ein erlösendes Opfer, das das schöpferische Opfer ergänzt und ihm Sinn verleiht.[131]

Doch kehren wir zum Mythos des Leidens zurück.

Das Leiden bedeutet dann nicht bloß die Reinigung von einigen Sünden. Sein tieferer Sinn ist vielmehr, daß es eine Anteilnahme an der Erlösung des Kosmos ist.[132] Niemand hat das Recht, anderen Schmerz zuzufügen, das haben das brahmanische Indien und das christliche Mittelalter sehr klar gesehen. Sie haben nur deshalb anderen Schmerz zugefügt, weil sie glaubten – zu Recht oder Unrecht – im Namen Gottes zu handeln, d. h. am erlösenden Leid des Kosmos teilzunehmen. Eine tiefere Lektüre desselben Mythos wird uns dazu führen zu sagen, daß niemand das Recht hat, Leid zuzufügen, nicht einmal Gott. Der Grund ist einfach: Wenn Gott straft, so ist es entweder, weil es eine ihm übergeordnete Gerechtigkeit gibt, der er gehorchen muß, und in diesem Fall wäre er nicht die höchste Instanz; oder aber Gott straft, weil es sein freier Wille ist, obwohl er dasselbe Ergebnis erzielen könnte, ohne seine Geschöpfe leiden zu lassen.[133] Man könnte kaum einsehen, wie ein solcher Gott gut und menschenfreundlich sein könnte. Eben deshalb haben die Religionen versucht, uns davon zu überzeugen, daß entweder das Leid kein Übel ist, oder daß der Mensch allein dafür verantwortlich ist.

Nur ein Mythos, der Gott nicht von der Welt trennt, kann das Leid rechtfertigen. Ein unabhängiger Gott, der nichts mit den Menschen zu tun hat, existiert nicht. Ebensowenig sind der Mensch oder der Kosmos selbständige Wesenheiten, beide wurzeln sie in Gott. Der Mythos des Leidens bezieht sich auf eine Ebene, wo Gott und Mensch miteinander kommunizieren: das kosmotheandrische Mysterium der Wirklichkeit.

Der Mythos von Prajāpati spricht zu uns nicht von Sünde oder Leid. Er legt die doppelte Dynamik des Opfers bloß: Die schöpferische Opferung und die erlösende Wiederherstellung. Das Leid ist der Widerstand, den das Geschöpf seiner Be-kehrung gegenüber leistet, es ist der Richtungswechsel, der den Weg für das ebnet, was noch nicht ist.

Letztlich ist das, was erlöst werden muß, die Geschöpflichkeit selbst und nicht bloß ein moralisches Übel; was im Opfer verbrannt werden muß, ist die Kontingenz selbst, denn alles, was auf irgendeine Weise aufhören kann zu sein, ist Brennmaterial für das Opferfeuer.

Die Erlösung ist ontisch. Das Leid ist der Rauch, der von dem Brennmaterial erzeugt wird, das noch zu grün war für das Opfer.

Anmerkungen

1 Es ist oft bemerkt worden, daß κακία, wie es bei Matth. 6, 34 (dem Zitat, das diesem Kapitel voransteht) verwendet wird, im Neuen Testament einmalig ist, doch haben wir der Problematik dieser »Plage«, die jeder Tag mit sich bringt, nicht genügend Aufmerksamkeit geschenkt. Offensichtlich hat dieses »Leid« nichts mit einem moralischen Übel zu tun, noch mit einer pessimistischen oder dualistischen Schau der Wirklichkeit. Sollen wir es so verstehen, daß das Übel oder die Plage nicht am Anfang der Welt steht (mit der Erbsünde gegeben), sondern jeden Tag neu gegeben wird?

2 »Die Kultur bietet nicht nur ein Mittel, um den Schmerz auszudrücken, und die Grammatik, ihn zu einer Herausfor-

derung zu machen, sondern sie liefert auch den Mythos, der den Schmerz als eine gottgewollte Notwendigkeit, als Strafe, als Rache oder sogar als ein Geheimnis interpretiert.« I. Illich, »The Killing of Pain«, *Hygenic Nemesis* (CIDOC Cuaderno No. 86, Cuernavaca, Mexico, 1974, S. 40).

3 Das griechische ποινή bedeutet eigentlich: wiedergutmachen, reparieren, mit Gutem oder Bösem bezahlen. Es bedeutet sowohl Belohnung wie Strafe. Das lat. *poena* bewahrt auch diesen Sinn der gesetzlichen Strafe. Später wird das gleiche Wort in die meisten romanischen Sprachen übergehen mit der Bedeutung von Leiden. Auf Sanskrit könnte es wörtlich mit *daṇḍa* übersetzt werden: Stab, Rute (vgl. das griech. δένδρον, Baum); oder mit *pīḍā*, das primär Leiden, Schmerz bedeutet und später die Bedeutung von Qual, Folter, Bedrükkung erhält (vgl. *pīḍāgṛha*, Folterkammer, Besserungsanstalt). Es ist bedeutsam, daß das Verb *pīḍ-* ursprünglich für die Handlung des Somapressens verwendet wurde. Die Opferhandlung, das Pressen und Ausdrücken, erzeugt Schmerz. Im Sanskrit wird auch *vedanā* verwendet für Leiden, Schmerz, Qual, was ursprünglich Wahrnehmung, Gefühl bedeutet.

4 »Meine Diener erfreuen sich am Leiden; sie leiden, wenn sie nicht leiden«, hörte die hl. Katharina von Siena (Dialogues, tr. Hurtaud, ed. Lethielleux, I: 289). »Ich ahnte damals nicht, daß man viel leiden muß, um zur Heiligkeit zu gelangen«, fügt die hl. Therese vom Kinde Jesu hinzu (*Geschichte einer Seele*, Leutesdorf: Johannes-Verlag 1980, S. 67). Vgl. »pati et contemni pro te« des hl. Johannes vom Kreuz und vieler anderer Heiliger sowie die Definition der »vollkommenen Freude« des hl. Franziskus von Assisi (*Fioretti*). Man könnte auch viele andere Zeugnisse aus den verschiedensten Traditionen anführen.

5 Vgl. u.a. Thomas v. Aquin, *Sum. Theol.* I-II, q. 87, a. 1 ff.

6 Da es kein passendes Wort gibt, um das auszudrücken, was ich sagen will, werde ich »Schöpfung«, »Geschöpf« und ähnliche Worte in ihrem elementarsten Sinn von »Hervorbringung von Wesen« gebrauchen, ohne notwendig den Begriff der *creatio ex nihilo* oder den eines »persönlichen« Gottes

vorauszusetzen. Ich ziehe »Schöpfung« als allgemeinen Begriff dem Wort »Emanation« vor, das Thomas v. Aquin verwendet (*Sum. Theol.* I, q. 45). Im Sanskrit wird die Wurzel *sṛj-*, »entlassen«, verwendet, um denselben Sachverhalt auszudrücken, und manchmal auch *nir-mā-*, »erbauen«, »ausmessen« im Medium. Weder das Aktiv noch das Passiv genügen, um den Akt auszudrücken, durch den die Welt aus ihrer Quelle hervorgeht.

7 Vgl. reiches Material in *Guilt or Pollution and Rites of Purification*, Proceedings of the XI. International Congress of the International Association for the History of Religions (Claremont 1965, Leiden: Brill 1968, 2. Bd.).

8 Vgl. z.B.: »Und siehe, man brachte zu ihm einen Gelähmten, der auf einem Bett lag. Als Jesus ihren Glauben sah, sprach er zu dem Gelähmten: Habe Mut, Kind, deine Sünden sind vergeben.« (Matth. 9,2) Vgl. auch: »Sieh, du bist gesund geworden: sündige nicht mehr, damit dir nicht noch Schlimmeres widerfahre.« (Joh. 5,14) Oder: »Meister, wer hat gesündigt, dieser Mann oder seine Eltern, daß er blind geboren worden ist?« (Joh. 9,2, Üb. Tillmann)

9 »Omnis poena est medicina, sed non semper respectu peccantis«, sagt die Scholastik. Vgl. z.B. Thomas v. Aquin, *Sum. Theol.* I-II, q. 87, a. 2 ad 1; a. 3 ad 2; II-II, q. 39, a. 2 ad 1; a. 4 ad 3, usw.

10 Vgl. R. Panikkar, *Myth, Faith and Hermeneutics* (S. 188ff.). (Der vorliegende Band »Rückkehr zum Mythos« ist die deutsche Übertragung des »Myth« überschriebenen Teiles I dieses Titels. Die deutsche Übersetzung der Teile »Faith« und »Hermeneutics« ist in Vorbereitung. [Vgl. Anm. d. Übers. S. 8].)

11 Vgl. Gen. 1,27.

12 Vgl. Gen. 3,14ff. Für ähnliche Mythen vgl. R. Pettazzoni, *Miti e leggende* (Turin: U.T.E.T. 1948-1959, 4 Bde.).

13 »Poena est bona simpliciter, et mala secundum quid«, lautet eine thomistische These. Vgl. Thomas v. Aquin, *Sum. Theol.* II-II, q. 19, a. 1, c.

14 Vgl. RV X, 129, 2: »Das Eine atmete ohne Windzug aus eigenem Antrieb. Außer ihm war nichts anderes vorhanden.« AV

X, 8, 11: »Was sich bewegt, was fliegt, was stillsteht, was atmet und was atemlos ist, was die Augen aufschlägt, dieses einzige Eine, das von vielfacher Gestalt ist, trägt die Erde.« IsU 4: »Unbewegt ist das Eine, schneller als der Gedanke. Keine Kraft kann es erreichen, da es voraneilt. Stillstehend ist es schneller als die Laufenden. In ihm gibt der Wind allen Dingen Wirkkraft.«

15 Dabei folgen wir im wesentlichen der Tradition der Brāhmaṇas. Vgl. AV X, 1, 5: »Prajāpati war hier am Anfang der Eine, einzige.« In anderen Traditionen, die z. T. in den Brāhmaṇas selbst vorkommen, nimmt Brahman den Platz des Gottes ein. Vgl. SB XI, 2, 3, 1, wo von Brahman die Rede ist (*brahma vai idam agre āsīt tad devān asṛjata*, »Im Anfang war Brahmā dieses [All]. Er schuf die Götter.«) und in denselben Worten wie in TB II, 2, 7, 1 von Prajāpati gesprochen wird (*prajāpatiḥ prajāḥ asṛjata*, »Prajāpati schuf die Lebewesen.«).

16 Vgl. Homer, *Ilias*, IV, 68 und Plato, *Timaios*, 37c, wo der höchste Gott der Vater der Götter und Menschen genannt wird.

17 Vgl. die ganze Tradition der Brāhmaṇas, z. B. TB II, 3, 6, 1; GopB II, 3, 9; TMB XXI, 2, 1; XXIV, 11, 2, usw., wo dieselbe Formel immer wieder wiederholt wird: *prajāpatiḥ prajāḥ asṛjata*. Vgl. S. Lévi, *La doctrine du sacrifice dans les Brāhmaṇas* (Paris: P.U.F. [2]1966, S. 25 ff.).

18 Vgl. AV XIX, 17, 9: »Möge Prajāpati, der die Zeugungskraft besitzt (*prajananavant*) ..., uns beschützen.«

19 RV X, 121, 1-2: »Im Anfang entstand der Goldene Keim; als er geboren war, wurde er der Herr des Seienden, der die Erde und den Himmel erhält. ... Er, der Lebenskraft und Stärke verleiht, dessen Ordnungen selbst die Götter gehorchen, dessen Schatten die Unsterblichkeit ist – und der Tod.«

20 Vgl. SB XI, 1, 6, 14: »Diese nun sind die Gottheiten, die aus Prajāpati geschaffen wurden: Agni, Indra, Soma und Parameṣṭhin Prājāpatya.« TS III, 3, 7, 1: *prajāpatir devāsurān asṛjata*; und auch TB I, 4, 11; VIII, 1, 3, 4; TMB XVIII, 1, 1, usw.

21 Vgl. SB II, 2, 4, 1: »Im Anfang, fürwahr, war der Herr der Wesen nur Einer allein.« Vgl. Anm. 15.

22 TB II,1,2,1ff.; MaitS I,8,1; SB II,2,4,6; II,4,4,1; VI,2,3,1, usw.

23 Vgl. der Refrain von RV X,121,1-9: »Welchen Gott (*kaḥ*) sollen wir mit Opfern verehren?« oder: »Wer ist er, Prajāpati?« (TMB VII,8,3; AB XII,10,1; TS I,7,6,6; SB IV,5,6,4). Eine Legende erzählt den Ursprung des Namens: »Als Indra den Vṛtra getötet hatte und alle Siege gewonnen hatte, sagte er zu Prajāpati: ›Laß mich sein, was du bist, laß mich groß sein.‹ Prajāpati antwortete: ›*Wer* bin dann ich?‹ ›Eben das, was du gesagt hast‹, antwortete er; von da an war der Name Prajāpatis: ›Wer?‹« ... (AB XII,10,1). TB II,2,10,1-2 gibt eine etwas andere Version: »Prajāpati schuf Indra, den letztgeborenen unter den Göttern, und entsandte ihn, um über die Götter als ihr König zu herrschen. Die Götter fragten: ›*Wer* bist du? Wir sind besser als du.‹ Indra berichtete Prajāpati diese Worte der Götter. Nun besaß Prajāpati zu jener Zeit die Herrlichkeit der Sonne. Er (Indra) sprach zu ihm: ›Gib mir diese und ich werde der König der Götter sein.‹ ›Und wenn ich sie dir gebe‹, antwortete er, ›*wer* werde ich dann sein?‹ ›Du wirst sein, was du sagst.‹ Und Prajāpati erhielt den Namen *ka, wer.*« (Vgl. S. Lévi, op. cit., S. 17).

24 Vgl. die wunderbare Hymne an *Skambha*, die Weltsäule, AV X,7. Vgl. z.B. Vers 7: »Der Eine, auf den sich der Herr des Lebens stützte, als er die Erde emporhob – sag mir von dieser Stütze, wer mag er sein?«

25 RV X,129,1.

26 *Svadhā* (von *sva* und *dhā*), durch seine eigene Kraft.

27 RV X,129,2.

28 RV X,129,3.

29 Vgl. den Ausdruck von Tertullian: »Ante omnia enim deus erat solus.« (*Adversus Praxean*, 5,1). Im Zusammenhang mit dem innertrinitarischen Logos fügt er hinzu: »Tunc igitur etiam ipse sermo speciem et ornatum suum sumit, sonum et vocem cum dicit Deus: *Fiat lux*. Haec est nativitas perfecta Sermonis dum ex deo procedit.« (ebd. 7,1).

30 RV X,129,3.

31 TB II, 2, 9, 1 (*tad asad eva san mano'kuruta syām iti*). Vgl. TU II, 7.

32 BU I, 4, 1.

33 Ebd.

34 Vgl. BU I, 4, 2.

35 Vgl. CU VIII, 7, 1 ff. (die Lehre Prajāpatis über den Ātman).

36 Vgl. BU I, 4, 3: »Er fand keine Freude.«

37 Vgl. Gen 3,7 ff.

38 Vgl. BU I, 4, 2: »Er fürchtete sich; ebenso fürchtet sich heute einer, der allein ist. Er dachte bei sich: ›Da es außer mir nichts gibt, wovor fürchte ich mich?‹ Darauf hörte seine Furcht auf, denn wovor hätte er sich fürchten sollen? Man fürchtet sich nur vor einem Zweiten.«

39 Ebd. »Er sehnte sich nach einem Zweiten.« Vgl. auch für Prajāpati, der Nachkommen begehrt: SV VI, 1, 1, 8; TS VII, 1, 1, 4; TB II, 2, 9, 5; AB X, 1, 5, usw.

40 Vgl. CU VI, 2, 3: »Er dachte: Möge ich viele sein! Möge ich zeugen!« (*tad aikṣata bahu syām prajāyeyeti*).

41 Vgl. RV X, 190, 1.

42 RV I, 164, 47. Vgl. den Kommentar in V. S. Agrawala, *Vision in Long Darkness*, (S. 184 ff.; vgl. Kap. 2, Anm. 6).

43 Vgl. BU I, 4, 3 und TMB VI, 5, 1 (*prajāpatir akāmayata bahu syām prajāyeyeti*), usw. (vgl. Kap. 2, Anm. 25).

44 Vgl. U. Harva, *Die religiösen Vorstellungen der Mordwinen* (Helsinki 1954, S. 154) sowie M. Eliade, »Structure et fonction du mythe cosmogonique« (in dem Sammelband *La naissance du monde*, Paris: Seuil 1959, S. 489).

45 Es muß betont werden, daß die christliche Theologie in diesem Punkt, obwohl sie es oft bestreitet, stark von der griechischen Vorstellung abhängig ist. Das *ex nihilo* hat keinen Sinn außerhalb der Polemik gegen den Begriff eines Demiurgen, der die Welt macht, der Urmaterie Form gibt und aus dem Chaos einen Kosmos macht. Wir wissen wohl, daß das Wort δημιουργός, das in der griechischen Literatur und gnostischen Terminologie so verbreitet ist, in der Septuaginta nie verwendet wird, um den Schöpfer zu bezeichnen. Im Neuen Testament kommt es nur in Heb. 11,10 vor.

46 TS VII, 1, 1, 4 ff.: »Er maß den Trivṛt von seinem Mund aus. ... Von Brust und Armen aus maß er den Pañcadaśa Stoma. ... Aus der Mitte maß er den Saptadaśa Stoma. ...« (Vgl. Üb. Keith), usw.

47 Vgl. RV X, 90.

48 Vgl. das Sanskrit-Wort *sva-dhā* und seine Bedeutung im Zusammenhang mit dem Opfer.

49 Vgl. den Satz von Plato: τίκτειν ἐπιθυμεῖ ἡμῶν ἡ φύσις (Unsere Natur begehrt zu zeugen.), *Symposion*, 206c.

50 Dies ist kein Widerspruch: Die Gabe hat ihren Wert und ihre Konsistenz in sich selbst. Vgl. G. Van Der Leeuw, *Religion in Essence and Manifestation* (New York: Harper 1963, S. 13 u. 50ff.).

51 Vgl. AB VII, 8, 2; XXXIV, 1, 1; TB II, 1, 2, 1 ff.; SB II, 2, 4, 6, usw.

52 Vgl. TB VII, 2, 1: »Prajāpati gab den Göttern sein eigenes Selbst, nachdem er es zum Opfer gemacht hatte.« (*prajāpatir devebhya ātmānaṃ yajñaṃ kṛtvā prāyacchat*); vgl. auch SB XI, 1, 8, 2 ff.; TMB VII, 2, 1, usw.

53 Vgl. SB X, 2, 2, 1: »Denn bis dahin gab es nichts anderes, was würdig war, geopfert zu werden.«

54 Vgl. RV X, 90; vgl. auch SB XI, 1, 8, 5: »Und wenn er (am folgenden Tag) das Opfer darbringt, dann erlöst er sich durch das Opfer von den Göttern, ebenso wie Prajāpati sich dadurch erlöst hat ...«

55 Vgl. RV X, 90, 8.

56 Vgl. ebd., 9ff.

57 RV, X, 90, 13.

58 Vgl. SB XI, 1, 6, 1 ff.

59 SB XI, 1, 6, 9. Vgl. auch die interessanten biblischen Parallelen: Is. 45, 6-7: »Ich bin der Herr, und sonst keiner! Das Licht bilde ich und erschaffe die Finsternis; ich bewirke das Heil und schaffe das Unheil! Ich, der Herr, bin es, der all dieses wirkt.« Vgl. Is. 41, 23; Am. 3, 6; Klgl. 3, 38; Mich. 1, 12; Soph. 1, 12, usw.

60 Vgl. Spr. 16, 4: »*universa propter semetipsum operatus est Dominus*« und die Rolle, die dieser Text in der scholastischen

Theologie gespielt hat. Vgl. z.B. Thomas v. Aquin, *Contra Gentes*, III, 17; IV, 34.

61 SB VI, 1, 1, 8 (*prajāpatir akāmayata bhūyānt syām prajāyeyeti*).

62 RV X, 190, 1.

63 Vgl. SU I, 3: »In (Yoga-)Meditation geübte (Weise) schauten die (Ātmā-)Macht des Gottes, verborgen durch seine Eigenschaften (*guṇa*).«

64 Vgl. RV X, 129, 2-3.

65 Vgl. TB II, 2, 9, 1 ff.: »Es wurde erhitzt (oder übte strenge Askese, *atapyata*). Aus dieser inneren Glut (oder Askese) entstand Rauch. Dieser wurde wieder erhitzt. Aus dieser inneren Glut entstand Feuer ...«

66 Vgl. RV X, 129, 4; *retas*, Samenflüssigkeit.

67 Ebd.

68 Vgl. SB VI, 1, 1, 1.

69 TU II, 6.

70 Vgl. AV VII, 80, 3: »Kein anderer als du, Prajāpati, du Allumfassender, hat alle diese Formen ins Leben gerufen.« Vgl. die franz. Übers. von L. Silburn, *Instant et Cause. Le discontinu dans la pensée philosophique de l'Inde* (Paris: Vrin 1955, S. 51).

71 TB I, 2, 6, 1. Vgl. auch TMB XXV, 17, 3 ff. und SB III, 9, 1, 1 ff.: »Als nun Prajāpati [der Herr der Geschöpfe] die Lebewesen geschaffen hatte, fühlte er sich wie erschöpft [*riricānaḥ*, wörtl. entleert]. Die Geschöpfe blieben nicht bei ihm zu seiner Freude und Ernährung. Er dachte bei sich: ›Ich habe mich erschöpft und der Zweck, für den ich geschaffen habe, ist nicht erfüllt: Meine Geschöpfe haben sich von mir abgewandt, die Geschöpfe bleiben nicht bei mir zu meiner Freude und Ernährung.« Und ferner SB X, 4, 2, 2: »Nachdem er alles geschaffen hatte, was existiert, fühlte er sich wie ausgeleert und fürchtete sich vor dem Tod.«

72 Vgl. SB X, 1, 3, 2: »Nun war die eine Hälfte Prajāpatis sterblich, und die andere war unsterblich. Mit seiner sterblichen Hälfte fürchtete er den Tod.« (Vgl. Matth. 26, 36 ff.)

73 Vgl. BU I, 4, 6.

74 Vgl. SB VI, 1, 2, 12.
75 SB VI, 1, 2, 13.
76 TB II, 3, 6, 1.
77 Vgl. Apk. 5, 6 u. 12 über das Lamm, das wie geschlachtet war (»agnem stantem tamquam occisum«).
78 Vgl. SB VIII, 6, 1, 10; TS VI, 3, 4, 7.
79 SB II, 4, 4, 1 ff.
80 TMB XXI, 2, 1.
81 Vgl. TB II, 2, 7, 1.
82 Vgl. TMB XXIV, 11, 2.
83 Vgl. TMB XXI, 2, 1.
84 Vgl. TB I, 1, 5, 4.
85 Das Problem des Inzests ist auf dem Gebiet der Anthropologie sehr bekannt, und es gibt eine reiche und komplexe Literatur zu diesem Thema. Für die psychologische Diskussion vgl. E. Neumann, *Ursprungsgeschichte des Bewußtseins* (Zürich: Rascher 1949). In jüngster Zeit hat es mit dem Aufstieg des Strukturalismus Bedeutung erlangt. Vgl. Y. Simonis, *Claude Lévi-Strauss ou la »passion de l'inceste«* (Paris: Aubier-Montaigne 1968) als eine gute Zusammenfassung. Claude Lévi-Strauss geht sogar so weit zu sagen: Vor dem Inzestverbot »ist die Kultur noch nicht existent; mit« ihm »hört die Natur auf, beim Menschen unumschränkt zu herrschen. Das Inzestverbot ist das Verfahren, mit dem die Natur sich selbst überwindet; ...« (in: *Die elementaren Strukturen der Verwandtschaft*, Frankfurt am Main: Suhrkamp 1981, S. 74).
86 Vgl. nur für den RV: I, 71, 5; I, 164, 33; III, 31, 1; VI, 17, 3 (zweideutig, vgl. jedoch X, 61, 7; VI, 12, 4).
87 Später wird Manu der erste Mensch sein und Yama der erste Mensch, der stirbt und dadurch zum König der Toten im Jenseits wird.
88 Vgl. RV X, 10, 1 ff.; AV XVIII, 1, 8 ff. So verführerisch es ist, ich verzichte auf eine gründliche Untersuchung des zweiten Typus des Mythos, und zwar des von Yama und Yamī. Für eine japanische Version desselben Mythos vom Inzest der Geschwister vgl. die Shinto-Geschichte von Izanaki und Izanami. Vgl. Y. Kojima, »The Myth of the Marriage of Izanaki

and Izanami«, *Religion East and West*, XXXV,/4, Nr. 171 (Tokyo, März 1962). Es ist interessant, daß dieser alte Mythos in der neuen japanischen Religion Tenrikyo wiederbelebt wurde. Vgl. Shōzen Nakayama, *A Short History of Tenrikyo* (Tenrikyō Kyōkai Honbu 1960, S. 15-18). Vgl. Kap. 2, Anm. 14.

89 TB II,2,7,1.

90 Vgl. TB II,2,7,1; GopB II,3,6. Vgl. auch Gen. 2,7.

91 TU II,6.

92 Vgl. BU I,4,3.

93 Vgl. die Legende von Manu, der mit seiner Tochter (dem Opfer) Nachkommen zeugt, nachdem sie der Verführung von Mitra und Varuṇa widerstanden hat (SB I,8,1,1-10). Der Abschnitt ist die Fortsetzung der indischen Version der Flutsage.

94 Vgl. SB VI,1,3,8; AB XIII,9; MaitS IV,2,12, usw.

95 Vgl. TU II,6.

96 Vgl. z.B. TB II,2,7,1; GopB II,3,6 (vgl. auch Gen. 2,7).

97 KausB VI,1.

98 Vgl. SB I,7,4,1-4.

99 Vgl. die Mīmāṃsakas, für die *śabda*, das Wort als Ritus, die Stelle der ganzen Schöpfung einnimmt.

100 Vgl. AV X,7,21: »Der weitgestreckte Zweig des Nichtseins wird von den Menschen als das Höchste betrachtet. Sie halten die für niedriger, die deinen Zweig des Seins verehren.«

101 Vgl. den meditativen Ausdruck für die Welt als einen unbestimmten Zustand zwischen Sein und Nichtsein: *sadasadanirvacanīya*.

102 Vgl. Joh. 6,12.

103 Vgl. dieselbe Vorstellung von der Erlösung im Denken des hl. Augustinus, *In Psalm.* 58, 10 (P.L., 36, 698): »Die göttliche Barmherzigkeit hat die Bruchstücke von allen Seiten gesammelt, im Feuer der Liebe zusammengeschmiedet, und was zerbrochen war, hat sie in eins verschmolzen ... Der es neu geschaffen hat, war selbst der Schöpfer, und der es neu gebildet hat, war selbst der Bildner.« Vgl. andere christliche Texte über die Idee der Erlösung als Wiederherstellung einer verlo-

renen Einheit, wie in dem Werk von H. de Lubac, *Catholicisme* (Paris: Cerf 1952, S. 13).

104 Vgl. z.B. RV I,52; IV,17; 19; VI,17, usw.

105 Vgl. z.B. den ägyptischen Gott Atun, der die Welt schuf, indem er seinen Leib zerteilte. Vgl. J. B. Pritchard, *Ancient Near East Texts* (Princeton: Princeton University Press 1955, S. 3-5).

106 Vgl. z.B. *La naissance du monde*, loc. cit.; A. Heidel, *The Babylonian Genesis* (Chicago: University of Chicago Press 1963); S. G. F. Brandon, *Creation Legends of the Ancient Near East* (London: Hodder & Stoughton 1963); S.H. Hooke, *Middle Eastern Mythology* (Baltimore: Penguin 1963) usw.

107 Vgl. z.B. Thomas v. Aquin, *Sum. Theol.* I, q. 100, a. 1, c.; I-II q. 74, a. 3 und 2, usw.

108 Vgl. Gen. 3,19, usw.

109 Hier könnten wir noch die Schwindlermythen in den »Primitivreligionen« anführen.

110 Diese Idee ist nicht nur hinduistisch. Es gibt ein bulgarisches Sprichwort, das sagt: »Gott ist nicht ohne Sünde, da er die Welt gemacht hat.« Der Begriff der Ursünde in der späten Religion Zarathustras überträgt diese Sünde auf Gott. Vgl. R. C. Zaehner, *The Convergent Spirit* (London: Routledge & Kegan Paul 1963, S. 135). Vgl. auch den gnostischen Begriff der Schöpfung als Fall. Nichtsdestoweniger meinen wir, daß das hinduistische Verständnis eine gewisse Originalität besitzt, die es von diesen anderen Mythen unterscheidet.

111 Vgl. 1. Kor. 7,31 usw.

112 Vgl. Thomas v. Aquin, *Sum. Theol.* I, q. 49, a. 3 ad 2.

113 Vgl. Apk. 21,1.

114 »Deus enim cognoscendo se, cognoscit omnem creaturam. ... Sed quia Deus uno actu et se omnia intelligit, unicum Verbum eius est expressivum non solum Patris, sed etiam creaturarum.« Thomas v. Aquin, *Sum. Theol.* I, a. 34, a. 3, c.

115 Vgl. R. Panikkar, »La tempiternidad« (in: *Sanctum Sacrificium*, Actas del V Congreso Eucaristico de Zaragoza, 1961, S. 75-93) und »El presente tempiterno: Una apostilla a la hi-

storia de la salvación y a la teología de la liberación« (in: A. Vargas-Machuca [Hrsg.], *Teología y mundo contemporaneo*, Madrid: Cristianidad 1975, S. 133-175) für eine Weiterführung dieses Gedankens.

116 Vgl. SB II, 3, 1, 5: »Und wenn er (der Priester) am Morgen vor Sonnenaufgang das Opfer darbringt, dann bringt er dieses (Sonnenkind) hervor, und wenn es Licht geworden ist, geht es leuchtend auf. Aber es würde gewiß nicht aufgehen, wenn er das Opfer nicht darbrächte, deshalb vollbringt er dieses Opfer.«

117 Über dieses Thema im Hinduismus und im Christentum vgl. R. Panikkar, *Le mystère du culte dans l'hindouisme et le christianisme* (Paris: Cerf 1970, S. 83ff.). Für die heiligen Texte des Hinduismus vgl. *The Vedic Experience* (Los Angeles: University of California Press 1977).

118 Vgl. Röm. 6,23.

119 Vgl. R. Panikkar, *Māyā e Apocalisse* (Rom: Abete 1966, S. 80ff.).

120 Vgl. CU VI, 2, 1; BU IV, 3, 32; KaivU 19 usw. Vgl. auch in einem anderen Sinn Sir. 51,10.

121 Vgl. Joh. 15,13.

122 Vgl. Phil. 2,7; 2. Kor. 8,9. Eine ganze Theologie der *kenosis* könnte von hier aus entwickelt werden. Vgl. auch: »Der Moment der Schöpfung in der Zeit wird [von Abū'l Qāsim al-Junayd von Baghdad] *fanā'i-him 'an baqā'i-him* genannt, ›ihre Vernichtung aus oder nach ihrem ewigen Sein‹, das heißt, ihr Eintritt aus der Ewigkeit in die Zeit« (in: R. C. Zaehner, *Hindu and Muslim Mysticism*, London: The Athlone Press 1960, S. 147).

123 Vgl. der Text des Thomas v. Aquin in *De aeternitate mundi*, 7: »Prius enim inest unicuique naturaliter quod convenit sibi in se, quam quod solum ex alio habet. Esse autem non habet creatura nisi ab alio, sibi autem relicta in se considerata *nihil* est: unde *prius naturaliter inest sibi nihil quam esse*.« (Hervorhebung, R. P.). Vgl. auch *De pot.* q. 5, a. 1, c. und *De Veritate*, q. 18, a. 2 ad 5.

124 Vgl. Apk. 1,4; 1,8; 4,8; RV X,90,2; SB XIII,4,2,2; TS

III, 1, 1, 1; und auch die Tradition, z.B. Rāmānuja, *Gītābhāṣya*, IX, 19.

125 »Die wesentliche Funktion des Opfers besteht darin, von neuem zusammenzubringen (*saṃdhā*), was *in illo tempore* zerstückelt wurde.« (M. Eliade, *Méphistophélès et l'androgyne*, Paris: Gallimard 1962, S. 119).

126 Vgl. Kol. 1, 18 usw.

127 Eine ganze Theologie der Inkarnation könnte von dieser Idee abgeleitet werden, dies wäre wieder ein Beispiel für die gegenseitige Bereicherung, die aus einer Begegnung in der Tiefe zwischen den Religionen entstehen kann. Vgl. das Werk des japanischen Theologen Kazon Kitamori, *Theology of the Pain of God* (Richmond, Va.: John Knox 1965), der von einem leidenden Gott spricht.

128 Diese Idee ist im Christentum traditionell und sie ist in der einen oder anderen Form in fast allen Religionen zu finden. Vgl. ein einziges Beispiel: Hl. Bernhard, *De gratia et libero arbitrio*, XIV, n. 49 (P.L., 182, 1027), wo er von *creatio*, *reformatio* und *consummatio* als den drei Momenten der göttlichen Handlung spricht.

129 M. Eckhart, Expos. in Io., *Lateinische Werke*, III, S. 185, Nr. 220.

130 »Jedes Opfer ist ein Boot zum Himmel« (SB IV, 2, 5, 10). Vgl. JaimB I, 166, das auch vom Opfer als einem Boot der Götter spricht: *yām ha khalu vai pitāputrau nāvam ajato, na sā riṣyati, daivy eṣa naur yad yajñas* ... (»Das Boot, das Vater und Sohn zum Fahren benützen, wird nicht beschädigt. Das Opfer ist wahrlich das Boot der Götter ...«) Vgl. AB III, 2, 29: »Das Opfer ist eine verläßliche Fähre.«

131 Vgl. im Gegensatz dazu den gnostischen Mythos von Sophia, wie er von Irenäus von Lyon am Beginn seines *Adversus haereses* wiedergegeben wird. Hier ist die Ordnung umgekehrt – und daher falsch. Sophia begehrt den göttlichen Vater, doch wird sie von ihm durch 15 Paare von Äonen getrennt. M. Meslin (*Pour une science des religions*, Paris: Seuil 1973, S. 206ff.) hat recht, wenn er hier einen psychoanalytischen Komplex sieht, doch würde das nicht rechtfertigen, unsere

Problematik ausschließlich auf Freudsche oder Jungsche Kategorien zu reduzieren.

132 Vgl. 1. Pet. 4,13.

133 Vgl. die thomistische These: »Deus potest remittere peccata sine poena«, Thomas v. Aquin, *Sum. Theol.* II-II, q. 67, a. 4 ad 2; III, q. 46, a. 2 ad 3, usw.

VIERTES KAPITEL

Śunaḥśepa: Ein Mythos der existentiellen Befindlichkeit des Menschen

puruṣo vai yajñaḥ
Der Mensch ist das Opfer
SB I, 3, 2, 1*

puruṣam prathamam ālabhate
Der Mensch wird als erster geopfert
SB VI, 2, 1, 18

1. Mythos und Geschichte

Diese Studie stellt den Versuch dar, eine entscheidende doppelte Funktion des Mythos zu erläutern und dies anhand eines konkreten Beispiels zu illustrieren. Zunächst bietet der Mythos den Boden an, aus dem sich verschiedene philosophische Systeme nähren können. Es gibt keine Philosophie im luftleeren Raum; jede Philosophie entsteht in einem bestimmten Kontext, und zwar eben in dem, den der Mythos bietet. Zweitens ist der Mythos aufgrund seiner philosophischen Mehrdeutigkeit unentbehrlich als Vermittler in der Begegnung der Kulturen und in der gegenseitigen Befruchtung, die daraus hervorgehen kann. Begriffe sind in dem Kontext gültig, in dem sie entstanden sind, doch kann man sie nicht einfach und ohne weiteres extrapolieren (ohne etwa Gesetze zu finden, die eine solche Extrapolation rechtfertigen). Mythen hingegen entstammen einer tieferen, und daher universaleren Schicht des Menschseins als Philosophien.

* Vgl. auch CU III, 16, 1: *puruṣo vāva yajñaḥ*, »Der Mensch ist wahrlich selbst ein Opfer.«

Der erste Abschnitt soll den Hintergrund unserer Untersuchung erklären.

a) Mythische Tatsachen und historische Tatsachen

Was wir im allgemeinen unter einer »Tatsache« verstehen ist eine unwiderlegbare Gegebenheit, eine Realität, die sich als unbestreitbar erweist. Nun ist diese Unwiderleglichkeit keine rein objektive Eigenschaft; sie schließt auch das Subjekt mit ein, das die Tatsache für unbestreitbar hält. Es gibt keine »reinen Tatsachen«, keine Tatsachen *an sich*; sie sind immer Tatsachen für jemanden. Zumindest impliziert jede Tatsache jemanden – eine Person, oder sogar das menschliche Bewußtsein im allgemeinen –, für den die Tatsache eine Tatsache ist.

Von innen betrachtet und erlebt ist ein Mythos ein zusammengehöriges, aus Tatsachen bestehendes Ganzes, das das grundlegende Gewebe ausmacht, vor dem sich das Gegebene wie vor einem Horizont abhebt. Der Mythos dient daher als letzter Bezugspunkt, als Prüfstein der Wahrheit, mit dessen Hilfe Tatsachen als Wahrheiten erkannt werden. Wenn der Mythos von innen geglaubt und gelebt wird, so wird nicht verlangt, daß man ihn tiefer ausloten muß, d.h. daß man ihn transzendieren muß auf der Suche nach einem noch tieferen oder jenseitigen Grund; der Mythos verlangt nur, immer deutlicher ausgedrückt zu werden, denn er offenbart den eigentlichen Grund unserer Überzeugung von der Wahrheit. Von außen gesehen erscheint das Mythische wie eine Masse von Legenden, von »Mythen«, an die andere Menschen glauben, die aber nichts mit der »tatsächlichen« Wahrheit zu tun haben. Der Mythos erzählt also auf seine ihm eigene Weise den letzten Grund eines bestimmten Glaubens: entweder des Glaubens der anderen (wenn der Mythos von außen betrachtet wird), oder unseres eigenen Glaubens (wenn der Mythos von innen gelebt wird). Im letzteren Fall glauben wir *den* Mythos, nicht *an* den Mythos, denn er ist für uns transparent, offenbar, selbstverständlich, er ist in die Gesamtheit der Tatsachen integriert, an die wir glauben und die für uns die Wirklichkeit ausmachen.[1]

Einer der Mythen der westlichen Welt ist die Geschichte.[2] Die Geschichte ist der Markstein, an dem wir die Unbestreitbarkeit der Tatsachen messen, und mit dessen Maßstab wir andere Mythen kritisieren.[3] Für den westlichen Menschen sind historische Tatsachen harte und unentrinnbare Wirklichkeit.

Die gegenwärtige theologische Interpretation der Auferstehung Jesu ist ein deutliches Beispiel für das, was wir sagen wollen: Da die Geschichte der moderne Mythos ist, der der Wirklichkeit Sinn gibt, wird die physische Tatsache in eine historische Tatsache *ummythisiert*. Wir entmythologisieren den Mythos des physischen oder physiologischen Wunders und ersetzen ihn durch den Mythos des historischen Wunders. Die moderne Interpretation beansprucht, die Auferstehung für uns verständlich zu machen; jetzt ist die Auferstehung die *historische* – sprich wirkliche – *Tatsache* der Verwandlung, die unter den ersten Christen geschah, die an diese Auferstehung glaubten. Also werden die modernen Theologen behaupten, daß die Wirklichkeit der Auferstehung nicht in einem biologischen, materiellen oder spirituellen Ereignis besteht, sondern in einer *historischen Tatsache*.

Selbstverständlich hängt alles davon ab, wie wir diese beiden Adjektive, historisch und mythisch, interpretieren. In der Perspektive der Gegenwart bedeutet »historisch« wirklich und daher wahr, während »mythisch« gleichbedeutend ist mit ahistorisch, daher phantastisch, eingebildet, unwirklich. Von dem ahistorischen Gesichtspunkt des

Mythos aus gesehen sind historische Fakten nur vorübergehende, oft täuschende und immer fragmentarische Beispiele einer Wirklichkeit, die immer transhistorisch ist. Im einen Fall ist der wahre Krishna für die meisten Menschen, die an ihn glauben, der lebendige und wirkliche Krishna, nicht eine historische, sondern eine religiöse Tatsache. Im anderen Fall ist für die meisten Christen der wahre Christus, der ebenso lebendig und wirklich ist, nicht der mystische Christus, sondern das historische Ereignis Jesu und seine fortdauernde Gegenwart in der Geschichte. Christliche Missionare, die zum Beispiel in Indien diesen historischen Christus verkünden, müssen sich bewußt machen, daß sie auf diese Weise einen Doketismus und Relativismus predigen, der dem genau entgegengesetzt ist, was sie verkünden wollen. Außer für diejenigen, die im Mythos der Geschichte leben, sind historische Tatsachen bloß Ereignisse, die ihren vollen Wirklichkeitsgrad noch nicht erreicht haben.

Der Mensch kann nicht ohne Mythen leben, ja ohne eine Vielfalt von Mythen, die sich verflechten und die aufeinanderfolgen, so daß der fließende Übergang von Mythos zum Logos und das ständige »Schöpfen« des Logos aus neuen Mythen möglich wird. Genau gesagt gibt es keinen isolierten Mythos. Jeder Mythos lebt in einer Gemeinschaft von Mythen. Selbst in der jüdisch-christlich-islamischen Tradition, in der der Mythos der Geschichte vorherrscht, besonders in den letzten paar Jahrhunderten, hat es immer auch andere Mythen gegeben. Doch damit diese anderen Mythen innerhalb der mythischen Welt der Geschichte intelligibel und annehmbar werden, müssen sie sich in ein historisches Gewand kleiden. Und auf diese Weise entsteht die *heilige Geschichte*. Für diejenigen, die daran glauben, ist sie wahr und daher »Geschichte«, aber in einem ganz besonderen Sinn, weil sie auch *heilig* ist, und weil eben diese Heiligkeit die Geschichte begründet und inspiriert, den historischen Tatsachen paradigmatischen Wert verleiht und sogar als Schlüssel zum Verständnis ihrer tieferen Bedeutung dient. Der historische Charakter der heiligen *Geschichte* stellt ihren Wahrheitsaspekt dar: Sie ist »Geschichte« und daher wahr. Der heilige Charakter der *heiligen* Geschichte ist ihr Aspekt des Mysteriums, d.h. ihrer transhistorischen Wahrheit: Sie ist »heilig« und transzendiert daher die Geschichte. Der Mythos wird zur Tatsache, aber jede Tatsache ist ebenso ein Mythos; spirituelle Wirklichkeiten sind historische Tatsachen, aber historische Tatsachen sind auch spirituelle Wirklichkeiten. So entdecken wir auch den Mythos der Geschichte, indem wir die Geschichte des Mythos verfolgen. Und heute stellt diese letztere den Übergang vom *heiligen Mythos* zum *historischen Mythos* dar.

Um noch einmal unsere Terminologie zusammenzufassen: Unter *Mythos* verstehe ich jenes menschliche Organ der Wahrnehmung, das sich auf derselben Ebene befindet wie der Logos und in ständiger Beziehung zu ihm steht. *Mythos* und *Logos* sind zwei Weisen des menschlichen Bewußtseins, die nicht aufeinander reduziert werden können, die aber trotzdem untrennbar sind.

Unter *Mythus** verstehe ich den Horizont der Intelligibilität, oder den Sinn für die Wirklichkeit, den ein bestimmtes *Mythologumenon* offenbart. Das *Mythologumenon* ist das *legein* des Mythos, die lebendige Stimme, das Erzählen des Mythos. Wenn der Mythos die Wahrheit oder Wirklichkeit ist, dann ist das *Mythologumenon* der Ausdruck, das Sprechen, die Sprache.

Schließlich kann ein Mythos, der sich in einem *Mythologumenon*, d.h. in einer mythischen Erzählung, ausdrückt,

* Anm. des Übers.: Der Autor unterscheidet zwischen *Mythos* als menschlichem Organ der Wahrnehmung und *myth* als stillschweigend vorausgesetztem Horizont der Wirklichkeitserfahrung.

verschiedene *Mytheme* enthalten, welche die – mythischen und nicht notwendig begrifflichen – Themen sind, die der Mythos erläutert.

b) Der Pluralismus der Ideologien und Mythen

Der moderne Mensch, der von den Massenmedien überflutet wird, die ihm immer mehr Beispiele menschlichen Pluralismus liefern, kann nicht länger glauben, daß eine Welt, eine Religion, eine Philosophie, ein Lebensstil *die* Welt ist oder das einzige Modell für die Religion, Philosophie oder das Leben. Er ist immer weniger geneigt, diejenigen, die anders denken als er, zu ignorieren, zu verachten oder für unwissend zu halten; es entsteht ein neues Interesse für »Primitive«; »Eingeborene« werden ernst genommen, »Nichtchristen« oder »Fremde« werden respektiert, sogar umworben, und Frauen werden nicht mehr als minderwertig angesehen. Minderheiten aller Art wird versichert, daß auch ihnen ein Platz unter der Sonne und ihre Rechte in der Gesellschaft zustehen. Doch eben diese Offenheit – selbst wenn sie nur theoretisch ist – bringt die Gefahr, daß man sich in seiner eigenen »Toleranz« gefällt und an die Überlegenheit der eigenen weltoffenen und sogar universalen Sendung glaubt. All dies führt uns dazu, daß wir über eine bloße Wahrnehmung der Pluralität hinausgehen und einen theoretisch begründeten *Pluralismus* annehmen wollen. Eine der positivsten Bewegungen unserer Zeit ist die fast überall sichtbare Dynamik, die von einer Pluralität *de facto* zu einem Pluralismus *de iure* drängt. Doch der wahre Pluralismus gehört nicht dem Bereich des Logos an; Pluralismus kann innerhalb einer Ideologie nicht geduldet werden. Auf der ideologischen Ebene kann man mit dem Irrtum keinen Kompromiß schließen. Ebenso können zwei widersprüchliche begriffliche Aussagen nicht auf derselben Ebene oder von einem einzigen Gesichtspunkt aus wahr sein. Eine pluralistische Ideologie würde sich selbst immer über nichtpluralistische Ideologien stellen. Das Ergebnis wäre nur eine Super-Ideologie und der schlimmste Paternalismus, in dem ich mich selbst für allwissend halte und sogar andere toleriere, vorausgesetzt, daß sie an dem Platz bleiben, den ich ihnen zugeteilt habe. Selbst wenn wir eine bestimmte Perspektive annehmen und die Existenz anderer Ebenen des Lebens und des Bewußtseins anerkennen, so können wir doch kaum vermeiden, die Perspektiven und Ebenen mit Hilfe eines dritten Gesichtspunktes in eine Hierarchie einzuordnen, was immer noch auf eine Ideologie, ja eine Super-Ideologie hinauskommt. Doch der wahre Pluralismus übersteigt sowohl den begrifflichen wie den ideologischen Bereich. Eine rein dialektische Lösung des Konflikts der Ideologien kann nicht pluralistisch genannt werden, denn sie verwendet nur ein einziges Kriterium, das einer wahren pluralistischen Autonomie keinen Platz einräumt. Pluralismus ist nicht nur Respekt für Pluralität als ein Notbehelf oder als pragmatische Notwendigkeit. Pluralismus legt vielmehr dafür Zeugnis ab, daß man den Logos nicht als einzigen und letzten Richter über das Wirkliche annimmt, ohne jedoch seine Bedeutung zu unterschätzen. Pluralismus zeigt an, daß man den *Absolutismus* abgelegt hat, ohne jedoch in agnostischen *Relativismus* zu verfallen. Pluralismus setzt eine radikale *Relativität* voraus, die allen menschlichen Konstruktionen zugrunde liegt und die sich am Grund der Wirklichkeit selbst befindet.[4]

Kurz, Pluralismus entspringt nicht dem Logos, sondern dem Mythos. Pluralismus gründet in dem Glauben, daß keine einzige Gruppe die Ganzheit der menschlichen Erfahrung umfaßt. Er gründet im Vertrauen in den anderen, selbst wenn ich ihn nicht verstehe und wenn ich von meinem eigenen Gesichtspunkt sagen muß, daß er im Unrecht ist.

Der Pluralismus verabsolutiert den Irrtum nicht, weil er die Wahrheit ebensowenig verabsolutiert.

Dies bringt uns zu einer methodischen Überlegung, die sowohl unser Thema einführt wie unser Unternehmen rechtfertigt. Es ist die folgende: Der Dialog zwischen Kulturen und die gegenseitige Befruchtung, die daraus entstehen kann, muß zuerst auf einer mythischen Ebene geführt werden, statt in einer Konfrontation zwischen verschiedenen *Logoi*. Damit wollen wir keineswegs die Bedeutung der Dialektik herabsetzen. Die dialektische Methode ist in einer Diskussion innerhalb einer einzigen Kultur oder einer homogenen Zivilisation fruchtbar, doch wirkt sie anders in einer Begegnung zwischen Kulturen, die vielleicht aus grundlegend verschiedenen Voraussetzungen entstanden sind. Wenn man a priori annimmt, daß ein bestimmtes Begriffsgebäude als Rahmen für eine Begegnung der Kulturen zu dienen hat, so stellt dies philosophisch gesehen eine unannehmbare, unkritische Extrapolation dar. Soziologisch gesprochen bedeutet es nichts anderes als eine andere Form des kulturellen Kolonialismus, der davon ausgeht, daß eine einzige Kultur die Spielregeln für eine echte Begegnung der Kulturen formulieren kann. Wenn der Logos in der innerkulturellen Auseinandersetzung dominiert, so hat der Mythos in der interkulturellen Begegnung den Vorrang. Dies impliziert, daß eine rein philosophische Methodo*logie*, die auf dem Logos gründet, sicher notwendig ist, aber nicht genügt. Wir müssen sie durch eine Methode ergänzen, in der die verschiedenen *Mythologumena* auch eine entscheidende Rolle zu spielen haben.

Statt eine Arbeitshypothese auszuarbeiten, möchte ich vielmehr ein konkretes Beispiel geben.

c) Die Herausforderung an Philosophie und Theologie

Um unser Beispiel besser einordnen zu können, möchten wir kurz die doppelte Herausforderung betrachten, die das humanistische und »religiöse« Denken im Westen zu bestehen hat. Die Herausforderung ist in beiden Fällen dieselbe, da das westliche Denken in der abrahamischen Tradition verwurzelt bleibt, selbst wenn es die Verbindung mit ihr verleugnet.[5] Trotzdem müssen wir zwischen dem philosophischen und theologischen Bereich unterscheiden, allerdings ohne sie zu trennen.

1. *Die Herausforderung an die Philosophie* besteht darin, daß man sich fragt, ob der Mensch eine andere Struktur der Intelligibilität haben kann als die durch die Verbindung und Verschränkung zwischen *rationaler Evidenz und historischer Verifizierbarkeit* geschaffene. Der Abstand zwischen dem Himmel der rationalen Evidenz und der Erde der historischen Verifizierung scheint den Horizont zu bilden, unter dem die westliche Menschheit ihr intellektuelles und daher menschliches Leben wenigstens seit mehreren Jahrhunderten, vielleicht sogar seit Jahrtausenden gelebt hat.[6] Ist eine andere Weise der Intelligibilität außerhalb dieses Horizontes möglich? Können wir zu echten menschlichen Überzeugungen gelangen, die nicht auf diesen Horizont der Begegnung zwischen der Vernunft und der äußeren (historischen) Welt bezogen sind? Gibt es keine anderen Säulen der Wahrheit? Muß alles in der Geschichte begründet sein, nur von der Vernunft unterstützt? Im Augenblick genügt es, das Problem als eine Herausforderung an die Philosophie zu stellen.

2. *Die Herausforderung an die Theologie* könnte als Frage formuliert werden: Muß ich geistig ein Semit werden, wenn

ich religiös ein Jude, ein Christ oder ein Moslem sein will? Muß ich mich zu den Denkweisen und infolgedessen zu den Lebensstilen dieser drei historischen Traditionen bekehren, wenn ich Yahwe, Christus oder Mohammed als lebendige und gültige religiöse Symbole anerkenne und annehme? Im Islam, wo die Mehrheit der Anhänger in Ländern zu finden ist, die keine Verbindung mit der arabischen Kultur besitzen, nimmt das Problem Schärfe und beunruhigende Dimensionen an. Es stellte sich lange Zeit auch in der christlichen Welt, angefangen bei den Bemühungen des Christentums, sich von der Christenheit zu unterscheiden und sogar zu trennen. Das Problem wird noch dringlicher, und oft auf tragische Weise, für jene Juden, die sich nicht mit dem Staat Israel identifizieren wollen. Auf ähnliche Weise stellt sich das gleiche Problem in bezug auf moderne Strömungen der westlichen Kultur wie den Marxismus oder den Humanismus. Ist es notwendig, die Kategorien der Intelligibilität der Bibel, dem Evangelium, dem Koran oder dem »Kapital« zu entnehmen? Muß man die Weltanschauungen dieser großen Traditionen und selbst ihres marxistischen Anhanges teilen, wenn man sich einen Diener Yahwes, einen Bruder Christi, einen, der an das Siegel der Propheten glaubt, oder einen Menschen, der für das zeitliche Wohl der Menschheit arbeitet, nennen will? Muß ein Afrikaner, ein Inder, ein Chinese von dem fruchtbaren Boden einer jahrhundertealten Kultur, ihrem Denken, ihren Mythen und ihren tiefen menschlichen Wahrheiten entwurzelt werden, wenn er oder sie sich von diesen drei sogenannten monotheistischen Religionen oder von der modernen humanistischen Ideologie angezogen fühlt? Ob Modernisierung Verwestlichung bedeutet, ist für zwei Drittel der heutigen Welt eine brennende Frage. Müssen wir den afrikanischen und asiatischen Geist mit dem Messer der Technologie oder des Marxismus beschneiden, um ihm den Anschluß an die vorherbestimmte Weltgemeinschaft oder Kirche zu ermöglichen, zu der der Mensch heute gerufen ist? Diese Fragen sind alles andere als bloße Rhetorik; sie sind eine Herausforderung an die Theologie.

Diese Untersuchung beansprucht nicht, solch schwerwiegende Fragen direkt zu beantworten. Wir möchten zuerst der westlichen Welt einen indischen Mythos vorstellen, der ebenso grundlegend ist wie die bekannteren semitischen, hellenischen und anderen Mythen, die die menschliche Situation beschreiben. Dafür genügt es, die Geschichte zu erzählen. Aber wir möchten ihn auch in das offene Feld des abendländischen Mythos einpflanzen, der heute einer radikalen Verwandlung unterliegt. Darüber hinaus möchten wir die Bedeutung dieses Mythos im Herzen der indischen Tradition selbst erhellen. Und zuletzt möchten wir zu der modernen Symbiose beitragen, die nicht nur ein künstlicher und oberflächlicher Eklektizismus ist. Diese wird um so notwendiger, je mehr wir die Provinzialismen überwinden wollen, deren wir uns heute vielleicht zum ersten Mal in einem planetaren Ausmaß bewußt sind. Das menschliche Schicksal steht auf dem Spiel. Entweder gewinnen wir ein globales Bewußtsein der kosmotheandrischen Dimensionen dieser Bestimmung, oder wir werden einfach zu Rädern in der Megamaschine der Technik. Die Schizophrenie zwischen einem ehrlichen, sogar tiefen (aber provinziellen und sektiererischen) religiösen Glauben und einer profanen, universalen Technologie (die in gewissem Sinn befreiend ist, die aber auch betäubt und jede Vielfalt ausschaltet) ist auf die Dauer unerträglich.

2. Die heilige Geschichte von Śunaḥśepa

Die goldene Regel jeder Hermeneutik ist einfach, daß das Interpretierte in der Interpretation wiedererkannt werden kann. Das setzt voraus, daß *Inter-pretation* keine *Extra-pretation* sein darf, sondern eine Vermittlung zwischen dem Selbstverständnis des Interpretierten und dem Fremdverständnis des Interpreten.[7] Die Garantie für eine gültige Interpretation ist ähnlich der Überprüfung elementarer Rechenvorgänge: Man subtrahiert, um die Addition zu überprüfen, man multipliziert, um die Division zu kontrollieren. Nur wenn wir unsere Interpretation dem Original getreu rückübersetzen, d.h. uminterpretieren können, können wir sicher sein, daß wir richtig interpretieren und nicht allegorisieren.

Um einen Mythos zu interpretieren, müssen wir zuerst betrachten, was der Mythos wörtlich *sagt* (den Text) und zweitens, was er *sagen will*, d.h. wir müssen den Kontext des Mythos kennen, um zu wissen, was er bedeutet, und schließlich müssen wir auch bedenken, was der Mythos im Lauf der Jahrhunderte bedeutet hat, was man ihn *aussagen ließ*, denn vergangene Interpretationen gehören ebenso zu dem umfassenden Kontext des Interpretierens.

Kurz gesagt, wir müssen vertraut sein 1. mit der ursprünglichen Geschichte, mit ihrem *Mythologumenon*, ihrem *legein*; 2. mit dem Kontext ihrer Erzählung, dem *Mythos* und 3. mit den Kommentaren, ihrem *Logos*.

a) Die Erzählung (das *legein* des *Mythos*)

Der Mythos von Śunaḥśepa stellt eine der vollständigsten und wahrscheinlich ältesten heiligen Geschichten der ganzen *śruti* oder vedischen Offenbarung dar.[8] Es ist unter mehreren Gesichtspunkten ein außergewöhnlicher Mythos.[9] Die Erzählung wechselt zwischen einfacher Prosa und Vers. Die Verse bestehen aus Originalstrophen (*gāthā*) und Zitaten aus dem Rigveda (*ṛc*). Sie haben epischen Charakter und sind grammatikalisch vollkommener als die Prosastücke, die in mehr elementarem, ja primitivem Sanskrit geschrieben sind. Die Legende findet sich im Aitareya Brāhmaṇa, das zwischen 800 und 600 v. Chr. redigiert wurde, doch zeigen interne Evidenz und äußere Textkritik, daß der Mythos wahrscheinlich sehr alt ist.[10] Die Legende ist in die Beschreibung der Königsweihe (*rājasūya*) eingefügt, was ein höheres Alter vermuten läßt, und wenn wir den Hinweis auf das Menschenopfer mit in Betracht ziehen, können wir sogar einen prähistorischen Ursprung annehmen.[11]

Der bekannte Text wurde verschiedentlich publiziert[12] und vollständig[13] oder teilweise[14] übersetzt. Nachdem ich mich bemüht hatte, selbst eine passende Version zu finden, stieß ich auf eine ausgezeichnete französische Übersetzung von Jean Varenne, der unsere Übersetzung* weitgehend folgt.[15]

Hier ist nun die heilige Geschichte von Śunaḥśepa:

Hariścandra Vaidhasa Aikṣvāka war der Sohn eines Königs, er hatte hundert Frauen, doch wurde ihm von ihnen kein Sohn geboren. Da in seinem Haus die Brahmanen Parvata und Nārada wohnten, fragte er Nārada:

»Da nun Menschen Söhne begehren[16],
sowohl die Wissenden wie die Unwissenden,
so sage mir, o Nārada,
was gewinnt ein Mensch durch einen Sohn?«

Da er mit einem Vers gefragt wurde, antwortete Nārada in zehn:

* Anm. des Übers.: Die deutsche Übersetzung folgt direkt dem Sanskrit-Text, sie wurde mit bestehenden Übersetzungen verglichen.

»Ein Vater, der das Angesicht
eines lebendgeborenen Sohnes sieht,
bezahlt durch ihn eine Schuld
und durch ihn erlangt er die Unsterblichkeit.[17]

So viel Freude die Lebewesen der Erde genießen
so viel Freude sie am Feuer und am Wasser haben,
doch ist die des Vaters an seinem Sohn noch größer.

Durch ihre Söhne haben die Väter immer
die tiefe Dunkelheit überwunden;
der Sohn ist das aus ihm selbst geborene Selbst[18],
er ist die Fähre zum anderen Ufer.

Wozu sind der Schmutz oder die Ziegenhaut gut?
Wozu langes Haar und Askese?
Wünsche dir einen Sohn, o Brahmane!
So lautet der Rat der Welt.

Nahrung ist Lebensatem, Kleidung ist Schutz,
Gold ist für die Schönheit, Rinder sind die Mitgift;
die Frau ist der Freund, eine Tochter erweckt Mitleid,
(doch) ein Sohn ist ein Licht im höchsten Himmel.

Der Mann geht in seine Gattin ein
als Embryo wohnt er im Mutterschoß,
in ihm wird er als neuer Mensch
im zehnten Monat geboren.

Eine Frau wird dann Gattin genannt,
wenn er in ihr neu geboren wird;
er gibt den Samen, sie die Frucht,
der Same ist (in ihren Schoß) gelegt.

Die Götter und die Seher
haben ihr Glanz und Ehre gebracht;
die Götter sagten zu den Menschen:
›Diese ist wieder eine Mutter.‹

›Ein Sohnloser kann nicht in den Himmel gelangen‹,
selbst die Tiere wissen dies;

deshalb bespringt unter ihnen
ein Sohn seine Mutter oder Schwester.

Dies ist der breite, glückliche Pfad,
auf dem Menschen mit Söhnen leidlos dahinziehen;
die Vögel und Tiere begehren dies
so sehr, daß sie sich selbst mit ihrer Mutter vereinen.«

So sprach Nārada zu Hariścandra. Dann fügte er hinzu: »Nimm Zuflucht zu König Varuṇa mit der Bitte: ›Möge mir ein Sohn geboren werden, ihn werde ich dir opfern.‹«

»So geschehe es«, antwortete Hariścandra. Und er ging zu König Varuṇa und sagte: »Laß mir einen Sohn geboren werden, ihn will ich dir opfern.«

»So sei es«, antwortete Varuṇa. Und ein Sohn wurde ihm geboren mit Namen Rohita.

Dann sagte Varuṇa zu Hariścandra: »Ein Sohn wurde dir geboren, opfere ihn mir.« Hariścandra antwortete: »Erst wenn ein Opfertier zehn Tage alt ist, ist es opferwürdig. Laß meinen Sohn zehn Tage alt werden, dann will ich ihn dir opfern.«

»So sei es«, sagte Varuṇa. Als nun das Kind zehn Tage alt war, sagte er zu Hariścandra: »Er ist zehn Tage alt, opfere ihn mir.« Hariścandra antwortete: »Erst wenn das Opfertier Zähne bekommt, ist es opferwürdig. Laß ihm Zähne wachsen, dann will ich ihn dir opfern.«

»So sei es«, sagte Varuṇa. Als nun das Kind Zähne bekam, sagte er zu Hariścandra: »Seine Zähne sind gekommen, opfere ihn mir.« Hariścandra antwortete: »Erst wenn die Zähne eines Opfertieres ausfallen, ist es opferwürdig. Laß seine Zähne ausfallen, dann will ich ihn dir opfern.«

»So sei es«, sagte Varuṇa. Als nun dem Kind die Zähne ausfielen, sagte er zu Hariścandra: »Seine Zähne sind ausgefallen, opfere ihn mir.« Hariścandra antwortete: »Erst wenn die Zähne eines Opfertieres nachwachsen, ist es opferwürdig. Laß seine Zähne nachwachsen, dann will ich ihn dir opfern.«

»So sei es«, sagte Varuṇa. Als nun die Zähne des Knaben nachgewachsen waren, sagte er zu Hariścandra: »Seine Zähne sind nachgewachsen, opfere ihn mir.« Hariścandra antwortete: »Erst wenn ein Krieger (*kṣatriya*) die Waffen tragen kann, ist er opferwürdig. Laß ihn die Waffen gewinnen, dann will ich ihn dir opfern.«

»So sei es«, sagte Varuṇa. Als nun Rohita die Waffen tragen konnte, sagte er zu Hariścandra: »Er hat die Waffen gewonnen, opfere ihn mir.« »So sei es«, antwortete Hariścandra und sprach zu seinem Sohn: »Er ist es, mein liebes Kind, der dich mir gegeben hat. Nun will ich dich ihm opfern.«

»Nein!« rief Rohita, nahm seinen Bogen und ging in den Wald. Ein Jahr lang wanderte er im Wald umher, und Varuṇa ergriff Hariścandra, so daß sein Bauch anschwoll. Als Rohita das hörte, verließ er den Wald und kehrte zum Dorf zurück. Doch Indra kam zu ihm in menschlicher Gestalt und sprach:

»Reich ist die Herrlichkeit des Asketen,
so haben wir gehört, o Rohita;
sündig wird man durch Umgang mit Menschen,
Indra ist ein Freund des Wanderers.[19]

So wandere weiter!« (Rohita sagte zu sich:) »Dieser Brahmane sagt, ich solle wandern«, und so wanderte er ein zweites Jahr im Wald. Dann verließ er den Wald und kehrte zum Dorf zurück. Doch wieder kam Indra zu ihm in menschlicher Gestalt und sprach:

»Die Füße des Wanderers sind wie Blumen
und sein harter Körper bringt Frucht.
Seine mühsame Wanderschaft
befreit ihn von jeder Sünde.

So wandere weiter!« (Rohita sagte zu sich:) »Dieser Brahmane sagt, ich solle wandern«, so wanderte er ein drittes Jahr im Wald. Dann verließ er den Wald und kehrte zum Dorf zurück. Doch wieder kam Indra zu ihm in menschlicher Gestalt und sprach:

»Das Glück eines Sitzenden bleibt auch sitzen;
wenn er steht, so steht auch sein Schicksal auf;
legt er sich nieder, so schläft sein Geschick,
doch wenn er wandert, bewegt sich sein Glück.

So wandere weiter!« (Rohita sagte zu sich:) »Dieser Brahmane sagt, ich solle wandern«, so wanderte er ein viertes Jahr im Wald. Dann verließ er den Wald und kehrte zum Dorf zurück. Doch wieder kam Indra zu ihm in menschlicher Gestalt und sprach:

»Wer liegen bleibt ist Kali,
wer aufsteht ist Dvāpara,
wer steht ist Tretā,
wer sich bewegt ist Kṛta.[20]

So wandere weiter!« (Rohita sagte zu sich:) »Dieser Brahmane sagt, ich solle wandern«, so wanderte er ein fünftes Jahr im Wald. Dann verließ er den Wald und kehrte zum Dorf zurück. Doch wieder kam Indra zu ihm in menschlicher Gestalt und sprach:

»Beim Wandern findest du Honig
und die köstliche Frucht des Udumbara.
Betrachte der Sonne Herrlichkeit,
die nie des Wanderns müde wird.

So wandere weiter!« (Rohita sagte zu sich:) »Dieser Brahmane sagt, ich solle wandern«, so wanderte er ein sechstes Jahr im Wald.

Da traf er im Wald Ajīgarta Sauyavasi, einen Seher, der von Hunger geplagt war. Ajīgarta hatte drei Söhne, Śunaḥpuccha, Śunaḥśepa und Śunolāṅgula.

Rohita sagte zu ihm: »Ich will dir hundert Kühe geben, o Seher, wenn du mir einen von diesen gibst, um mich loszukaufen.« Indem er den ältesten zurückbehielt, sagte Ajīgarta: »Nicht diesen«, »noch diesen«, rief die Mutter und hielt den jüngsten zurück. So einigten sie sich auf den mittleren Sohn Śunaḥśepa.

Rohita gab ihm die hundert Kühe und nahm Śunaḥśepa mit, er verließ den Wald und kehrte zum Dorf zurück. Er ging zu seinem Vater und sprach: »Vater, ich will mich selbst mit diesem hier loskaufen.« Dann ging Hariścandra zu König Varuṇa und sagte: »Laß mich diesen dir opfern.« »So sei es«, antwortete Varuṇa, »ein Brahmane ist besser als ein Krieger (*kṣatriya*).«

Dann verkündete er ihm das Opfer, die Königsweihe (*rāja-sūya*), und am Tag der Weihe nahm er den Menschen als Opfertier.

Dabei vollzog Viśvāmitra das Amt des Opferpriesters, Jamadagni war sein Gehilfe, Vasiṣṭha übernahm die Rolle des Brahmanen und Ayāsya das Amt des Sängers.

Als jedoch Śunaḥśepa gebracht wurde, fanden sie niemanden, der bereit war, ihn zu binden. Da sagte Ajīgarta Sauyavasi: »Gebt mir noch hundert Kühe und ich werde ihn anbinden.« Sie gaben ihm noch einmal hundert und er band seinen Sohn (an den Opferpfosten). Als sie ihn gebracht hatten und er gebunden war, als die Apri-Verse rezitiert waren und er um das Feuer geführt war, konnten sie niemanden finden, um ihn zu töten.

Das sagte Ajīgarta Sauyavasi: »Gebt mir weitere hundert Kühe und ich werde ihn töten.« Sie gaben ihm weitere hundert und er schärfte sein Messer und näherte sich (seinem Sohn).

Da dachte Śunaḥśepa bei sich: »Sie wollen mich töten, als wäre ich kein Mensch. Ich muß bei den Göttern Hilfe suchen.«

Er wandte sich zuerst an Prajāpati, den ersten unter den Göttern, mit diesem Vers:

»Wer ist der Gott, welches Unsterblichen
teuren Namen sollen wir jetzt anrufen?
Wer gibt uns der großen Freiheit[21] zurück?
Möge ich Vater und Mutter sehen!«[22]

Prajāpati antwortete ihm: »Agni ist den Göttern am nächsten, suche Hilfe bei ihm.« Da wandte er sich an Agni mit diesem Vers:

»Gott Agni ist der erste der Unsterblichen,
dessen teuren Namen wir anrufen.
Er wird uns der großen Freiheit[23] zurückgeben.
Möge ich Vater und Mutter sehen!«[24]

Agni antwortete ihm: »Savitṛ ist der Herr der Geschöpfe, suche Hilfe bei ihm.« Er wandte sich an Savitṛ mit den drei Strophen:

»Dich, Gott Savitṛ, Herr alles Wünschenswerten,
immer unser Helfer,
bitten wir um Segen und Glück.

Da das Glück für dich immer bereit ist,
frei von Begierde,
hältst du es ungehindert in deinen Händen.

Mögen wir mit deiner Hilfe hinaufreichen,
mögen wir den Gipfel
des von Bhaga verteilten Reichtums erlangen!«[25]

Savitṛ antwortete ihm: »Du bist für König Varuṇa gebunden, suche Hilfe bei ihm.« Er wandte sich an Varuṇa mit den folgenden 31 Versen:

»Deine Herrschaft, deine Macht und deinen Eifer
haben nicht einmal die Vögel im Flug erreicht,
noch auch die Wasser, die unentwegt fließen,
noch die der Gewalt des Windes widerstehen.

König Varuṇa von reiner Geisteskraft
hält im bodenlosen Raum die Krone des Baumes fest,
die Zweige streben nach unten, oben ist die Wurzel,
mögen seine Strahlen in unserm Innern verborgen sein!

Der Sonne hat König Varuṇa einen breiten Pfad bereitet,
der Fußlosen Füße gegeben, damit sie darauf wandle.
Möge er uns lossprechen von dem,
was uns ins Herz trifft!

Deine Heiler sind hundert und tausendfach.
Möge deine Gnade weit und tief sein!
Vertreibe die Zerstörung weit von uns!
Befreie uns von vergangenen Sünden!

Die Sterne, die wir nachts am Himmel befestigt sehen,
wohin sind sie am Tag gegangen?
Unüberschreitbar sind die Gesetze Varuṇas,
nachts wandelt der Mond und blickt auf uns.

Das erflehe ich von dir mit einem Gebet, dich preisend,
der Opfernde wünscht dies mit seinen Opfergaben:
Sei nicht zornig, o Varuṇa!
O weitgerühmter, raube nicht unser Leben!

Das sagen sie mir bei Nacht und am Tage,
mein eigenes Herz erahnt es:
Möge der von Śunaḥśepa in Banden Angerufene,
möge König Varuṇa uns befreien!

Denn Śunaḥśepa, der in Banden liegt,
an drei Pfosten gebunden, ruft den Āditya an[26]:
König Varuṇa möge ihn befreien,
der Weise, Untrügliche möge seine Bande lösen!

Wir beschwichtigen deinen Zorn, o Varuṇa,
mit Verehrungen, mit Opfern und Gaben,
o weiser Gott, der du uns regierst, König,
erlöse uns von begangenen Sünden!

Löse, o Varuṇa, die obere Schlinge von uns,
löse die untere und die mittlere!
Dann werden wir, o Āditya, deinem Gesetz
ohne Sünde gehorchen, für grenzenlose Freiheit!«[27]

»Wenn wir auch Tag für Tag,
o Varuṇa, als Sterbliche
dein Gesetz überschreiten,
so gib uns nicht dem Tode preis
in deinem Zorn,
noch deiner Wut, wenn du unmutig bist.

Wie der Wagenlenker sein Pferd losbindet,
so mögen unsere Gesänge
deinen Sinn zur Barmherzigkeit lösen.

Meine Wünsche fliegen weg,
ihr Glück zu suchen,
Wie Vögel zu ihren Nestern.

Wann werden wir den Varuṇa
von mächtiger Herrlichkeit, den Weitblickenden,
zur Gnade bewegen?

Die Macht ist Mitra und Varuṇa gemeinsam,
in liebender Sorge verlassen sie nicht
den Opfernden, der ihrem Gesetz gehorcht.

Der die Spur der Vögel im Luftraum kennt,
als Herr des Meeres
kennt er auch alle Schiffe.

Er kennt die zwölf Monate, seiner Ordnung treu,
und auch den Schaltmonat, ihren Nachkommen,
er kennt, was nachgeboren wird.

Er kennt die Bahn des Windes,
des weiten, hohen, großen,
er kennt die Götter, die darüber thronen.

Der die Ordnung hütet, Varuṇa
hat sich im tiefen Wasser niedergelassen,
um zu herrschen, der überaus Weise.

Von dort überschaut er aufmerksam
alles Verborgene,
das Vergangene und das Zukünftige.

Möge der weise Āditya uns immer
gute Wege bereiten,
möge er unser Leben verlängern!

Einen goldenen Mantel trägt Varuṇa,
er kleidet sich in ein Prachtkleid,
um ihn herum sitzen seine Späher.

Ihn können die Übeltäter nicht täuschen,
noch die Arglistigen unter den Menschen,
noch die Feinde, ihn den Gott,

der unter den Menschen grenzenlose
Herrlichkeit geschaffen hat,
und sie unseren Leibern schenkt.

Auf der Suche nach dem weitblickenden Gott
ziehen meine Gedanken weit fort,
wie Kühe auf die Weide gehen.

Laßt uns wieder mitsammen sprechen,
da mir der süße Nektar gebracht wurde;
wie ein Priester kostest du das Liebe.

Den von allen zu Schauenden möchte ich sehen,
sehen möchte ich seinen Wagen auf Erden,
möge er meine Loblieder annehmen!

Erhöre, o Varuṇa, meinen Ruf
und sei mir gnädig,
nach deiner Hilfe verlange ich!

O weiser Gott, du herrschst über das All,
über Himmel und Erde,
höre mich auf deinem Weg!

Befreie uns von der oberen Schlinge,
löse die mittlere und die untere,
damit wir leben!«[28]

Varuṇa sprach zu ihm: »Agni ist der erste der Unsterblichen, der beste Freund. Singe sein Lob, dann werden wir dich befreien.« Śunaḥśepa pries Agni mit den folgenden 22 Versen:

»Ziehe nun dein lichtes Gewand an,
du Ehrwürdiger, Herr der Kräfte,
o Agni, bring für uns dieses Opfer dar!

Setze dich, Auserwählter, unser Priester,
o Agni, jüngster der Götter,
mit glänzenden Worten rufen wir dich an!

Der Vater opfert für den Sohn,
der Freund für den Feund,
der Genosse für den geliebten Genossen.

Auf unser Opfergras mögen sich Varuṇa,
Mitra und Aryaman, die Mächtigen
wie Menschen setzen.

Agni, du erster Priester, erfreue dich
an unserer Freundschaft,
Höre wohl auf unser Lied!

Wenn wir auch stets dem einen
oder anderen Gott opfern,
in dir allein wird die Spende dargebracht.

Möge er unser lieber Stammherr sein,
unser auserwählter, erfreulicher Priester,
mögen auch wir dem guten Agni lieb sein!

Wenn die Götter ein gutes Opferfeuer haben,
so schenken sie auch uns Erwünschtes,
wir glauben an den guten Agni.

So möge es zwischen den Unsterblichen und uns Sterblichen
gegenseitigen Lobpreis geben,
o unsterblicher Agni!

Mit allen Feuern, o Agni, segne
dieses Opfer und diese Worte,
du jüngster Sohn der Kraft!«[29]

»Wie ein kostbares Pferd, o Agni,
will ich dich mit Verehrungen preisen,
der du allen Opfern vorstehst.

Er, der Sohn der Kraft, der Weitschreitende,
der Freundliche, Belohner,
er sei mit uns.

Beschütze uns, Agni, vor dem Fernen und Nahen,
beschütze uns vor dem Sterblichen, der Böses sinnt,
beschütze uns immerdar, unser Leben lang!

Verkünde den Göttern, o Agni,
unsere neueste Gabe,
dieses Loblied!

Schenke uns Anteil an den höchsten Siegespreisen,
und auch an den mittleren,
bemühe dich um das höchste Gut!

Du bist der Verteiler, du bunt Strahlender,
wie auf der Welle des Flusses[30]
strömst du zu dem Geber als der Nächste.

Der Sterbliche, den du im Kampf unterstützt,
den du anspornst, den Preis zu gewinnen,
seine Freude wird immer bleiben.

Keiner wird ihn übertreffen, kein einziger,
o siegreicher Gott, ihm gehört
der ruhmreiche Siegeslohn.

Der in allen Ländern Bekannte
soll mit seinen Rennpferden den Siegespreis erlangen,
mit den inspirierten Sängern möge er gewinnen!

Der du früh wachst, erfinde ein Loblied
zur Verherrlichung Rudras,
den jeder Stamm mit Opfern verehrt.

Er, der unermeßlich Große,
mit dem Rauch als Zeichen, der Leuchtende,
möge unsere Gedanken erleuchten und zum Sieg anspornen!

Wie ein reicher Stammesherr möge Agni,
das göttliche Zeichen, uns erhören,
der bei unseren Loblieder aufleuchtet.«[31]

Agni sprach zu ihm: »Singe ein Loblied auf die Allgötter[32], dann werden wir dich befreien.« Śunaḥśepa pries die Allgötter mit diesem Vers:

»Verehrung sei den Großen, Verehrung den Kleinen,
Verehrung den Jungen und den Alten!
Laßt uns die Götter anbeten, wenn wir es vermögen!«[33]

Die Allgötter antworteten: »Indra ist der mächtigste, stärkste, größte, beste und rettendste unter den Göttern, singe ihm ein Loblied und wir werden dich befreien.« Śunaḥśepa pries Indra mit dieser Hymne:

»Wenn wir auch, o Somatrinker,
wahrhafter Gott, ohne Hoffnung sind,
so gib du uns Hoffnung, großzügiger Indra,
auf tausend schöne Kühe und Pferde!

Der du Lippen öffnest, Herr der Gewinne,
Kraftvoller, herrliche Taten vollbringend,
gib du uns Hoffnung, großzügiger Indra,
auf tausend schöne Kühe und Pferde!

Schläfere du die beiden Übeltäter ein,
die verschieden aussehen, daß sie nicht erwachen!
Gib du uns Hoffnung, großzügiger Indra,
auf tausend schöne Kühe und Pferde!

Laß die Mißgünstigen schlafen, o Held,
doch die Großzügigen sollen wachen!
Gib du uns Hoffnung, großzügiger Indra,
auf tausend schöne Kühe und Pferde!

Zertritt den Esel, o Indra,
der so schrecklich schreit!
Gib du uns Hoffnung, großzügiger Indra,
auf tausend schöne Kühe und Pferde!

Möge der Sturm mit dem Unglücksvogel
weit weg vom Walde fliegen!
Gib du uns Hoffnung, großzügiger Indra,
auf tausend schöne Kühe und Pferde!

Erschlage alle, die schmähen,
erwürge, o Indra, den Kṛkadāśu![34]

Gib du uns Hoffnung, großzügiger Indra,
auf tausend schöne Kühe und Pferde!«[35]

»Wir treiben den einsichtsvollen Indra
wie einen Falben an, den Großzügigsten
besprenge ich mit Somatrank.

Der hundert- und tausendfach den reinen
Soma, den milchgemischten trinkt,
der (wie Wasser) nach unten fließt.

Wenn sie zu freudigem Rausch zusammenströmen,
wird in seinem Bauch der Soma
umfangreich wie das weite Meer.

Dieser Soma ist dein! Du fliegst darauf zu
wie der Täuberich zur Taube fliegt,
und du nimmst unsere Worte gnädig an.

Herr der Gaben, diese Hymne widmen wir dir,
dieses Loblied, o Held, zieht dich an,
mögen deine Gnaden auch großzügig sein!

Stehe auf, sei uns Hilfe im Kampf,
o Einsichtsvoller, mehr als die anderen
mögen wir beide uns verstehen!

Indra, den Stärksten der Starken in allen Umständen,
in allen Wettkämpfen, rufen wir an,
zur Freundschaft und zur Hilfe!

Wenn er unseren Ruf hört, eile er,
uns zu helfen mit tausendfacher Hilfe
und mit Siegesgewinnen!

Ich rufe zum Herrn der alten Stätte,
der machtvoll fortschreitet,
den in alter Zeit dein Vater anrief.

Dich bitten wir, Erfüller aller Wünsche,
du Vielgerufener,
guter Freund der Sänger!

O Somatrinker, Freund deiner Freunde,
die mit ihren Lippen selbst Soma trinken,
du Träger des Donnerkeils!

So soll es sein, Trinker des Soma, Freund,
Träger des Donnerkeils,
erfülle rasch unsere Wünsche!

Reiche Gaben mögen wir gewinnen von Indra,
mit dem wir das Festmahl teilen, und Preise
von Kühen, an denen wir uns erfreuen!

O mutiger Gott, der du den Sängern bekannt bist,
wenn du ihre Gebete erhörst, so ist es
wie wenn man die Achse ins Rad einfügt.

Da du, Einsichtsvoller, den Wunsch der Sänger erfüllst,
und ihre Verehrung annimmst, (so ist es)
wie wenn man mit Kräften die Achse einfügt.«[36]

Über sein Lob erfreut schenkte Indra Śunaḥśepa einen Wagen aus Gold. Darauf sang er noch den folgenden Vers:

»Indra hat allezeit mit seinen schnaubenden, wiehernden,
schnaufenden Pferden
Reichtümer erobert. Der wunderbare Taten Vollbringende
hat uns einen goldenen Wagen gegeben,
der Gewinner hat ihn uns zum Geschenk gemacht!«[37]

Darauf sprach Indra zu ihm: »Singe nun ein Loblied auf die Aśvins[38], dann werden wir dich befreien.« Śunaḥśepa pries die Aśvins mit den folgenden drei Versen:

»Kommt, Aśvins, mit einem wunderbaren Schatz an Pferden!
Macht uns reich an Kühen und an Gold, o Wundertätige!

Euer unsterblicher Wagen fährt mit gleichem Ziel
auf dem Ozean, o Aśvins, Wundertäter!

Eines der Räder habt ihr im Haupt des Sonnenstieres befestigt,
das andere bewegt sich um den Himmel.«[39]

Darauf antworteten ihm die Aśvins: »Singe nun ein Loblied auf

Uṣas[40], die Morgenröte, dann werden wir dich befreien.« Śunaḥśepa pries Uṣas mit den folgenden drei Versen:

»Welcher Sterbliche, o Uṣas, darf sich an dir erfreuen,
du Unsterbliche, wem bist du freundlich?
Wen wirst du erwählen, o Leuchtende?

Von ferne und von nah haben wir deiner gedacht,
wie eine rötliche Stute, du Glänzende!

Komme zu uns, Tochter des Himmels,
mit Belohnungen, bringe uns Erfüllung!«[41]

Und bei jedem Vers, den Śunaḥśepa sang, löste sich eine seiner Fesseln und Hariścandras Bauch schwoll ab, beim letzten Vers fiel die letzte Fessel ab und Hariścandra wurde geheilt.

Darauf sprachen die Priester zu ihm: »Führe du für uns den heutigen Ritus aus.« Śunaḥśepa schaute das vereinfachte Somaopfer und er preßte den Soma, indem er diese vier Strophen rezitierte:

»Wenn du, Mörser, auch in jedem Haus eingespannt bist,
so ertöne doch hier am lautesten,
wie die Trommel der Siegenden!

Um deine Spitze, o Holz, weht der Wind,
nun, o Mörser, presse den Soma,
für Indra zu trinken!

Sie erfüllen das Opfer und bringen
reichen Gewinn, wie Indras Falben
verschlingen sie die Stengel.

Preßt nun, ihr beiden Hölzer, aufrecht,
mit euren aufrecht stehenden Helfern,
den süßen Saft für Indra aus!«[42]

Dann brachte er ihn in die hölzerne Kufe mit dem Vers:

»Nimm den Rest aus den Schalen,
und leere den Soma in die Seihe,
lege den Rest auf die Rindshaut!«[43]

Dann hielt er den Opfernden von hinten und brachte den Opfertrank dar mit den folgenden vier Versen, nach denen er *svāhā*! (Heil!) ausrief:

»Wo der breitfüßige Mörser sitzt,
wo der Preßstein zum Pressen aufgerichtet ist,
da mögest du, Indra, den im Mörser gepreßten
Soma trinken! *Svāhā*!

Wo die beiden Teile zum Pressen zusammenkommen
wie Liebende,
da mögest du, Indra, den im Mörser gepreßten
Soma trinken! *Svāhā*!

Wo die Frauen das Hin- und Herstoßen lernen,
da mögest du, Indra, den im Mörser gepreßten
Soma trinken! *Svāhā*!

Wo sie den Stößel festbinden
wie die Zügel zum Lenken,
da mögest du, Indra, den im Mörser gepreßten
Soma trinken! *Svāhā*!«[44]

Dann führte er den Opfernden zum letzten Reinigungsbad mit diesen beiden Versen:

»O weiser Agni, wende für uns
den Zorn des Gottes Varuṇa ab!
Du bester Opferer, bester Führer, hell Leuchtender,
erlöse uns von allen, die uns hassen!

Sei du uns nahe, o Agni, und hilf uns,
beim Aufgang der Morgenröte bist du der Nächste!
Versöhne uns mit Varuṇa, ihn erquickend,
sei uns gnädig und lasse dich leicht anrufen!«[45]

Darauf ließ er den Opferer das Āhavanīya-Feuer verehren mit diesem Vers:

»Śunaḥśepa, der tausendfach gebunden war, hast du
von dem Opferpfosten befreit, als er für das Opfer bereitet war.

Befreie auch uns, o Agni, weiser Priester, von den Fesseln, die wir dich hier einsetzen!«[46]

Als sich nach dem Opfer Śunaḥśepa an die Seite Viśvāmitras setzte, sprach Ajīgarta Sauyavasi: »O Seher, gib mir meinen Sohn zurück!« »Nein«, sagte Viśvāmitra, »die Götter haben ihn mir gegeben.« Und so wurde Śunaḥśepa Devarāta, der Sohn des Viśvāmitra genannt[47], und von ihm stammen die Kāpileyas und die Bābhravas.

Ajīgarta sagte weiter: »Komm, wir beide[48] laden dich ein«, und er sprach:

»Du bist als ein Āṅgirasa geboren,
als Weiser, Sohn Ajīgartas bist bu bekannt;
o Seher, verlasse nicht deine Vorfahren,
kehre zu mir zurück!«

Darauf antwortete Śunaḥśepa:

»Man hat dich mit dem Messer in der Hand gesehen,
was nicht einmal bei Śūdras zu finden ist.
Dreihundert Kühe, o Āṅgirasa,
hast du dem Leben deines Sohnes vorgezogen!«

Ajīgarta Sauyavasi antwortete:

»Die sündhafte Tat, die ich beging,
bereue ich, mein lieber Sohn.[49]
Ich will sie wiedergutmachen:
nimm hundert Kühe als dein Teil!«

Doch Śunaḥśepa sprach:

»Wer einmal Böses getan hat,
der wird es auch ein zweites Mal tun.
Du hast die Śūdra-Art nicht aufgegeben,
was du getan hast, ist unverzeihlich.«[50]

Bei dem Wort »unverzeihlich« fiel Viśvāmitra ein und sagte:

»Schrecklich war fürwahr Sauyavasi,
als er mit dem Messer zum Mord bereit stand;

bleibe nicht sein Sohn,
sei vielmehr mein eigener Sohn!«

Śunaḥśepa fragte:

»Was du gesagt hast, will ich gern,
doch sprich, o Königssohn, erkläre,
wie ich dein Sohn werden kann,
der ich doch Āṅgirasa bin.«

Viśvāmitra antwortete:

»Du sollst der beste meiner Söhne sein,
und deine Nachkommen werden die besten sein.
Nimm mein göttliches Erbe an,
ich setze dich feierlich dazu ein!«

Śunaḥśepa sprach darauf:

»Wenn deine Söhne einig sind,
mich in Freundschaft und Ehre anzunehmen,
so werde ich zu deinem Sohn,
o heldenmütiger Bharata!«

Nun wandte sich Viśvāmitra an seine Söhne:

»Hört auf mich, Madhuchandas,
Ṛṣabha, Reṇu, Aṣṭaka,
und alle Brüder, betrachtet ihn
als den besten und ältesten unter euch.«

Viśvāmitra hatte hundertundein Söhne, fünfzig waren älter als Madhuchandas und fünfzig jünger. Die älteren waren damit nicht einverstanden. Da verfluchte sie ihr Vater und sagte: »Eure Nachkommen werden die abgelegensten Gebiete erben!« Diese sind die Andhras, Puṇḍras, Śabaras, Puliṅdas und Mūtibas und andere niedrige Stämme. Die meisten der barbarischen Stämme sind Nachkommen des Viśvāmitra.
Madhuchandas aber sprach zusammen mit den anderen fünfzig:

»Was unser Vater entschieden hat, nehmen wir an,
wir alle stellen dich voran und wollen nur dir folgen.«

Da lobte Viśvāmitra voll Freude seine Söhne:

»Ihr meine Söhne habt durch den Gehorsam
mir einen heldenhaften Sohn gegeben,
dafür werdet ihr an Kühen und
an tapferen Söhnen reich sein!

Wenn ihr dem Devarāta folgt,
o Gāthinas, wird er euch zum Guten führen
und ihr werdet alle glücklich sein!

Er ist euer Herr, o Kuśika,
folgt Devarāta, dem Helden,
so werdet ihr mein Erbe antreten
und das heilige Wissen erlangen.«

Daher heißt es:

Die Söhne des Viśvāmitra, die Gāthinas,
nahmen mit Freuden Devarāta an,
als ihren besten und ältesten.

So hatte Devarāta, der Seher, ein zweifaches Erbe:
die Königsherrschaft der Jahnus
und das heilige Wissen der Gāthinas.

Dies ist die Geschichte von Śunaḥśepa mit hundert Ṛc-Versen und Gāthā-Strophen. Diese erzählt der Priester dem König bei seiner Weihe. Er erzählt sie, auf einem goldenen Kissen sitzend, und sein Gehilfe antwortet, auf einem goldenen Kissen sitzend: »Gold ist Herrlichkeit, daher wird der König zur Herrlichkeit voranschreiten.« »Om« ist die Antwort auf einen Ṛc-Vers. »Ja« auf eine Gāthā-Strophe. »Om« ist göttlich, »ja« ist menschlich.[51] Daher wird man durch das Göttliche und durch das Menschliche von Übel und Schuld befreit.

Daher soll ein siegreicher König, selbst wenn er nicht opfert, diese Geschichte von Śunaḥśepa erzählen lassen, dann wird auch nicht die geringste Sünde an ihm haften.

Tausend soll er dem Erzähler geben, hundert dem Antworter und den Sitz, der Priester soll einen Wagen mit weißem Pferd bekommen. Die Söhne begehren, mögen ebenfalls diese Geschichte erzählen lassen, und sie werden gewiß Söhne erlangen.[52]

b) Der Kontext (Der *Mythos* des *legein*)

Um den Kontext von Śunaḥśepa einzuordnen, werden wir die folgenden drei Punkte betrachten: a) die unmittelbare Vergangenheit des Mythos, seine Umwelt, die im Begriff des Opfers ihre Mitte hat; b) seine gegenwärtige Situation, sein »Sitz im Leben« und c) seine Zukunft, seine Fortsetzung innerhalb der Tradition, seine vektorielle Spannung nach vorne sozusagen. Wir werden jedoch nicht auf Einzelheiten eingehen, so interessant diese sein mögen, die zu einer mehr spezialisierten Untersuchung gehören.[53]

Die Studie des Kontextes eines Mythos ist von zwei Gesichtspunkten aus wichtig. Erstens können wir den Mythos erst richtig interpretieren, wenn wir ihn in seinen eigenen Kontext einordnen. Zweitens ermöglicht die Kenntnis des Kontextes es auch, eine Extrapolation zu rechtfertigen, d.h. den Mythos auf Situationen anzuwenden, die von der ursprünglichen verschieden sind. Wir versetzen eine Pflanze nicht, indem wir ihre Wurzeln in Permanganat reinwaschen; wir verpflanzen sie vielmehr mit soviel ihrer natürlichen Erde wie möglich, damit sie zusammen mit ihrer eigenen Erde in einer neuen Umgebung Wurzel fassen kann.

1. Das Opfer (Vergangenheit)

Eine der zentralen Intuitionen der ganzen vedischen Tradition besteht darin, das ganze Leben, das göttliche ebenso wie das kosmische, in Begriffen einer Dynamik zu sehen, die im Opfercharakter der Wirklichkeit selbst verwurzelt ist. Das Opfer ist die ursprüngliche Kraft, die allem vorausgeht. Prajāpati schuf die Welt, indem er sich selbst opferte und als Opfergabe hingab.[54] Und als er von seinem Schöpfungsakt er-schöpft war, gewann er seine Kraft wieder durch das Opfer (das diesmal von den Geschöpfen dargebracht wurde).[55] Durch das Opfer gewinnen die Götter Unsterblichkeit.[56] Aus dem Opfer des kosmischen Urmenschen (*puruṣa*) durch die Götter wurden die Menschen, Tiere und der Kosmos geboren.[57] Durch das Opfer gewinnen die Menschen den Himmel.[58] Das Opfer ist das fundamentale Gesetz, das einfach alles bestimmt: das kosmische, göttliche und menschliche Leben. »Das Opfer ist der Mensch.«[59] Das Opfer ist die totale Hingabe alles dessen, was wir haben und sind, durch diese Opferung entfaltet sich das Leben und sind wir vom Tod erlöst.[60]

Obwohl der Begriff des Opfers im Lauf der Zeit sich gewandelt haben mag und verfeinert und verinnerlicht wurde, so bleibt doch die vedische Intuition lebendig. Wir könnten das Wesen des Opfers als eine Handlung bezeichnen, die wirksam schafft, d.h. die wirksam und kraftvoll *ist*, die das Ziel erreicht, das sie sich setzt. Das Opfer ist jene Handlung, die das Tun und sein Ergebnis im selben Akt miteinander verbindet. Es ist nicht eine bloß vorübergehende Tätigkeit, die, wenn sie einmal vollzogen ist, verschwinden würde, als wäre sie nicht mehr notwendig; es ist vielmehr eine Handlung, die ein integraler Bestandteil jeder Tätigkeit ist. Es ist der Akt, der die Handlung des Handelnden trägt.

Das Opfer ist dann Kommunikation, und Kommunikation ist dasjenige, was die eigentliche Struktur des Universums ausmacht. Die Wirklichkeit ist weder selbsterhaltend noch bloß kontingent. Es ist nicht notwendig, daß die Seienden oder sogar das Sein existieren; die Seienden, weil sie gewiß kontingent sind; das Sein, weil nichts seine Existenz garantiert außer ihm selbst und es sich selbst vernichten kann, wenn es will. Dies liegt nicht in unseren Händen, wir wissen nichts darüber. Absolut nichts kann verhindern, daß es ins reine Nichts zurücksinkt. Wir haben keine Garantie, keine Gewißheit, daß die Zeit immer weiter bestehen wird, daß die Welt sich nicht eines Tages zerstören wird, oder daß selbst das Sein aufhören wird zu sein.[61] Die ganze Wirklichkeit erhält sich selbst, sie stützt sich auf keinen anderen Halt. Sie ist sozusagen eine göttliche Kontingenz zweiten Grades. Es gibt keinen anderen, letzten Grund für die Existenz, sie ist ihre eigene Daseinsberechtigung. Daher besteht das Sein aus keinem anderen Grund fort außer ihm selbst. Diese Begründung würde genügen für einen unveränderlichen und statischen Seinsbegriff, aber für eine dynamische Vorstellung wird das Problem der ontologischen Kontinuität entscheidend. Die grundlegende Frage ist nicht: Warum gibt es Sein und nicht vielmehr Nichts, denn das Sein ist da; sondern vielmehr: Warum wird es immer Sein geben, warum muß das Sein fortbestehen? Wir müssen uns klar sein, daß die Zeit auf der einen Seite und die Freiheit auf der anderen am Ursprung des Seins liegen.

Dieses Universum hat keine andere Struktur als die ihm eigene, und hier entdecken wir den Ort und die Funktion des Opfers. Das Opfer ist das, was das Leben bewahrt und fortsetzt, Leben schenkt und Hoffnung gibt. Es ist das, was das Sein sein läßt. Das Opfer ist jener Akt, der das Universum macht und erhält, nicht mit Hilfe einer äußeren Vermittlung, denn es gibt nichts außerhalb des Universums, sondern vielmehr durch das Zusammenwirken der verschiedenen Bestandteile des Universums, d. h. durch die Energie und die Liebe, die das Sein aufrechterhalten.[62] Der Mensch allein kann dies nicht vollbringen, und die Götter sind auf sich selbst gestellt ebenso machtlos. Auch das höchste Wesen ist allein unfähig, diesen Akt zu verwirklichen, da es nicht Gott für sich selbst ist, sondern für die »Geschöpfe«.

Das Opfer darbringen bedeutet nicht die Teilnahme an einem gewinnbringenden Austausch oder den Göttern zu gefallen oder der Menschheit oder sich selbst einen Gefallen zu tun; opfern heißt leben, am eigenen Überleben wie an dem des ganzen Universums mitwirken. Es ist der Akt *par excellence*, durch den das Universum fortbesteht.

Unser Mythos bleibt bei solchen Überlegungen nicht stehen, doch spielt das Opfer eine zentrale Rolle in ihm. Der Gott Varuṇa verlangt ein Opfer, Śunaḥśepa ist im Begriff geopfert zu werden, danach bringen die Priester ein *soma*-Opfer dar, und der Mythos vollzieht sich im Rahmen des *rājasūya*, eines anderen mit dem Opfer verbundenen Rituals. Obwohl diese Opfer konkreter sind und ihr Ziel weniger hoch als das des Ur-Opfers, das wir besprochen haben, so aktualisieren sie es doch und nehmen an seiner Feier teil.

2. Die Königsweihe (Gegenwart)

Dieses Mythologumenon findet sich in dem Abschnitt des Aitareya Brāhmaṇa, der die Königsweihe (*rājasūya*) zum Thema hat. Es leitet die Weihe ein[63] und spielt so eine wesentliche Rolle in einer vedischen Zeremonie und vielleicht in einem der ältesten Riten der Menschheit.[64] Jedenfalls ist das *rājasūya* der Ritus des Varuṇa, der auch der Gott unseres Mythos ist.[65]

Innerhalb der indischen Tradition besitzt diese heilige Geschichte paradigmatischen Wert: Sie soll während der Königsweihe rezitiert werden, um von aller Welt gehört zu werden. Sie gehört daher thematisch in das Herz des menschlichen Lebens.[66] Der Hintergrund des *rājasūya* verleiht dem Mythos seine gesellschaftliche Bedeutung. Obwohl er vor der allgemeinen Versammlung rezitiert wird, betont er die Überlegenheit der Priester – der Brahmanen – über die Könige oder Krieger – die *kṣatriyas* – aufgrund der Tatsache, daß der Held ein Brahmane ist, der

x Bsp. eines jährlichen Ritus d. kosmischen Regeneration

durch sein stellvertretendes Opfer das Leben des Königssohnes rettet. So ist der Kontext eminent priesterlich. Auf der anderen Seite ist die Gruppe der Priester nicht makellos, und die unverzeihliche Sünde, den eigenen Sohn zu verkaufen, wird von einem Brahmanen begangen.

Kurz, die feierliche Umgebung, in der sich diese heilige Geschichte entfaltet, scheint es zu rechtfertigen, sie als einen zentralen Mythos der klassischen indischen Kultur zu bezeichnen. Wir sind daher geneigt uns zu fragen, ob diese heilige Geschichte nicht ein Mythos ist, der ein bedeutendes Erwachen des menschlichen Bewußtseins offenbart.

Wir haben hier ein treffendes Beispiel für den alten Streit über den Vorrang des Mythos vor dem Ritus oder umgekehrt. Wir brauchen uns nicht für oder gegen die »Mythos-Ritus-Theorie« zu entscheiden[67], sondern nur festzustellen, daß diese heilige Geschichte einen interessanten Beitrag zu der Frage leisten könnte.[68] Unser Mythos zeigt deutlich die gegenseitige Abhängigkeit von Ritus und Mythos, doch bedeutet Abhängigkeit nicht Unterordnung. Von einem Gesichtspunkt aus betrachtet erscheinen Mythos und Ritus autonom zu sein. In der Tat ist unser Mythos für den Ritus des *rājasūya* nicht notwendig, und es könnte ebenso ohne ihn stattfinden.[69] Andererseits – selbst wenn unser Mythos eine späte Interpolation war und einfach von dem Kompilator des Aitareya Brāhmaṇa hinzugefügt wurde, um das *rājasūya* noch mehr hervorzuheben – ist die heilige Geschichte von Śunaḥśepa in sich geschlossen und benötigt das *rājasūya* nicht.[70]

Von einem anderen Gesichtspunkt gehören Mythos und Ritus zusammen. Als ein Ritus, der sich in der kosmischen Ordnung der Geschichte entfaltet (es ist die Konsekration eines Menschen, des Königs, mit historischen Pflichten und kosmischen Auswirkungen), kann das *aśvamedha*, das Pferdeopfer, dem *rājasūya* nicht genügen.[71] Das *puruṣa-*

medha, das Menschenopfer, muß auf irgendeine Weise mit integriert werden.[72] Ohne das kosmische Menschenopfer ist die Königsweihe nicht vollständig und kann der König nicht die Höhen der kosmischen und universalen Herrschaft erreichen, denn »das Menschenopfer ist alles«.[73] Doch wenn der Mensch den Menschen tötet und verzehrt, so ist dies nicht mehr das kosmische Opfer des Puruṣa, sondern ein Vergehen.[74] Deshalb sagt ein Text, daß eine Stimme rief, den Menschen nicht zu töten, sondern das Opfer zu befreien.[75] Hier besteht eine Verbindung zu unserem Mythos. Einerseits sollen wir ein menschenwürdiges Opfer darbringen, das der Mensch selber sein soll. Andererseits fühlen wir, daß wir es nicht tun dürfen. Śunaḥśepa ist die ideale Lösung. Der Mensch erkennt seine völlige Abhängigkeit, er bringt sich kompromißlos dar, doch ohne einen Mord oder Selbstmord zu begehen. Der Mythos und der Ritus brauchen sich gegenseitig. Ohne das feierliche *puruṣamedha* innerhalb des *rājasūya* würde unsere Geschichte schnell zu einer frommen Legende degenerieren.[76] Ein Mythos ohne seinen Ritus ist nur eine lehrhafte Geschichte, doch ein Ritus ohne seinen Mythos ist reiner Aberglaube.

Es besteht daher eine radikale gegenseitige Abhängigkeit zwischen Mythos und Ritus. Jeder Mythos ist mit einem Ritus verbunden und umgekehrt, doch oft auf eine existentielle und nachträgliche Weise. Der Mythos muß den Ritus nicht erzählen, noch muß der Ritus den Mythos darstellen. Es besteht eine eigene *Ontonomie sui generis* zwischen den beiden. Mythos und Ritus gehören beide konstitutiv zur menschlichen Kultur.

Die Aktion ist der Kontemplation nicht untergeordnet, noch die Orthopraxis der Orthodoxie oder der Ritus dem Mythos. Dies wäre Mythologie. Ebensowenig ist die Praxis der Theorie untergeordnet, das Leben den Prinzipien, der Mythos dem Logos. Dies wäre Rationalismus.

Es geht aber noch weiter: Auch unabhängig vom *rājasūya* ist unser Mythos noch auf das Opfer zentriert und enthält in sich alle Elemente eines Ritus. Hier tritt eine interessante Spannung zutage. Alles dreht sich um das Thema des Menschenopfers, aber die Ereignisse entwickeln sich auf eine Weise, daß jedes darauf hinweist, warum das Menschenopfer letztlich doch nicht vollzogen wird. Der Ritus ist wesentlich für unseren Mythos, doch ist es der Mythos, der zu einer Verinnerlichung und Vergeistigung des Ritus führt. Und letzten Endes wird niemand geopfert.

Dies führt uns dazu, diesen Mythos als den Überrest eines ursprünglichen Initiationsritus zu verstehen, der wahrscheinlich vorvedischen Ursprungs ist und mit der Stammeskultur zusammenhängt, wie wir noch sehen werden. Hier brauchen wir nur die Einheit von Mythos und Ritus zu betonen, die unsere Geschichte aufdeckt.

3. Die Sakralität des Themas (Zukunft)

Die nachfolgende Tradition hat diese heilige Geschichte nicht vergessen, und wir finden eine fast ununterbrochene Reihe von Geschichten über die verschiedenen Charaktere unseres Mythologumenon.[77] Schon im Rāmāyaṇa finden wir eine andere Version des Mythos[78]: Ambarīṣa, der König von Ayodhya, war mitten im Vollzug des königlichen Opfers des *aśvamedha*, als auch dort Indra dazwischentrat und das Opfertier hinwegtrug. Nun kann ein so wichtiges Opfer nicht unvollendet bleiben, denn dies würde eine größere Katastrophe zur Folge haben. Der Hauptpriester erklärte, daß nur das Opfer eines Menschen die Situation retten könnte. Sie machten sich auf die Suche und fanden endlich einen Brahmanen, der drei Söhne hatte. Der Vater wollte den ältesten behalten und die Mutter den jüngsten; der mittlere, Śunaḥśepa, war bereit, sich als Opfer darzubringen für eine große Menge an Gold, Juwelen und

Kühen.[79] Dann machten sie sich auf zu seinem Onkel mütterlicherseits, Viśvāmitra, zu dem er sprach: »Ich habe weder Vater noch Mutter. Richte es so, daß der König das Opfer vollziehen kann, aber rette mein Leben.«[80] So lehrte ihn der Weise zwei Verse, die Śunaḥśepa aussprach, als er geopfert werden sollte, und er wurde erlöst.[81]

Hier sollte man die Tatsache hervorheben, daß Śunaḥśepa sich freiwillig als Opfer anbietet, womit die Sünde des väterlichen Verrates vermieden wird. Andererseits läßt sich Śunaḥśepa in dem Wissen zum Opfer führen, daß er befreit würde. So wird das ganze Mythem des Opfers abgeschwächt.

Die Purāṇas und das Mahābhārata geben uns auch verschiedene Versionen.[82] In den Kapiteln VII und VIII des Mārkaṇḍeya Purāṇa (eines der ältesten und wichtigsten Purāṇas[83]) lesen wir die köstliche und phantastische Erzählung von Hariścandra, dem berühmten König, der im Mahābhārata wegen seiner Großzügigkeit gepriesen wird, mit der er die Königsweihe feierte, und die er später teuer zu bezahlen hat. Sein Rivale ist der Brahmane Viśvāmitra, über dessen Überlegenheit Hariścandra klagt, daß sie den Niedergang der »Wissenschaft« (*śāstra*) herbeiführe. Der Priester ist jedoch siegreich, und nachdem er Hariścandra in eine ans Elend grenzende Armut gestoßen hatte, forderte er von ihm immer noch das Priesterhonorar, das einem Brahmanen beim *rājasūya* zusteht. Hariścandra muß sein Königreich verkaufen und all seine Reichtümer weggeben, um die Schuld zu begleichen. Dann macht er sich mit der Königin Śaibya und ihrem Sohn nach Varanasi (Benares) auf. Doch Viśvāmitra war ihm und seiner Familie dorthin vorausgegangen und verlangt nun, daß Hariścandra den Rest seiner Schuld sofort bezahlt. Der König muß seine Frau und sein Kind verkaufen, und schließlich verkauft er sich selbst an einen *caṇḍāla*, der ihm die niedrigsten Arbeiten zuweist, ja ihn sogar veranlaßt, die Kleider der Toten zu stehlen, die die Leute zur Verbrennung bringen. Eines Nachts, nachdem er ein Jahr diese elende Arbeit verrichtet hatte, erkennt er ein Kind, das zur Verbrennungsstätte gebracht wird, und die Frau, die es bringt, als seinen Sohn und seine Frau. Und der König, der ein Vorbild an Geduld und Gewaltlosigkeit war, entschließt sich, mit seiner Frau auf dem Scheiterhaufen ihres einzigen Sohnes zu sterben. Doch ist er nicht frei, dies zu tun, ohne zuerst seinen Meister, den Kastenlosen, um Erlaubnis zu bitten. Er erhält die Erlaubnis, legt seinen Sohn auf den Scheiterhaufen, und bevor er sich selbst zusammen mit seiner Königin darauflegt, sammelt er seinen Geist und meditiert über den höchsten Ātman, Śiva, Viṣṇu, Brahmā und Krishna. In diesem Moment schreitet der versammelte himmlische Hof ein und rühmt ihn als einen wahrhaft gerechten Menschen, der durch seine guten Werke den Himmel verdient hat. Selbst der *caṇḍāla* offenbart sich als niemand anderer als der König Dharma. Doch Hariścandra, der vollkommene König, weigert sich, in den Himmel zu gehen, wenn nicht alle seine Untertanen ihn begleiten können. Wegen seiner Armut hatte er sie im Leiden im Stich gelassen, doch jetzt kann er sie nicht verlassen. Er möchte sie an seinem Glück teilhaben lassen. So steigt Indra vom Himmel herab mit zehntausend himmlischen Wagen, um die Leute des Königs zu befördern. Und nachdem Hariścandra die nötigen Vorkehrungen getroffen hatte für die Thronfolge des wiederbelebten Sohnes, fährt er mit der Königin und seinem ganzen Gefolge und Untertanen in den Himmel auf.

Das Mārkaṇḍeya Purāṇa beendet die Geschichte, indem es die Geduld und Großzügigkeit Hariścandras preist, und es berührt nur eine traurige Note, indem es auf die katastrophalen Folgen des unvollendeten *rājasūya* hinweist.[84] Spätere Legenden fügen noch weitere Komplikationen zu der Erzählung hinzu, um den heldenhaften Charakter des Helden hervorzuheben.[85] So zeichnet die spätere Literatur z.B. einen Hariścandra, der von dem Brahmanen Nārada zum Prahlen verführt wird. Das führt dazu, daß er und sein Gefolge aus dem himmlischen Paradies herunterfallen. Auf halbem Wege bereut er jedoch, und die Götter halten seinen Fall auf und schaffen für den König und seine Gefolgschaft die Luftstadt *saubha* zwischen Himmel und Erde, die nach volkstümlichem Glauben bei besonderen Gelegenheiten immer noch zu sehen ist.[86] Selbst heutzutage ist diese Geschichte ein lebendiges Erbe der nordindischen Kultur.[87]

c) Die Kommentare (Der Logos des Mythos)

Es ist nicht unser Anliegen, die zahlreichen Kommentare indischer und westlicher Autoren zu diesem Text zu studieren. Neben dem klassischen Kommentar von Sāyaṇa gibt es andere, frühere Kommentare.[88] Soweit ich fähig war diese zu konsultieren, stellte ich fest, daß sie wertvolle Hinweise auf Details und allegorische Interpretationen enthalten[89], doch keine allgemeine Interpretation geben. Für diese Kommentatoren ist es auch nicht notwendig, denn der Sinn des Mythos ist selbstverständlich und offenbar. Die meisten Kommentare der Indologen befassen sich andererseits mit technischen Fragen oder historischen Problemen wie dem Menschenopfer, doch habe ich keine Untersuchung auf der Linie meiner gegenwärtigen Interpretation gefunden.[90] Dieses Schweigen bestätigt meine Annahme, daß dies ein lebendiger Mythos ist und daher von manchen nie als Mythos verstanden wurde, während andere ihn als eine bloße Legende dargestellt haben. Den ersteren gibt man die direkte Erzählung, d.h. das *legein*, nicht den *Logos* des Mythos (man erzählt die Geschichte, ohne eine Hermeneutik von ihr zu geben). Für die zweite Gruppe analysiert man den *Logos* der Geschichte, aber nicht das *legein* des Mythos (man reduziert sie auf ihren literarischen Gehalt, macht aber wieder keine Hermeneutik). Hier wird der *Mythos* durch den *Logos*, durch die Interpretation ersetzt.

Ist es möglich, die Hermeneutik eines Mythos als Mythos zu machen? Widersprechen wir uns selbst, indem wir versuchen, den Mythos zu interpretieren? Töten wir den Mythos, indem wir ihn interpretieren? Meine Antwort muß so vorsichtig und nuanciert sein wie sie ehrlich ist. Sobald jemand das Bedürfnis empfindet, einen Mythos zu interpretieren, kann er ihn aus demselben Grund nicht mehr ohne Interpretation annehmen. Doch ist dann der Mythos von dem unsichtbaren Horizont zum sichtbaren Gegenstand geworden, von der Hintergrundmalerei zum Relief, vom Kontext zum Text. Wenn wir aufhören, »den Mythos« zu glauben, wenn er nicht mehr selbstverständlich ist, dann versuchen wir, *an* ihn zu glauben mit Hilfe unserer Interpretation. Doch damit distanzieren wir uns von dem Mythos, er ist uns nicht mehr natürlich, transparent. Seine Interpretation stellt sich zwischen den Mythos und uns. Wurde Sokrates nicht zum Tode verurteilt, weil er es wagte, den Mythos zu interpretieren?[91]

Hier verbirgt sich offensichtlich eine ganze Methode, die sich von jeder traditionellen Methodologie unterscheidet. Ich habe schon darauf hingewiesen, doch wie gesagt ziehe ich es vor, ein Beispiel zu geben, anstatt eine Theorie auszuarbeiten. Daher werde ich nur einige der Probleme erwähnen, die von Indologen gestellt wurden, um den Hintergrund unseres Mythos abzurunden.

1. Die Elemente der heiligen Geschichte

Eine Analyse dieser heiligen Geschichte führt uns zu der Annahme, daß sie sich aus drei Motiven und drei Geschichten zusammensetzt.[92]

Das erste und wahrscheinlich älteste Motiv geht auf die Texte des Rigveda zurück, die von Śunaḥśepas Befreiung von Bedrängnis und Tod dank der Güte und des Großmuts der Götter berichten. Es gibt hier ein Element der Frömmigkeit, der *bhakti*, des Vertrauens in Gott – eines der wenigen vedischen Beispiele einer solchen von Liebe erfüllten Frömmigkeit. Von diesem Gesichtspunkt aus scheint es sich um einen rein religiösen Text zu handeln, der sich für jede spirituelle Interpretation anbietet: Es ist die göttliche Gnade, die die Menschen aus Not und Gefahr befreit. Die heilige Geschichte wird zu einer Theologie, die die Beziehungen zwischen dem Menschen und den Göttern zum Inhalt hat. Der Held ist Śunaḥśepa, der Mensch in Not, oder einfach der *homo religiosus* (der Brahmane).

Das zweite Element konzentriert sich auf die Geschichte von Hariścandra und seinem Sohn Rohita.[93] Śunaḥśepa tritt hier nur als Stellvertreter auf. Das Thema ist die Bewältigung des eigenen Schicksals und die Flucht davor. Die heilige Geschichte wird zu einer Kosmologie, die die Solidarität des ganzen Universums hervorhebt. Der Held ist Rohita, der Mensch in der Welt, oder einfach der *homo saecularis* (der Krieger, *kṣatriya*).

Der späteste Text fügt das dritte Element hinzu, hier liegt die Betonung auf Śunaḥśepa[94], vor allem auf seiner Beziehung zu Viśvāmitra, da diese den ganzen Strang der Beziehungen zwischen den verschiedenen Familienstämmen (*gotra*) betrifft. Das Thema ist hier mehr ritualistischer Natur und von soziologischer Bedeutung für Indien. Die heilige Geschichte wird zu einer Anthropologie – oder Soziologie –, die die ethisch-historische Dimension dieser menschlichen Bindungen aufzeigt. Der Held ist Devarāta, der Mensch in seiner historischen Rolle, oder einfach der *homo politicus*.

Eines scheint klar zu sein: Diese heilige Geschichte, die

über einen Zeitraum von fast dreitausend Jahren auf uns gekommen ist, offenbart ältere und in gewissem Sinn tiefere Schichten des menschlichen Bewußtseins, als wir sie in der historischen Periode des schriftlichen Dokuments finden. Sie ist mit größter Sorgfalt verfaßt worden, in einen passenden Hintergrund eingeordnet und so sehr bis in die Einzelheiten formuliert, daß sie für die Nachwelt – für uns – geschrieben zu sein scheint.

Wie lange die Entstehungszeit unseres Mythologumenon auch gewesen sein mag, wir müssen die funktionelle Einheit des Mythos hervorheben. Ein Mythos ist keine historische Erzählung. Wir müssen ihn als ganzen betrachten, um ihn zu verstehen. Abgesehen von seiner Bedeutung in der Tradition der Brāhmaṇas ist Śunaḥśepa auch ein Seher und Dichter, ein vedischer Rishi.[95] Im Rigveda finden wir Hymnen, die er am Opferpfosten gedichtet haben soll, sowie andere, die ebenfalls ihm zugeschrieben werden.[96]

2. *Das Menschenopfer*

Unsere Geschichte dient als klassisches Beispiel in der Diskussion über das Menschenopfer im vedischen Indien[97], eine unabdingliche Untersuchung für Indologen des letzten Jahrhunderts.[98] Diejenigen, deren Interpretation die Existenz des Menschenopfers annahm, erklärten vor allem, daß eine solche Geschichte nicht erzählt werden konnte, wenn das Menschenopfer nicht eine gebräuchliche oder wenigstens bekannte Praxis in jener Zeit gewesen wäre.[99] Andere, auch in unserem Jahrhundert, stützen sich stark auf Parallelen in der ganzen indischen Tradition.[100]

Andererseits behaupten wahrscheinlich die meisten Autoren, daß das Menschenopfer sicher nicht vedisch ist.[101] In der Tat scheint unser Text im allgemeinen gegen das Menschenopfer eingestellt zu sein: der ganze Ton der Erzählung; die Entwicklung der Handlung; die vier Priester, die sich weigern, einen Menschen zu opfern; die Tatsache, daß Ajīgarta, Śunaḥśepas Vater, für seine Bereitschaft, seinen Sohn zur Opferung zu fesseln, sogar mit dem Verlust seiner Vaterschaft bestraft wird; Śunaḥśepas Ausruf der Verwunderung und Verzweiflung, als er entdeckt, daß sie ihn wie ein Tier schlachten wollen – viele Elemente sprechen für die negative These bezüglich des Menschenopfers.

Andere Autoren wiederum sehen in der Geschichte das Ende dieses Brauches, und die Gelehrten vertreten die Ansicht, daß die Legende zu dem Zweck geschrieben wurde, um das Menschenopfer abzuschaffen. Noch eine weitere Interpretation, die für die Existenz des Menschenopfers eintritt, hebt den entscheidenden und gewichtigen Punkt hervor, daß die Geschichte bedeutungslos wäre, wenn die Gefahr nicht wirklich gegeben gewesen wäre.[102]

Nebenbei kann man sich vielleicht auch fragen, warum ein König, der keinen Erben hat, um einen Sohn betet, nur um ihn dann zu opfern.[103] Müssen wir den Schluß ziehen, daß die Bräuche jener Zeit das Opfer des Erstgeborenen verlangten?[104]

Wie immer diese Fragen gelöst werden, das zentrale Problem ist nicht nur ein Problem religionshistorischer Forschung, sondern auch und vor allem eine wahrhaft menschliche Frage, der wir uns stellen müssen.

3. Der Mythos der existentiellen Befindlichkeit

Können wir diesen Mythos auf eine Weise darstellen, die die tiefen Überzeugungen und den Horizont der Kultur zum Ausdruck bringt, die ihn hervorgebracht hat, und gleichzeitig in ihm eine heilige Geschichte entdecken, die fähig ist, auch anderen Kulturen Wegweiser zu einem tieferen, ja selbst lebendigeren Denken als ihrem eigenen zu sein?

Besitzt dieser Mythos einen transkulturellen Wert und vermag er daher eine Rolle zu spielen in der Begegnung und möglichen gegenseitigen Bereicherung der menschlichen Traditionen?

Dies ist nicht und nicht hauptsächlich eine Frage der richtigen Übersetzung in eine andere Sprache, d.h. es verlangt nicht nur eine Übertragung von einem Zeichensystem in ein anderes, um auf andere Weise auszudrücken, was man schon weiß. Hier ist es eine Frage der *Sprache* und nicht bloß des Idioms. Unser Problem ist nicht die Übersetzung. Wir können nur übersetzen, was sich in ein anderes System übersetzen läßt. Jede wahre Übersetzung setzt erstens voraus, daß die Elemente, die wir übertragen, in dem Prozeß ihre Identität bewahren, und zweitens, daß in dem Idiom, in das wir übersetzen, sinnvolle Zeichen für diese Elemente vorhanden sind.

Hier sehen wir den grundlegenden Unterschied in der Methode zwischen der Übersetzung von Begriffen und der Interpretation von Mythen. Die Hermeneutik der Mythen gleicht einem liturgischen Akt, einer heiligen Handlung, die das wahre Amt des Hermes ist – nicht eines Vermittlers, eines Zwischenhändlers, sondern eines Priesters, eines Mittlers zwischen verschiedenen Welten.

Unsere Rolle ist infolgedessen die eines Priesters, ja eines Propheten. Worum es uns hier geht, ist zu wissen, ob dieser Mythos in einer ihm fremden Erde zelebriert werden kann, ob er in einer anderen Kultur eine ähnliche Funktion ausüben kann wie die, die er in seiner ursprünglichen Kultur erfüllt hat. Können wir den Psalm des Śunaḥśepa in einem fremden Land singen?[105] Kann dieses Mythologumenon wirklich etwas offenbaren, wie es jeder echte Mythos tut? Jeder Mythos bietet uns einen Horizont, vor dem wir unsere eigenen Entdeckungen zum Ausdruck bringen können, doch gleichzeitig gibt jeder Mythos eine Richtung an, öffnet bestimmte Türen, enthüllt Dimensionen der Wirklichkeit, die wir ohne diesen Kontakt nicht ent-deckt hätten (der Mythos als Offenbarung), oder nicht einmal gehört hätten (der Mythos als *śruti*). Keine Offenbarung bringt etwas völlig Neues, was für uns unverständlich wäre. Jede Offenbarung enthüllt nur, was wir schon erahnt, vorausgesehen oder sogar auf eine gewisse Weise geglaubt haben.

Die Richtung unserer Interpretation kommt auf etwas hinaus, das ich eine anthropologische Theorie des Mythos nennen könnte. Diese Theorie will keinem anderen Verständnis des Mythos das Recht absprechen, sei es psychologisch, morphologisch, strukturalistisch, historisch oder theologisch. Die Beiträge der gegenwärtigen Wissenschaften sind zu vielfältig, um übergangen zu werden.[106] Wir wollen vielmehr einen Wesenszug hervorheben, der den meisten dieser Theorien gemeinsam ist: Im Mythos entdeckt der Mensch sich selbst, der Mythos bringt zum Ausdruck, was der Mensch ist.

Der Mythos ist anziehend und mitteilsam, er gibt zu denken, ist aufregend und faszinierend, weil der Mensch im Mythos seine Wurzeln, seine Ursprünge entdeckt, als integrale Bestandteile seines Wesens. Im Mythos entdeckt er sein wahres Gedächtnis, das nicht nur die bewußte Erinnerung an Ereignisse in seiner individuellen Lebenszeit ist, sondern ein Gedächtnis, das sich über Jahrtausende erstreckt, das zumindest bis zu den Anfängen seiner Sprache zurückreicht. Ganz gleich welche Frage wir stellen – nach der psychologischen, persönlichen oder sozialen Dimension des Menschen, nach seiner historischen Wirksamkeit, seiner Reflexion über das Menschsein oder seiner Antwort auf das Sakrale –, in jedem Fall entdecken wir im Mythos, was der Mensch ist. Wir werden uns in diese Perspektive stellen.

Die Methode, die wir dabei anwenden, ist nicht direkt vergleichend, d.h. wir werden den indischen Mythos von Śunaḥśepa nicht etwa mit dem biblischen Mythos von Adam oder Abraham oder sogar Hiob vergleichen. Wir werden einen einfacheren, wenn auch schwierigeren Weg gehen, nämlich den Mythos aus sich selbst zu erklären und ihn in einen weiteren Zusammenhang zu stellen, der ihn dem Verständnishorizont einer modernen westlichen Sprache intelligibel macht. Indirekt werden wir dabei unvermeidlich Berührungspunkte sowie Unterschiede finden, doch hängen diese von unseren eigenen Kontexten ab. Genau genommen verlangt das Mythologumenon nach einem Rishi, einem Seher, einem Sänger, um gesungen oder rezitiert zu werden, und nach einem *hotṛ*, einem Priester, um zelebriert und rituell vollzogen zu werden.

Ich habe diese heilige Geschichte aus zwei Gründen einen Mythos der existentiellen Befindlichkeit des Menschen genannt. Erstens stellt er phänomenologisch gesehen die tatsächliche Situation des Menschen auf Erden dar. Ich hoffe dies deutlich zu machen, indem ich 1. die *Charaktere* des Mythologumenon, und 2. verschiedene vorhandene oder fehlende *Mytheme* untersuche. Zweitens stellt der Mythos philosophisch gesehen die menschliche Situation dar, indem er in der Lösung der menschlichen Befreiung selbst einen Höhepunkt erreicht, d.h. indem er die Freiheit von dem Zwang befreit, zu sein.

a) Die Charaktere

Vor uns treten die Repräsentanten der drei Welten auf: Götter, Menschen und Kosmos. Es ist gut, daran zu erinnern, daß die kosmotheandrische Vision der Wirklichkeit eine fast universale Konstante in allen Kulturen darstellt. Ich kenne keine Kultur, in der man nicht eine der Triaden wie Himmel – Erde – Hölle, Vergangenheit – Gegenwart – Zukunft, Götter – Menschen – Welt, die Pronomina ich – du – es oder sogar die intellektuelle Dreiheit von ja, nein und dem beide Umgreifenden in der einen oder anderen Form vorfindet.

Hier kann ich dieses kosmotheandrische Prinzip, das ich andernorts ausführlich entwickelt habe, nur in gedrängter Form darlegen: Es besagt, daß die göttliche, menschliche und irdische Dimension – wie immer wir sie nennen mögen – drei reale und verschiedene Dimensionen sind, die die Wirklichkeit konstituieren, d.h. jede wahre Wirklichkeit. Wir können und müssen sogar manchmal Unterscheidungen treffen, doch können wir nicht die Verbindung zwischen Bereichen der Wirklichkeit unterbrechen. Dieses Prinzip hebt hervor, daß diese drei Dimensionen der Wirklichkeit weder drei Weisen (Modi) einer monolithischen, undifferenzierten Wirklichkeit sind, noch drei getrennte Elemente eines pluralistischen Systems. Sie sind vielmehr eine, jedoch wesentlich dreifaltige Beziehung, die die letzte Struktur der Wirklichkeit zum Ausdruck bringt.

Das zentrale Thema unseres Mythos ist die menschliche Existenz, nicht die göttliche Wirklichkeit oder die Bestimmung des Kosmos. Doch beschreibt er eine umfassende, nicht eine solipsistische menschliche Situation. Die Menschen stehen dabei im Vordergrund, doch sind sie nicht allein. Der Mythos konzentriert sich nicht auf eine Abstraktion »Mensch«, der jede konstitutive Beziehung zur ganzen Wirklichkeit fehlt.

1. Die Menschen

a) *Śunaḥśepa* ist zweifellos die zentrale Gestalt, der Held unseres Mythos. Er ist zur Linken und zur Rechten von zwei Paaren von Charakteren flankiert, deren Rollen je nach den Umständen wechseln. Zuerst befinden sich zu seiner Rechten der König Hariścandra und sein Sohn Rohita, die zweifache Ursache seiner Prüfung; zu seiner Linken sind Ajīgarta und der Priester Viśvāmitra, die beiden Väter, die Anspruch auf ihn erheben. Dann sind zu seiner Rechten der von Krankheit geschlagene Hariścandra und Viśvāmitra, der sich weigert, Śunaḥśepa zu opfern, beide die sekundäre Ursache für seine Befreiung; und zu seiner Linken Rohita, der Egoist oder der bedrängte Sohn, und Ajīgarta, der Geizhals oder Feigling, beide die sekundären Ursachen für seine Qual. Diese Ambivalenz der Rollen finden wir durch das ganze Drama hindurch.

Sein Name ist einfach abstoßend: Śunaḥśepa, »Hundepenis«[107], der schändlichste Körperteil eines verfluchten Tieres. (Seine Brüder haben ähnliche Namen.[108]) Doch weder der Name noch die Gestalt (die als *nāma-rūpa* in der indischen Literatur gewöhnlich zusammen auftreten) stellen die Sache oder ihre Funktion dar und noch viel weniger ihr Wesen. Der Begriff liegt zwischen Realismus und Nominalismus: Der Name (*nāma*) ist äußerlich, doch muß er verinnerlicht werden, bis er vollkommen verwandelt wird. Doch die Verwandlung kann nicht vor einer Initiation, Konversion und Reinigung geschehen und der Prozeß muß vollständig sein. Der Name wird bis zum Ende nicht geändert, bis zum Sieg in der Feuerprobe mit dem Tod. Śunaḥśepas Name wird erst geändert, als Viśvāmitra erklärt, was vor sich gegangen ist: Die Götter haben ihm das Leben zurückgegeben, und sie haben ihn Viśvāmitra übergeben – Devarāta, Gottgegeben (Deodatus, Theodorus). Der Mensch muß sein Leben mit einem demütigen, ja sogar demütigenden Namen leben, bis er frei wird.

Indien vergißt nie die Lehre der Chāndogya Upaniṣad[109], daß Name und Gestalt nicht das Wesen, nicht das Sein sind, daß sie für die Erlangung der Weisheit keine Bedeutung haben, denn diese besteht nicht darin, alle Dinge zu kennen, sondern das zu verstehen, wodurch alle Dinge erkannt werden.[110]

Śunaḥśepa ist ein Brahmane, der Sohn eines Priesters des Āṅgirasa-Geschlechtes.[111] Die Armut widerspricht nicht der Würde eines Brahmanen, doch das Elend und vom Hunger heimgesucht zu sein ist eine Erniedrigung. Der einzige Wert Śunaḥśepas, sein einziger Reichtum, ist sein Leben, dessen größeren Teil er noch vor sich hat.[112] Und eben dieses Leben wollen sie ihm auf die unmenschlichste Weise rauben. Er ist nicht der Held, der kämpft, der sein Leben für einen hohen Zweck aufs Spiel setzt, noch auch einer, der die Güter dieser Welt aufgibt, um nach besseren zu streben. Er ist kein außergewöhnlicher, außerordentlicher Mensch. Im Gegenteil, er verkörpert die banalste, die gewöhnlichste menschliche Situation: Er ist der Sohn einer armen Familie, der jedoch die Würde seines Personseins bewahrt.

Śunaḥśepa ist allein, ohne Bindungen, er ist ein reines Opfer. Sein Vater behält den ältesten Sohn und seine Mutter nimmt den jüngsten in Schutz, doch er gehört niemandem. Er hat weder Vater noch Mutter noch Besitz.[113] Er hat nur sich selbst.[114]

Śunaḥśepa tut nichts, das Unglück überfällt ihn. Er nähert sich dem Scheiterhaufen und läßt sich an den Opferpfosten fesseln.[115] Ist das Schicksal Śunaḥśepas nicht das des gewöhnlichen Menschen, des Menschen, dessen Leben von den äußeren Umständen beherrscht wird, des Menschen, der zur Pforte des Todes geführt wird? Śunaḥśepa wird nichtsahnend erfaßt. Nichts hat ihn auf die Rolle vorbereitet, die er zu spielen hat. Erst im letzten Moment, als ihm bewußt wird, daß sie im Begriff sind, ihn wie ein Tier zu schlachten, als es keinen anderen Ausweg mehr gibt, nimmt er seine Zuflucht zum Gebet als eine letzte flehentliche Bitte.

Śunaḥśepas Aufgabe ist nicht die Frucht einer Wahl, sie ist ihm vielmehr vorgegeben, es ist eine unerwartete und scheinbar paradoxe Gabe, die proteische Form annimmt, manchmal als Drohung, dann wieder als Fluch. Auf jeden Fall ist es weder eine gewählte Aufgabe noch ein gesuchter Konflikt. Es gibt hier nichts Absichtliches. Der gewöhnliche Mensch wählt seine Berufung nicht selbst, er kann sich weder den Luxus erlauben, noch hat er die Gelegenheit, sich mit der Frage zu quälen, ob er nicht anderswo nützlicher wäre oder ob er nicht etwas anderes tun solle. Das Schicksal trifft uns wie ein Blitz, es drängt uns in eine Ecke und läßt keine Tür offen, keine Alternative, außer einem Sprung in die Transzendenz. Der Moment des *salto mortale* kommt erst, wenn die Existenz bedroht ist, wenn das Leben selbst auf dem Spiel steht. Eben hier ist das Gebet am echtesten.

Das Gebet Śunaḥśepas ist nicht primär eine theoretische Überlegung, noch ist es ein bloßer Herzenserguß. Es ist echt, aber weder bewußt gewollt noch rational überlegt. Es ist der letzte tastende Versuch, die äußerste Bitte. Er weiß weder, an wen er sich wenden soll noch wie. Er versucht es immer wieder, er harrt aus, ohne sich entmutigen zu lassen. Seine Geduld, seine Ausdauer wird ihn retten.

Śunaḥśepas Gebet ist nicht überflüssig. Es ist weder das Überfließen eines liebenden Herzens noch die Hingabe eines Geistes auf der Suche nach höchster Erkenntnis. Es ist weit elementarer, irdischer, dringlicher. Es ist der einfache Schrei eines Menschen, der »ohne Hoffnung« ist, wie Śunaḥśepa selbst sagt.[116] Dieses Gebet ist der Schrei eines Menschen im Elend, der spontane Impuls des menschlichen Geistes auf etwas hin, das mächtiger ist als er selbst oder die Willkür der Menschen. Wenn man andere, direktere Mittel anwendet, um das Gewünschte zu erreichen, ist das Gebet nicht echt, vor allem dann, wenn man es als Vorwand verwendet, um die anderen Mittel nicht anzuwenden. Man betet nur wirklich in einer »Grenzsituation«. Das Gebet ist die Grenze des Lebens überhaupt, nicht eine bloße menschliche Tätigkeit neben allen anderen, sondern der letzte und fundamentalste menschliche Akt, durch den der Mensch das Leben wiedergewinnt, wenn alles andere versagt. Das Gebet erhebt sich spontan vom Grund unseres Seins, fast gegen unseren Willen, es entleert uns durch und durch, als käme es aus einer verborgenen Immanenz, die wir nicht geahnt haben, und es fließt in eine unendliche Transzendenz, die wir uns nicht einmal vorstellen können.

Wir vergessen leicht, daß das Wort »Gebet« selbst nicht nur eine Bitte meint, sondern eine *prekäre* Anrufung, unsicher, ungewiß, ausgeliefert, ohne jede Grundlage, außer der, die sie anruft.[117] Die Magie, nicht das Gebet, beansprucht, von selbst wirksam zu sein.

Nach seiner Befreiung bleibt Śunaḥśepa innerhalb der rituellen Welt. Er betritt wieder den Bereich des Sakralen und muß sein neues Offizium ausführen. Der wahre Hohepriester ist immer auch selbst das Opfer.[118] Da das Opfer nicht unvollendet bleiben kann, muß er es vollenden. Er wird der Rishi, der Seher, der Dichter und der Priester. Nun ist er das ganze Opfer: »Der Mensch ist wahrlich das Opfer.«[119]

Śunaḥśepa ist der Mensch, das Opfer des Schicksals – der Götter, der Gesellschaft, des menschlichen Privilegs und der Macht. Er ist der Durchschnittsmensch, ein Vertreter der ausgebeuteten, hungernden, unterworfenen, entfremdeten Masse, die es seit dem Anfang der Welt gibt, das Opfer der Opferhandlung. Er ist der arme Mensch, der »Hundepenis« heißt. Aber er ist auch – und hier finden wir die Ambivalenz des Sakralen – das Opfer, das durch seine Hingabe Leben schenkt. Er ist der Erlöser, der Reine, der Unschuldige, der bezahlen muß, weil er der einzige ist, der etwas hat, womit er bezahlen kann, und zwar sein Leben.

Śunaḥśepa ist derjenige, der die Mächtigen, die Adeligen, die Krieger, die Reichen, die aktiven Menschen und alle Rohitas der Welt erlöst. Er ist der wahre Brahmane, der wirkliche Priester, der »königliche« Priester, nicht eine Klasse oder Kaste, sondern der gewöhnliche Mensch, dessen Menschsein nicht beschönigt wird, der wahrhaft zwischen den Göttern und dem Rest der Welt vermittelt.

Einige wollen in Śunaḥśepa eine gefesselte Sonnengottheit sehen.[120] Er wird so zu einer kosmischen Gestalt, die an den dreifach verwurzelten[121] kosmischen Baum[122] gebunden ist. Es ist nicht unsere Aufgabe, Śunaḥśepa im Sinn einer voll entwickelten Theorie über die vedischen Gottheiten zu interpretieren. Unsere menschliche Interpretation ist gültig für den Mythos in sich, selbst wenn die kosmischen oder Sonnenhypothesen sich als richtig erweisen sollten.

b) *Rohita* ist nach Śunaḥśepa der interessanteste Charakter des Mythos. Auch sein Name ist bedeutungsvoll. Er bedeutet »der Rötliche«, ein doppelter Hinweis auf die Sonne (die oft so genannt wird) und auf die Erde (»die Rote«). Rohita bedeutet wie *adamah* den rötlichen Erdbewohner, den aktiven Menschen par excellence.[123] Er verkörpert den historischen Menschen, den, der Geschichte macht, den *homo activus*.

Wenn Śunaḥśepa der Mensch ist, der vom Schicksal getroffen ist, der seine Last durch eine heilige Berufung trägt, so ist Rohita vor allem der weltliche Mensch, der wählt und der sich vor die Wahl zwischen Leben und Tod gestellt findet. Er ist der Mensch des Willens, vor allem des Lebenswillens. Die Passivität und Gewaltlosigkeit des Brahmanen Śunaḥśepa steht im Gegensatz zu der Aktivität und Aggression des Kriegers Rohita.

Rohita wurde aus einer Unmöglichkeit geboren. Er ist außergewöhnlich. Selbst hundert Frauen konnten ihn nicht zur Welt bringen. Ebenso ist das menschliche Leben eine Ausnahme in der Natur, es verwirklicht die geringste Wahrscheinlichkeit. Das Leben ist wirklich eine Gabe, doch klammern wir uns an seinen Besitz, wir weigern uns, es zurückzugeben, weil es zu kostbar, zu außergewöhnlich ist. In jedem Menschen ist ein Rohita verborgen.

Das Leben Rohitas ist ein Hindernisrennen gegen den Tod. Er flieht vor dem Tod, er läuft in die entgegengesetzte Richtung. In seiner Kindheit entscheidet sein Vater für ihn, später sagt er selbst »Nein« und geht in den Wald. Er kann nicht unter den Menschen leben, weil er fürchtet, daß sie ihn erkennen und einfangen. Doch seine Angst lähmt ihn nicht; er ist bereit, seinen Bogen in die Hand zu nehmen und seine Verantwortung zu übernehmen; er scheut nur vor dem Tod zurück. Als er vom Unglück seines Vaters hört, ist er bereit, zu ihm zu gehen; doch jedesmal, wenn er seiner Sohnespflicht nachkommen will, erscheint Indra in der Gestalt eines Brahmanen und rät ihm, sich nicht in seinem Königreich zu begraben, nicht nach Hause zu seinem Dorf zu gehen. Er soll wandern wie die Sonne: *homo viator*! Hat er der Versuchung nachgegeben oder ist er dem guten Rat gefolgt? Wir können diese Frage nicht beantworten, ohne ihre Berechtigung zu leugnen, wie wir später sehen werden.

Rohitas erster Akt, als er das Alter der Vernunft erreicht, besteht darin, nein zu sagen und in die Wildnis zu fliehen. Dies ist keine bloße Metapher. Rohita rechtfertigt sich nicht, er streitet mit niemandem. Er sagt nein, nimmt seinen Bogen und läuft davon. Dieses Nein wird im Lauf seines Wanderlebens immer wieder wiederholt; als er fünfmal bereit ist, nachzugeben, wird sein Nein von Indras Argumenten bestärkt. Was ist der Mensch? Der Lebens*asket*, das Tier, das nein sagt?[124] Ist er der Rebell im Universum, der unter der Bürde seiner Menschlichkeit zusammenbricht?[125] Ist er der *Wanderer*, der noch nicht reif oder weise genug ist, die menschliche Bedrohtheit, seine Kontingenz anzunehmen?[126]

Auf jeden Fall dreht sich das Leben Rohitas um dieses Nein. Es ist ein Nein zum Tod, aber auch zum Gehorsam und zur Unterwerfung. Sagt er auch zum *dharma*, zur religiösen Ordnung, und letztlich zum *ṛta*, zur kosmisch-rituellen Ordnung nein? Oder lehnt er nur die Bürde der Tradition und letztlich die Ungerechtigkeit ab?

Im ersten Fall wäre Rohita ein Gotteslästerer, der, um seine Haut zu retten, sich der kosmischen Ordnung widersetzt und sie zu vermeiden versucht, und der schließlich Ajīgarta zwingt, seinen Sohn zu verkaufen. Doch die Erzählung gibt uns keinen Hinweis, der eine solche Interpretation rechtfertigen würde. Keine einzige Zeile spricht ein Urteil über Rohita aus. Seine Handlungen scheinen über jeden Vorwurf erhaben zu sein. Eine solche Hermeneutik wäre auch im indischen Kontext unserer Geschichte unmöglich. Der *kṣatriya*, der Krieger, muß sein Leben aufs Spiel setzen, um andere zu beschützen (wie wir in der Gītā lesen).[127]

Im zweiten Fall wäre Rohita der Held unseres Mythos, er würde den Menschen verkörpern, den Rötlichen, den Irdischen, den weltlichen Menschen, der mit dem Bogen in der Hand sich der harten und erstarrten Tradition widersetzt und der sich aus dem erdrückenden Zugriff Gottes zu befreien versucht. Es wäre dann nicht erstaunlich, daß er einen Brahmanen, die lebendige Verkörperung der Tradition, als seinen Stellvertreter wählt. Von diesem Standpunkt aus gesehen würde Rohita eine mündige Menschheit darstellen, die sich von der väterlichen Bevormundung befreit, und die sich zu schützen sucht, indem sie ihr eigenes Schicksal in die Hand nimmt.

Doch es ist wichtig zu vermeiden, daß Rohitas Versuche der Emanzipation im modernen Sinn des Wortes Revolution verstanden werden. Rohita revoltiert nicht gegen seinen Vater, und ebensowenig gegen die Götter. Er ist kein Prometheus, der sich gegen Zeus auflehnt. Rohita verurteilt nichts und niemanden. Durch die ganze Erzählung zieht sich eine Atmosphäre der Gelassenheit, die Rohita davor bewahrt, in einen Propheten westlichen Typs wie etwa Jonas verwandelt zu werden. Er sagt nein und schweigt dann, er flieht und versucht sich selbst zu verteidigen.

Rohita entgeht dem Tod, aber er versäumt auch das wahre Leben. Das Schweigen des Textes ist bedeutungsvoll. Es gibt nichts weiter über Rohita zu sagen; er lebte, um dem Tod zu entkommen, und dies ist ihm gelungen – aber ist diese Evasion das wahre Leben? Auf jeden Fall bleibt die Emanzipation ein zentrales Thema, zu dem wir noch zurückkehren werden.

c) *Hariścandra*, von dem die spätere Legende so ausführlich sprechen wird, ist in diesem Mythos ein eigenartiger, eher im Schatten stehender Charakter. Hier werden wir nur die wichtigsten Wesenszüge angeben, die seine Rolle charakterisieren. Hariścandra hat nur einen einzigen Wunsch: einen Sohn zu haben und ihn am Leben zu erhalten. Er symbolisiert den Wunsch nach Unsterblichkeit, der in diesem Fall in dem Wunsch nach einem männlichen Nachkommen zum Ausdruck kommt. Er will weiterleben, er ist sich bewußt, daß er allein nicht die ganze Vitalität ausleben kann, die er besitzt. Er hat noch Pläne, die er verwirklichen will, Träume, die er erfüllen will, Freuden, die er erfahren will, Macht, die er ausüben will. Hariścandra ist der Mensch, für den das Leben zu kurz oder zu voll ist. Er kann nicht halb leben, noch ist er imstande, seine Wünsche unbefriedigt zu lassen. Er braucht ein verlängertes Leben. Es ist der Sohn, der das Leben des Vaters fortsetzt und der ihn erlöst. Hariścandra hat Gefühle, die allen gemeinsam sind. Er läßt sich auf eine Angelegenheit ein, von der er nicht weiß, wie er je dabei herauskommen wird; und als er sich in die Enge gedrängt fühlt, verschiebt er ständig jede Entscheidung. Er will nur die Demütigung vermeiden, keinen Erben zu haben.

Hariścandra kann dem Schicksal, das er sich selbst geschmiedet hat, nicht entgehen. Er wird krank, weil er sein Versprechen nicht einlöst, seinen Sohn Varuṇa zu opfern. Er besitzt Macht, aber keine Freiheit; er ist ein König, er besitzt ein Königreich, aber er ist krank und hilflos.

Es ist bedeutsam, daß die spätere Tradition den Mythos immer mehr auf die Person Hariścandras konzentrierte und dabei die anderen Charaktere fast vergaß. Weist dies lediglich auf einen Wandel im sozialen Klima hin, das die Königsherrschaft förderte, für die die Schreiber des Hofes Zeugnis ablegen? Wir können zwei Hypothesen wagen. Die erste ist die Tendenz, eine Tragödie in ein Drama zu verwandeln. Obwohl der Mythos nicht die literarische Form einer Tragödie hat, stellt er doch bestimmte tragische Elemente dar. Śunaḥśepa und Rohita werden vom Schicksal erfaßt, sie stellen, jeder auf seine Weise, den Menschen dar, sie verkörpern uns. Auf der anderen Seite sind die Legenden von Hariścandra Dramen. Hariścandra ist ein König, wir können ihn betrachten, sogar bemitleiden, aber aus der Distanz. Er ist nicht wie wir, wir können uns nicht mit ihm identifizieren.

Unsere zweite Hypothese wäre die, daß die mythische Kraft Śunaḥśepas und Rohitas im Lauf der Jahrhunderte verschüttet wurde, um erst in unserer Zeit wieder aufzutauchen, während sich die beschwörende Macht des Dramas, das sich um Hariścandra abspielt, den Adeligen mit seinem Glauben an Menschen und Götter, besser mit der Atmosphäre vergangener Zeiten in Einklang bringen ließ.

Hariścandra wäre dann der Held einer vergangenen Gesellschaftsordnung.

d) *Ajīgarta* hungerte, wie uns der Text berichtet. Der Hunger ist ein schlechter Ratgeber, aber auch eine gute Ausrede. Er hätte sich immerhin damit zufriedengeben sollen, seinen Sohn zu verkaufen, aber er scheint von Habgier befallen zu sein. Er tritt ein zweites und drittes Mal hervor, um Śunaḥśepa zu fesseln und zu opfern, wofür er weitere Reichtümer erhält. Während Hariścandra um jeden Preis einen Sohn will, ist Ajīgarta kaum besorgt, den seinen zu behalten. Gewiß, er hat noch zwei Söhne, aber trotzdem ist es unvorstellbar, wie ihm Śunaḥśepa selbst vorwirft, dreihundert Kühe dem Leben seines Sohnes vorzuziehen, selbst bei Menschen der niedrigsten Kaste. Der Brahmane Ajīgarta verhält sich schlimmer als ein *śūdra*. Der Wert der Person wird hier an ihren Handlungen gemessen, nicht an ihrer Geburt – eine eher revolutionäre Auffassung in einer Gesellschaft, die im Begriff ist, ihr Kastensystem zu verfestigen.

Es ist beachtenswert, daß der Mythos von der Sünde Ajīgartas spricht, und sogar von einer unverzeihlichen Handlung. Sein eigener Sohn klagt ihn an. Doch in der späteren Tradition rechtfertigt das große Gesetzbuch Manus Handlungen, die vollbracht werden, um sein vom Verhungern bedrohtes Leben zu retten, und Ajīgarta wird sogar als passendes Beispiel angeführt:

> »Ajīgarta, der vom Hunger geplagt wurde,
> war im Begriff, seinen Sohn zu opfern,
> doch er beging keine Sünde,
> da er den Hunger abwenden wollte.«[128]

Wir bemerken hier einen radikalen Wandel in der Beurteilung, wenn man von dem ontologischen Bereich, den wir hier betrachten, zu dem juridischen Bereich der Śāstras oder Rechtsbücher kommt. In dieser zweiten Welt wird Ajīgartas Handlung nicht als Sünde angesehen, und manches Gericht wäre wahrscheinlich mit Manu einverstanden (zumindest was die ersten hundert Kühe betrifft). Im Bereich des ontologischen Opfers hingegen, dem Kontext unseres Mythos, ist Ajīgarta der für das Opfer unerläßliche Bösewicht, der Verräter, der nötig ist, um das Opfer zu vollbringen; er ist gewissermaßen der wirkliche Hohepriester des Opfers: der Henker. In einem anderen Sinn ist er das Opfer, das die Opferhandlung ermöglicht. Śunaḥśepa ist das Opfer, das für die Menschen dargebracht wird, und deshalb bleibt er verschont und stirbt nicht. Rohita ist in gewissem Sinn das Opfer, das die Götter erwählt haben, und das Opfer der Umstände, und er wird auch von Śunaḥśepa gerettet. Doch Ajīgarta ist das wirkliche Opfer, das nicht verschont wird. Er ist das Opfer des kosmischen Schicksals, *ṛta*, und er wird ohne Vergebung verurteilt. Und doch ist es Ajīgarta, der als der Vater Śunaḥśepas, aber vor allem durch seine dreimalige Annahme, das Opfer ermöglicht. Gibt es nicht in jedem Opfer ein unrückführbares, unverzeihliches Element, das sich nicht in das Opfer integrieren läßt und das eben das Opfer möglich macht? Es scheint, daß eine Sünde notwendig ist, ein Fall, eine Unordnung am Ursprung jedes Opfers. Mehr noch, im Ursprung der Welt selbst scheint es eine Urschuld zu geben.[129] Unglücklich derjenige, durch den der Anstoß geschieht, verflucht der, der das Verbrechen begeht oder verursacht, aber durch seine Sünde oder sein Verbrechen kommt die Erlösung und wird das Opfer wirksam. Ajīgarta stellt die ontologische Bedingung für das Opfer dar, er begeht jenen Akt, für den es keine Wiedergutmachung gibt. Er ist sowohl der Stein des Anstoßes wie der Anlaß. Dank seiner Sünde siegt die Tugend.

e) *Viśvāmitra* ist einer der berühmten Rishis des Veda und der Autor der Gāyatrī (des bedeutendsten vedischen Mantra); dieser *kṣatriya* (oder anderen zufolge, *śūdra*), der sich den Rang eines Brahmanen verdient hat[130] aufgrund seiner Askese und seines Lebens, spielt hier eine Doppelrolle. Einerseits repräsentiert er das liturgische und sakrale Element, die vollkommene priesterliche Ordnung in ihren charismatischen und institutionellen Dimensionen. Er ist der Mensch des Ritus, der heiligen Geschichte. Trotz des Greuels des Menschenopfers können er und seine Mitpriester die Vitalität des Opfers nicht mißachten und sie bitten Śunaḥśepa, die Zeremonie fortzusetzen, wenn er schon nicht mehr das Schlachtopfer ist. Man kann das Opfer weder unterbrechen noch unvollendet lassen, wie uns die »Rubriken« fast aller religiösen Traditionen lehren.[131]

Andererseits ist Viśvāmitra der Mensch der institutionellen Gesellschaftsordnung, der Geschichte. Er adoptiert nicht nur Śunaḥśepa, sondern er setzt ihn als den ältesten seiner Söhne ein, als den Vorsteher des *gotra*, des Clans, die die Elite der arischen Gesellschaft darstellen. Wir können von einer Einheit zwischen Sakralem und Profanem sprechen, oder von einer Kontinuität zwischen der sakralen und der säkularen Geschichte, oder von dem institutionellen und charismatischen Charakter des Priestertums; auf jeden Fall steht Viśvāmitra für die sakrale und historische Kontinuität, wie die ganze Tradition, die sich um diesen vedischen Seher rankt, bestätigt.

f) *Vasiṣṭha*, der große Brahmane und Feind Viśvāmitras, erscheint fast nicht in unserer Geschichte. So wichtig er in anderen Zusammenhängen ist, hier taucht er nur in einer »historischen« und »naturalistischen« Interpretation auf. Dieser Exegese zufolge wird alles auf eine politische Verschwörung Vasiṣṭhas zurückgeführt, um das Reich Hariścandras zu erben. Als der königliche Hofpriester schlug er zuerst dem König das Gelübde vor und versuchte dann, als Indra verkleidet, Rohita davon abzuhalten, zurückzugehen.[132]

g) *Das Volk*. Obwohl diese fünf Charaktere die zentralen Gestalten des Mythos sind, ist auch die ganze Menschheit vertreten.

Die *Frauen* spielen eine recht untergeordnete Rolle. Die hundert Frauen Hariścandras und die Mutter von Śunaḥśepa werden erwähnt, doch die Mutter von Rohita wird nicht identifiziert.[133]

Die beiden Brahmanen Parvata und Nārada sind die Stimme der reinsten Orthodoxie. Nārada ist es, der die traditionelle Lehre der Unsterblichkeit verkündet und der dem König rät, sich an Varuṇa um Hilfe zu wenden und ihm seinen Sohn als Opfer zu versprechen. Nārada spricht auch vom Inzest bei Tieren, um Nachkommen zu erhalten, und er erklärt die traditionelle Vorstellung von den »Schulden« oder Verpflichtungen des Menschen.

Die Namen der drei anderen Priester, die die Opferhandlung vollziehen, werden auch erwähnt. Viśvāmitra ist der Opferpriester, Vasiṣṭha, sein traditioneller Feind, hat die Rolle des Brahman-Priesters inne[134] und Jamadagni ist der ausführende Priester. Der liturgische, sakramentale und sakrale Hintergrund ist auf diese Weise vollständig.

Die beiden Brüder Śunaḥśepas werden auch erwähnt. Ihre Gegenwart unterstreicht sowohl Śunaḥśepas Einsamkeit wie seine Verbindung mit der Gemeinschaft; die Einsamkeit, weil er allein herausgenommen wird, weil er nicht wie seine Brüder der Liebling seiner Eltern ist und verschont bleibt; seine Familienbande, weil er einer der Söhne Ajīgartas ist, ein junger Mann »aus guter Familie«.

Schließlich repräsentieren die hundertundein Söhne des

Viśvāmitra die Geschichte. Hier finden wir, wie in jedem historischen Bereich, eine Teilung in zwei Gruppen, die älteren, die von ihrem Vater verflucht werden, weil sie Śunaḥśepa nicht akzeptieren, und die jüngeren, die gesegnet werden und von denen die reinen Stämme der Arier abstammen werden. Es ist hier ganz klar, daß der Ursprung der Kasten »außerhalb der Grenzen« in einem Ungehorsam und einem Fluch liegt; die *dāsyu*, die Sklavenstämme und Nichtarier sind auch Nachkommen Viśvāmitras. Der Mythos scheint die Geschichte und die Sozialordnung rechtfertigen zu wollen, daher hebt er die Tatsache hervor, daß sowohl die Arier wie die Nichtarier Söhne desselben Vaters sind.

2. *Die Götter*

Die menschliche Situation ist nicht vollständig, wenn sie nicht die geheimnisvollen Kräfte miteinbezieht, die das menschliche Leben umgeben. In diesem Mythos finden wir drei bedeutungsvolle Strukturen des göttlichen Eingreifens in das Leben der Menschen.

a) *Varuṇa*, der große Gott des Rigveda, ist der höchste Herr über Leben und Tod. Er wacht über alles Lebendige. Nun verändert jede Geburt eines Menschen den universalen *status quo*. Der Mensch muß daher das Gleichgewicht wiederherstellen, das seine Existenz gestört hat. In Begriffen des Veda bedeutet das, daß das menschliche Leben eine vierfache Verpflichtung[135] mit sich bringt, die jedes neue Menschenwesen der ganzen Wirklichkeit gegenüber auf sich nimmt: die Verpflichtung den Göttern, den Rishis, den Vorfahren und allen Lebewesen gegenüber. Dementsprechend bringt man Opfer dar (um mit den Göttern an der Erhaltung der Welt mitzuwirken), studiert die Veden (um Weisheit zu erlangen und so ein erfülltes Leben zu führen), man verlängert das Leben, das man empfangen hat, indem man Kinder hat (jeder Mensch ist ein Verbindungsglied zwischen seinen Vorfahren und seinen Nachkommen), und schließlich nimmt man seine Mitmenschen an, übt Gastfreundschaft und die anderen menschlichen Tugenden (ohne die das Leben ein Versagen wäre).[136]

In diesem Zusammenhang müssen wir die Rolle Varuṇas verstehen. Die Geburt Rohitas ist, wie jede menschliche Geburt, die Frucht einer Sehnsucht und einer natürlichen Unwahrscheinlichkeit. Der Mensch gehört den Göttern nicht wie eine Art Privatbesitz, über den sie willkürlich verfügen können. *Ṛta*, die kosmische Ordnung, regiert die Dynamik der ganzen Wirklichkeit. Der Mensch gehört dem ganzen Universum. Auch die Götter haben ihre Rolle zu spielen – wenn auch eine göttliche Rolle. Varuṇa, der Hüter des *ṛta*, tritt in unserer Geschichte nicht als ein launenhafter und mächtiger Herrscher auf; er ergreift nicht die Initiative, er stimmt nur dem Vorschlag Hariścandras zu. Er nimmt Hariścandras Versprechen nicht an, um ihn zu prüfen, zu versuchen oder mit ihm zu spielen, indem er ihn in eine unmögliche Situation drängt. Varuṇa ist kein anthropomorpher Gott. Trotz Śunaḥśepas Gebet an ihn ist es nicht Varuṇa, der ihn befreit. Er braucht sich nicht vor den Menschen zu rechtfertigen, noch ihnen den Tod oder das Böse zu erklären. Als Herr der kosmischen Ordnung weiß er wohl, daß das menschliche Leben vergänglich ist und daß man es als Opfer darbringen muß. Das Mysterium des Lebens ist ein Mysterium der Solidarität, das Gesetz des *karma* steht immer im Hintergrund. Jeder von uns muß sich mit seinem eigenen *karma* auseinandersetzen. Rohita muß sterben wie jeder andere Mensch. Ebenso muß es Śunaḥśepa. Nur die Art des Todes ist verschieden. In dieser gemeinsamen Bestimmung wird die wahre Sachlage, die gewöhnlich unsichtbar ist, sichtbar. Varuṇa ist nur ihr lebendiges Symbol.

b) *Indra* ist immer ein Gott, der zuschlägt, doch diesmal trifft er nicht mit seinem *vajra*, seinem Donnerkeil, sondern durch sein unerwartetes Eingreifen, das einen wichtigen Aspekt dieser heiligen Geschichte zutage bringt. Rohita weigert sich fünfmal nacheinander, nach Hause zurückzukehren, damit Hariścandra sein Versprechen Varuṇa gegenüber erfüllen kann und geheilt würde. Die Versuchung, wenn wir es so nennen wollen, kommt nicht von den Dämonen, sondern von Gott. Rohita fühlt sich nie gezwungen. Indra nimmt eben deshalb menschliche Gestalt an, damit Rohita frei ist, selbst zu entscheiden. Rohita muß sich nicht zwischen Sohnespflicht und göttlichem Befehl entscheiden, er muß es aufgrund seiner eigenen Überzeugung. Trotzdem scheint es, daß Indra gegen die Varuṇa geschuldete Gerechtigkeit ist. Eine monolithische Gottesvorstellung würde die Versuchung nur von seiten des Teufels kommen lassen; doch dann erhebt sich die Frage, von wo der Teufel kommt? In einer pluralistischen Gottesvorstellung (nicht zu verwechseln mit einer sogenannten polytheistischen Pluralität) kommt die Versuchung vom Herzen der Gottheit selbst. Doch ist die Versuchung an sich sicher kein Übel, und der Mensch muß in ihr ungeheure Möglichkeiten entdecken, die er entwickeln kann. Die Versuchung ist keine Falle, noch ist sie eine Art Schlag unter die Gürtellinie eines Feindes. Die Versuchung gehört zum Leben, sie ist ein Teil der Natur der Dinge und auch der Gottheit; sie ist gleichzeitig die Prüfung und der Beweis; sie bietet verschiedene Handlungsweisen an und konfrontiert uns mit der ganzen inneren Ambivalenz der menschlichen Situation. Sie schafft so einen Raum, in dem sich der menschliche Wille entfalten kann. Dies ist nicht die Aufgabe eines bösen Geistes, sondern Gottes selbst. Dies ist die Rolle Indras in unserer Geschichte.

Die von Indra herbeigeführte Versuchung ist die Feuerprobe, durch die alle Erwachsenen gehen, wenn sie Entscheidungen treffen müssen. Der Tod lauert überall. Können wir ihm entkommen? Im Dorf, zu Hause, ist der Tod gewiß; doch in der Wildnis ist das Leben kein menschliches Leben. Es ist klar, daß der wahre Sannyāsin das Leben im Dorf aufgeben muß, selbst wenn sein Vater im Sterben liegt und selbst wenn er, der Sohn, die Ursache davon ist. Die Forderung des Absoluten ist absolut. Indra bietet Rohita die Gelegenheit, seine Flucht zu sublimieren. Untersuchen wir dies näher.

Obwohl die Sūtra-Erzählung, die jünger ist als die Version des Brāhmaṇa, von einer sechsten Begegnung mit Indra spricht, bieten doch die fünf Versuchungen unseres Textes eine interessante Typologie der menschlichen Prüfungen und infolgedessen des menschlichen Wesens.[137] Das Schlüsselthema ist immer die Pilgerschaft, die Bewegung: »Gehe weiter, gehe weiter!« Das Leitmotiv aller Interventionen Indras ist die Betonung, daß die Handlung, das Wanderleben, die ständige Pilgerschaft – mit einem Wort die Dynamik – aller statischen Konformität vorzuziehen ist. Wir müssen uns an die Situation erinnern: Rohita hat Gewissensbisse und entschließt sich, zu seinem Vater zurückzukehren und sein Schicksal anzunehmen. Indra kommt als Brahmane verkleidet, trifft ihn und überzeugt ihn, daß er nicht gehen soll; er soll weiterleben, wandern und seinen Weg gehen.[138]

Die Gründe, die für die fünf Versuchungen angegeben werden, entstammen verschiedenen Tiefengraden: Der erste ist in der Erhabenheit des Sannyāsin begründet, in dem Vorrang des Lebens der Askese vor dem bürgerlichen Leben, denn »sündig wird man durch Umgang mit Menschen«. Dies ist die traditionelle Begründung, und Indra zitiert die *śruti*, die Offenbarung, um seinem Argument Gewicht zu verleihen. Er rät ihm nicht Ungehorsam, sondern Treue der Tradition gegenüber.

Die zweite Versuchung geht einen Schritt weiter. Die Erlösung ist nicht leicht zu erlangen; der Mensch ist ein Sünder und muß erlöst werden. Alle seine Bemühungen müssen sich auf dieses Ziel ausrichten. Die persönliche Erlösung ist das höchste Gebot.

Die dritte Versuchung bringt eine Begründung vor, die eher egoistisch zu sein scheint, die aber im Grunde tiefer sein mag. Das Leben ist nicht nur ein Kampf, um sich von Sünden zu reinigen, sondern auch eine Aufgabe der vollen Selbstverwirklichung, sein Glück zu machen und seine Talente nicht zu vergeuden, ohne sie fruchtbar zu machen. Dafür ist es notwendig, mit ihnen zu »handeln«, indem man vorwärtsdrängt. Die menschliche Fülle kommt nicht ohne Anstrengung, indem man »auf ihr sitzen bleibt«. Wir müssen in Bewegung sein, wir müssen unserer Erlösung entgegengehen.

Die vierte Versuchung kann entweder durch eine kosmische oder durch eine soziale Begründung erklärt werden.[139] Vom ersten Gesichtspunkt aus gibt es vier kosmische Zeitalter. Unser Verhalten kann jede dieser Perioden widerspiegeln oder auch beeinflussen. Wenn Rohita sich nach dem *kali*-Zeitalter, dem schlimmsten von allen, richten will, so kann er sich gehenlassen oder tun, was er will. Wenn er hingegen die beste Zeit verwirklichen will, muß er aktiv bleiben. Mit anderen Worten, der Grund ist hier der, daß jeder von uns, um in der kosmischen Geschichte mitzuwirken, seine individualistischen Probleme übersteigen und zu seiner kosmischen Berufung erwachen muß. Wenn andererseits der Vers sich nur auf das Würfelspiel bezieht, so scheint der Grund dem vorangehenden ganz ähnlich zu sein, und er könnte so interpretiert werden, daß er die verschiedenen Qualitäten des menschlichen Lebens symbolisiert.

Die fünfte Versuchung scheint menschliche, persönliche,

sogar egoistische Elemente mit der Dynamik des Universums zu verbinden, die durch die Sonne symbolisiert wird, die immer tätig, immer unterwegs und das glücklichste aller Wesen ist. Der Mensch geht seinen Weg, verbunden mit den Jahreszeiten und den Gestirnen.

Müssen wir sie Versuchungen nennen? Hat Rohita gut daran getan, darauf zu hören? Hat er dem *dharma* gemäß gehandelt oder nicht? Hätte er nicht sofort zum Dorf zurückkehren sollen, um das Versprechen zu halten, das Varuṇa gegeben wurde, und seinen Vater aus dem Elend zu befreien?

Hier ist der Mythos wieder originell und außerhalb des indischen Kontextes kaum verständlich. Um ihn zu verstehen, müssen wir die Symbolik von Varuṇa und Indra betrachten. Sie repräsentieren zwei Pole des Göttlichen. Varuṇa wird der ethische Gott genannt, der die Handlungen der Menschen sieht, prüft, beurteilt und verzeiht. Nichts entgeht ihm. Varuṇa verkörpert Gerechtigkeit und Wahrheit, die innere Ordnung der Dinge (*ṛta*) und gleichzeitig die Vergebung, d.h. die Macht, die zerbrochene Ordnung wiederherzustellen. Indra hingegen vertritt die Macht, kriegerische Kraft und Siegesmacht, er ist derjenige, der von Feinden befreit und erlöst. Während Varuṇa der moralische Gott par excellence ist, ist Indra der Prototyp dessen, der »jenseits von Gut und Böse« ist. Varuṇa ist König[140] aufgrund seiner engen Beziehung zur kosmischen Ordnung, wegen seiner Treue und seines Verzeihens. Indra ist König als Sieger in den himmlischen und irdischen Kämpfen.

Was ist der Mensch? Der Nexus, das *kṣetra* oder Schlachtfeld zwischen diesen beiden mächtigen Symbolen des Göttlichen im Rigveda: Indra und Varuṇa. Ohne auf indologische Details einzugehen, können wir folgendermaßen zusammenfassen: Im Menschen gibt es eine konstitutive Spannung zwischen der Entwicklung seiner Persönlichkeit, seinem eigenen Leben, und seiner Integration in den Kosmos und in die Gesellschaft. Der Mensch besteht aus dieser Spannung zwischen Treue zur sozialen und kosmischen Ordnung und Wahrhaftigkeit sich selbst gegenüber. Welcher soll er gehorchen? Was soll Rohita tun? Der Konflikt findet in ihm selbst statt; die Götter sind in diesem Fall verinnerlicht, denn er sieht das Leben seines Vaters in Gefahr und sein eigenes bedroht. So wandert Rohita so lange weiter, bis er einen Stellvertreter findet. Hat er richtig gehandelt? Können wir Indra mit Varuṇa versöhnen? Rohita ist machtlos, aber Śunaḥśepa ist da, der Mittler, und es gibt das Gebet, die übermenschliche Dimension des Lebens. Das Zusammenspiel der Charaktere macht das Gewebe des Lebens aus.

c) *Das vedische Pantheon* spielt eine wichtige Rolle in diesem Mythos. Varuṇa hat sich bereit erklärt, Śunaḥśepa als Stellvertreter für Rohita anzunehmen, und der Knabe soll während des *rājasūya* geopfert werden. Doch als nun der Ritus im Begriff ist, vollzogen zu werden, ruft das Opfer nach Befreiung. Wer kann ihn retten? Soll er sich nicht einer höheren Ordnung der Dinge fügen? Soll nicht jemand sterben, um das Königreich und die Welt zu retten? Gibt es eine berechtigte Ausflucht? Auch hier ist unser Mythos aufschlußreich. Śunaḥśepas Anrufung ist weder ein Gebet der Resignation noch die Annahme eines höheren göttlichen Willens. Er ist sich seiner erlösenden Aufgabe nicht bewußt, er denkt nicht bewußt über die Bedeutung seines Aktes nach. Seine Hände sind gebunden; das Gebet ist das einzige, was ihm bleibt. Die Betonung liegt hier nicht auf Śunaḥśepas persönlicher Kraft als Erlöser, sondern auf der übermenschlichen Kraft des Gebetes. Das Gebet wird hier als die Kunst des Unmöglichen dargestellt. Wenn man um etwas betet, was man selbst erreichen kann, sollte man sich dann nicht eher darum bemühen, es zu erreichen? Das Gebet ist aber auch keine Projektion eines psychologischen Anthropomorphismus auf eine übermenschliche Welt; es bedeutet nicht, daß man bei einem bestimmten Gott oder Heiligen Zuflucht sucht, um den Einfluß eines anderen »übernatürlichen« Wesens abzuwehren. Śunaḥśepa denkt nicht daran, die Gunst eines Gottes gegen einen anderen auszuspielen. Das wahre Gebet ist nicht ein Instrument der Macht oder eine Waffe. Er bittet nicht einmal darum, daß Gerechtigkeit geübt werde, als wäre es ungerecht, für andere sterben zu müssen oder geopfert zu werden; das Gebet urteilt nicht. Die ganze Situation spielt sich auf einer ganz anderen Ebene ab: Es geht um die Freiheit. Wahre Freiheit bedeutet nicht eine Wahl zwischen alternativen Möglichkeiten, die uns, wenn sie einmal getroffen ist, anderer Freiheiten berauben würde. Der Bereich der Wahl ist der Bereich des *karma*. *Karma* ist von der menschlichen Entscheidung abhängig, doch wenn die Entscheidung einmal vollzogen ist, ist es unerbittlich und folgt seinem eigenen Gesetz der Kausalität.[141] Der Bereich der wahren Freiheit liegt außerhalb der kausalen, rationalen oder karmischen Struktur der Welt; sie befindet sich nicht im Widerspruch zu diesen irdischen Strukturen, doch geht sie weit über diese hinaus. Der Bereich der Freiheit ist der Bereich der Hoffnung gegen alle Hoffnung, der Bereich der Unmöglichkeit, des Unbegreiflichen und nicht Manipulierbaren. Śunaḥśepa möchte wissen, ob er irgendeine Chance hat, befreit zu werden, denn die Freiheit ist der höchste Wert. Seine Befreiung ist von allen Gesichtspunkten aus unmöglich. Hier ist es, wo sich das Gebet einschaltet, und nur hier ist sein eigentlicher Platz.

Wir verstehen nun, warum Śunaḥśepa sich an die Götter um Hilfe wendet und einen nach dem anderen anruft. Er beginnt mit einer Anrufung an Prajāpati, den Herrn der Götter. Er bittet darum, an Aditi übergeben zu werden, der Personifizierung der Freiheit, des Grenzenlosen; er betet um Befreiung von seinen Fesseln und darum, Himmel und Erde, Vater und Mutter wiederzusehen.[142] Prajāpati weist ihn zu Agni, dem Gott, der den Himmelsbewohnern und den Sterblichen am nächsten ist, dem Hohepriester des Opfers, und der Knabe wiederholt seine Bitte um Freiheit. Die ganze himmlische Welt hört Śunaḥśepas Gebet, aber es gibt hier keine Bevorzugung. Das Gebet ist kein Privileg, sondern eine höhere Tätigkeit des Geistes, die einen neuen Grad von Freiheit erschließt und die möglich macht, was gewöhnlich unmöglich ist. Natürlich übersteigt das Gebet nicht eine ontologische Unmöglichkeit. Das Gebet ist keine Kraft, die im Betenden verborgen ist und die er wie eine Waffe gebrauchen kann, wenn der Moment eintritt. Dies wäre Magie oder zumindest eine andere Kraft, die nichts mit dem Gebet zu tun hat. Das wahre Gebet ist ungewiß und ist sich seiner Macht nicht bewußt. Wir wissen nicht, was es bewirkt, die Götter selbst wissen es nicht. Nichts ist festgelegt, es gibt in der Welt des Gebetes keine Regeln. Seine Wirksamkeit ist immer neu, seine Vollmacht besteht in reiner Spontaneität; wenn es erstarrt, wird es zur Idolatrie. Śunaḥśepa wird sozusagen vom Geist des Gebetes erfaßt; unermüdlich fleht er zu den Göttern, zu einem nach dem anderen, indem er den Anweisungen folgt, die er erhält. Agni schickt ihn ganz selbstverständlich zu Savitṛ, dem großen Anreger, der allein ihm die nötige Inspiration gewähren kann. Und Savitṛ rät ihm, sich an Varuṇa zu wenden, da es Varuṇa war, der ihn binden ließ (was Śunaḥśepa nicht wußte). Der erste Kreis schließt sich. Śunaḥśepa singt eine der schönsten Hymnen des Rigveda an Varuṇa, und dieser verweist ihn wieder an den Gott des Opfers, an Agni. Doch Agni vermag allein nichts zu tun (wir befinden uns jenseits jedes Voluntarismus) und er muß diesmal Śunaḥśepa veranlassen, die Allgötter, *viśvedevāḥ*, anzurufen.

Eine bestimmte Gottheit war in das ganze Abenteuer mit verwickelt und ist nicht gebührend angerufen worden. Deshalb ermahnen die Allgötter Śunaḥśepa, sich an Indra zu wenden. Ein zweiter Kreis schließt sich. Indra schenkt dem armen Śunaḥśepa einen goldenen Wagen, aber er will nur seine Freiheit. So fleht er Indra nochmals an, der ihm antwortet, indem er ihm sagt, er solle die Zwillinge, die dem Licht vorausfahren, die Aśvins, preisen. Indra verweist ihn darauf, wo die kosmische Neuheit anbricht: Uṣas, Aurora, die Morgenröte, die immer neu und unvorhersehbar ist, eine nie wiederholte Neuheit, denn heute ist nie die bloße Wiederholung von gestern. Gott ist nicht einfache Untätigkeit. Jeden Tag ist die Schöpfung neu und geht das absolut unberechenbare Wagnis ein, was dabei herauskommen wird. Und mit jeder Strophe, die Śunaḥśepa an die Morgenröte, an Uṣas, singt, fällt eine seiner drei Fesseln ab. Das neue Licht des neuen Tages macht ihn frei.

3. Der Kosmos

Hariścandra ist ein König und hat folglich ein Königreich. Er ist kein isoliertes Individuum, sondern sozusagen ein Schnittpunkt, der Gipfel einer bestimmten Ordnung der Wirklichkeit. Sein ganzes Königreich ist in das Abenteuer einbezogen, wie wir von der späteren Tradition erfahren, die von der Himmelsstadt Saubha spricht. Doch ist der Kosmos des ursprünglichen Mythos keine phantastische Welt, er wird weder anthropomorphisch dargestellt noch vergöttlicht. Die Dinge sind so wie sie sind. Die Natur wird weder spiritualisiert noch allegorisiert. Der Wald ist der Wald und der Hunger ist Hunger. Die Kühe sind wirklich und haben ihren vollen Wert: Hundert Kühe sind ein Menschenleben wert.[143] Der Kosmos überwuchert hier nicht die anderen Bereiche der Wirklichkeit. Das kosmotheandrische Gleichgewicht wird sorgsam bewahrt. Die Dinge befinden sich an ihrem eigenen Platz; es ist nicht nötig, sie eine fremde Rolle spielen zu lassen, die auf jeden Fall sekundär wäre. Wie gesagt ist dieser Mythos der menschlichen Situation zuerst und vor allem auf den Menschen bezogen. Daher stellt er natürlich einen Kosmos dar, wie der Mensch ihn sieht. Er erzählt von Honig und der köstlichen Udumbara-Frucht, und erwähnt auch das Dorf, das wegen seiner vielfältigen menschlichen Beziehungen immer verführerisch ist.

Der Kosmos wird in manchen Einzelheiten dargestellt: Die Entstehung des Menschen wird genau beschrieben – sogar die zehn Monate der Schwangerschaft werden erwähnt – und ebenso die Nahrung, Kleidung und Reichtümer. Auch der Opferaltar, das Messer und das Feuer werden genannt, jedes an seinem Platz und in seiner Funktion.

Die Verse sind erfüllt von dem Bilderreichtum, der für den Rigveda typisch ist – der Soma mit Mörser, Stößel und Seihe, die Gefäße und die Kuhhaut, die Überfülle an Vieh, der goldene Wagen, den Śunaḥśepa erhält, und Varuṇas goldener Mantel, ebenso die Gesänge, die Sterne, der Mond und die Sonne. Der Kosmos ist wirklich, er hat an dem menschlichen Abenteuer Anteil.

Nebenbei bemerkt ist die Spannung zwischen Natur und Kultur interessant, die durch die Gegensätze Wald und Dorf symbolisiert wird. Im Gegensatz zu dem, was man auf den ersten Blick annehmen würde, sind beide nicht eindeutig festgelegt: Das Dorf bedeutet die Kultur, doch auch die Todesgefahr; und während der Wald oder die Wildnis die Natur darstellt, bietet er auch die einzige Hoffnung auf Leben. Für Rohita bedeutet das Dorf die Menschen, die bürgerlichen Pflichten und den Tod, während der Wald ständige Pilgerschaft, Abenteuer, das Unbekannte, die Flucht vor den Menschen und dem Tod entrinnen bedeutet.

In diesem Abschnitt habe ich versucht, die Charaktere des Mythos zu beschreiben und sie verständlich zu machen, ohne sie aus ihrem Kontext zu entwurzeln. Es bleibt uns nun, in den Mythos selbst einzudringen.

b) Die Mytheme

Wenn man einen Mythos analysiert, muß man ihn auf seine grundlegenden Elemente reduzieren, ähnlich wie man bei einer chemischen Analyse die einfachsten Elemente sucht, die eine Substanz bilden. Der Prozeß ist bei einem Mythos schwierig, da wir die entsprechenden Reagenzien nicht kennen und nicht wissen, wie der Mythos auf verschiedene Reagenzien reagiert. Wir haben noch keine kritische Methode für die Mythenforschung. Der Prozeß ist auch sehr heikel, denn wir riskieren, daß wir nicht mehr fähig sind, den Mythos zu rekonstruieren, wenn wir ihn einmal analysiert haben. Die lebendigen Elemente eines Mythos sind nicht nur die Begriffe, die er enthalten mag, ebenso wie eine chemische Verbindung mehr ist als die bloße Aneinanderreihung ihrer Elemente. Jedes *Mythologumenon* besteht aus Symbolen, die sich verbinden, um mehr oder weniger komplexe *Mytheme* zu bilden. Jedes Mythem ist, obwohl es in sich vollständig ist, insofern es eine bestimmte Problematik zum Ausdruck bringt, auch ein Fragment des weiteren Horizontes, den der Mythos erleuchtet.

Um die Bedeutung und auch die Grenzen dieses Mythos besser zu verstehen, werden wir drei Mytheme erwähnen, die im Mythos nicht zu finden sind, und drei fundamentale Mytheme besprechen, die im Mythos gegenwärtig sind.

1. Die gegenwärtigen Mytheme

Die Mytheme, die wir in einem Mythologumenon entdekken mögen, müssen immer im Zusammenhang mit dem Kontext des Mythos verstanden werden. Die drei, die wir herausgreifen, stellen dar, was der Mythos den Menschen seiner Zeit zu sagen hatte und was er darüber hinaus auch uns heute noch zu sagen hat, denn sie vermitteln drei unveränderliche Größen der menschlichen Existenz.

a) *Die Anwesenheit des Todes.* Wir haben gesagt, daß ein Mythem keine These ist. Daher spekuliert dieses erste Mythem nicht über die Natur des Todes. Es begnügt sich damit zu zeigen, wie das Leben auf Erden eine ständige Auseinandersetzung mit dem Tod ist, und zwar auf jeder Ebene: auf der biologischen, wo Ajīgarta dem Hungertod entgehen will; der sozialen, wo Hariścandra sein Leben durch seinen Sohn fortsetzen will; der psychologischen, wo Rohita dem Tod um jeden Preis entkommen will; und der persönlichen Ebene Śunaḥśepas, dessen Leben frühzeitig von ihm genommen werden soll.[144]

Dem Tod ins Auge zu sehen, gehört wesentlich zur existentiellen Befindlichkeit des Menschen. Der Tod lauert auf allen Seiten auf den Menschen, wo immer er sein mag, was immer er tut. Aber bedeutet das, daß der Mensch dem Tod begegnen muß oder daß er vor ihm fliehen soll? Unser Mythem tut mehr, als nur die Problematik aufzuzeigen; es deutet eine bestimmte Typologie des Todes an. Wir haben schon darauf hingewiesen. Die Gegenwart des Todes ist eine universale Tatsache, in der Natur ebenso wie in der Kultur. Ist nicht die Kultur im allgemeinen eine Art Verfeinerung des Naturgesetzes, des gewaltsamen Gesetzes des Dschungels? Die Kultur regelt, wie der Mensch dem Tod begegnen soll, und doch entstammen diese Regeln immer dem Gesetz des Stärksten. Die Kultur unterdrückt im großen und ganzen nur die völlige Anarchie und die Tyrannei der nackten Gewalt, so daß das Überleben des Stärksten etwas weniger brutal auftritt.

Dieses Mythem zeigt uns die verschiedenen Wege, wie der Mensch dem Tod zu entkommen sucht. Jeder versucht auf seine eigene Weise, dem Tod zu entgehen; der Unterschied liegt in dem Preis, den er zu zahlen bereit ist. Ajīgarta verkauft seinen Sohn; Hariścandra ist bereit, mit dem Leben seines Sohnes zu bezahlen; Rohita sucht das Leben eines anderen, um sein eigenes zu retten. Und schließlich ist Śunaḥśepa da, auch er will leben, doch ist er in die Enge getrieben, gegen seinen Willen befindet er sich in einer ausweglosen Situation. Er kann sich weder zurückziehen, noch einen Stellvertreter suchen. Der *saṃsāra*, der Kreislauf des unechten Lebens, endet bei ihm. Das Leben ist hier ein Sieg über den Tod, nicht nur ein Aufschub.

So finden wir hier zwei Weisen des Lebens: Ein horizontales Leben, das nur gelebt werden kann, indem man es sozusagen an einen anderen weitergibt, und ein vertikales Leben, das sich über das erste hinwegsetzt und sich wieder auf die zeitlichen Aufgaben einläßt. Beide Weisen stellen sich dem Tod, und beide wollen ihn überwinden.

Die erste Weise wird vom Wettkampf bestimmt, eine andere Form des Gesetzes des Dschungels; das Überleben des Stärksten wird damit bezahlt, daß man alle anderen eliminiert. Dies ist *saṃsāra*, die ausschließlich raum-zeitliche Existenz.[145]

Die zweite Weise des Lebens ist nicht mehr bedingt durch Flucht oder Suche nach einem Stellvertreter, noch wird es auf Kosten anderer erreicht (obwohl es zu einem Stein des Anstoßes werden kann, wie die Revolte der älteren Söhne Viśvāmitras zeigt). Es ist ein Leben, das in gewissem Sinn das Leben aller Menschen und der Welt zusammenfaßt. Es ist nicht ein »anderes« Leben neben, über oder sogar nach diesem zeitlichen Leben. Im Gegenteil, es befindet sich mitten im Herzen der zeitlichen und materiellen Bereiche, ohne jedoch auf die raum-zeitlichen Bestimmungen beschränkt zu bleiben.

Genau gesagt geht es hier nicht um zwei verschiedene Typen, sondern um zwei Dimensionen des menschlichen Lebens, das sich in ständiger Spannung und im Austausch abspielt. Doch unser Mythem spekuliert nicht, es erzählt nur die Vielfalt und den Reichtum des menschlichen Lebens.

b) *Die Solidarität des Lebens.* Aus dem Vorangehenden ergibt sich sofort ein zweites Mythem. Der Tod, den man flieht, ist nichts anderes als die Gefahr, die dem Leben angeboren ist. Das Leben ist gefährdet, es kann jederzeit enden. Nun ist dieses Leben nicht das Privateigentum jedes Individuums; es ist vielmehr eine Verbundenheit zwischen den Lebenden, ein Band, das stärker ist als die Individuen, die es verbindet. Wir leben nur, weil wir dieses überindividuelle Leben tragen und zum Ausdruck bringen. Das Leben hat Vorrang vor jedem lebenden Individuum. Wichtig ist die Qualität des Lebens, nicht die Quantität, denn das Leben ist an sich ein qualitativer Wert und läßt sich daher nicht quantifizieren, es ist ontologisch *in solidum*, »für das Ganze«, in gegenseitiger Abhängigkeit.

Eben diese Solidarität erlaubt eine Stellvertretung, d.h., daß ein unechtes Leben durch das Leben eines anderen ersetzt wird. Wir werden nur dann unwürdige Träger des Lebens, wenn wir es nicht leben, wenn wir es vergeuden und im Grunde nicht tragen. Dann werden wir es los, indem wir es anderen geben. Andererseits wird das echte Leben weder bewahrt noch weitergegeben, sondern verbrannt, ausgelebt, und das bedeutet ständig erneuert, mit der Gefahr des Todes und der neuen Geburt.

Nun macht sich diese Solidarität des Lebens auf verschiedenen Ebenen bemerkbar. Das Leben des Vaters setzt sich im Sohn fort; das Leben des Brahmanen Śunaḥśepa ist mindestens soviel wert wie das des *kṣatriya* Rohita. Das versprochene Opfer Rohitas an Varuṇa ruht auf der Stellvertretung, einem Gesetz, das der innersten Natur der Wirklichkeit entspricht und das nicht in quantitativen Begriffen verstanden werden darf. Die Solidarität des Lebens, die eine Stellvertretung für ein unechtes Leben ermöglicht, bedeutet nicht, daß alles Leben austauschbar ist, oder daß das wichtigste ist, die Quantität des Lebens auf Erden zu bewahren, ganz gleich wer der Träger sein mag. »Ich werde ihn dir opfern«, sagte Hariścandra, und meinte damit, indem er seinen Sohn verspricht, gibt er sein eigenes Leben hin. Als der Sohn flieht, wird der Vater krank (wahrscheinlich Wassersucht). Das Leben ist das Band, das uns verbindet, aber dieses Band ist uns in die Hände gelegt. Wir können es zurückhalten, freigeben oder sogar zerbrechen.

Bei Śunaḥśepa erreicht dieses Mythem seinen Höhepunkt. Er wird für eine gute Summe verkauft, doch hat er keinen Gewinn von diesem Handel. Im Gegenteil, er kostet ihn fast das Leben, und sein Vater ist der Nutznießer. Doch erlöst Śunaḥśepa, das stellvertretende Opfer, das von Varuṇa angenommen wurde, Rohita, der nicht bereit war, sein Leben aufzugeben.[146] Und die Erlösung ist echt, denn als Śunaḥśepa gerettet wird, verlangt Varuṇa nicht, daß Rohita geopfert werde. Śunaḥśepa setzt das traditionelle vedische Opfer fort, ohne Menschenopfer. Rohita wird so von einem frühzeitigen Tod errettet.

Hier tritt die Originalität dieses Mythems deutlich hervor. Die Solidarität des Lebens ist kein physischer oder sogar materieller Begriff des Lebens, wie das Gesetz der Erhaltung der Energie. Es ist weder eine Frage des »Auge um Auge« noch »*jīva* für *jīva* (lebendige Seele)«.

Im Gegensatz zu anderen Helden und Erlöserfiguren stirbt Śunaḥśepa nicht biologisch, er bezahlt sozusagen keine physische Schuld. In der Tat stirbt niemand in diesem Mythos – was erstaunlich ist. Die Solidarität des Lebens gehört einer höheren Ordnung an und läßt sich nicht auf quantitative Maßstäbe reduzieren. Es gibt etwas, das jenseits des Bereiches der Kausalität und Notwendigkeit liegt. Das zweite Mythem sagt aber nicht einfach, daß alles Leben gleich ist; man kann mit dem Leben nicht spielen. Ajīgarta wird beschuldigt, ein grauenhaftes Verbrechen begangen zu haben. Das Mythem betont vielmehr, daß dieses Gesetz der Solidarität vital ist, daß es von der Freiheit und nicht vom Determinismus bestimmt wird. Hier sind wir weit entfernt von juridischen Begriffen der Entschädigung und der materiellen Ersatzleistung. Zweifellos wurde Śunaḥśepa rechtlich gekauft, doch ist seine erlösende Tat nicht deshalb wirksam, weil er geopfert wurde oder aufgrund irgendeiner Entscheidung von seiner Seite. Die Beziehung ist weder juridisch noch materiell, und ebensowenig entstammt der erlösende Wert seines Aktes dem individuellen Willen. Die Beziehung ist *sui generis*, sie umfaßt die ganze Menschheit und auch die Götter.[147] Śunaḥśepa ist weder ein auserwählter Held noch ein Mensch höherer Willenskraft; er ist nur ein gewöhnlicher Mensch, der mit der Existenz ringt und der bereit ist, seine letzte Karte in dem Spiel der menschlichen Abhängigkeit auszuspielen. Śunaḥśepa ist irgendeiner, der sich mit dem Rücken zur Wand findet, weil die Solidarität des Lebens ihn zum letzten Glied in der Kette der menschlichen Leben gemacht hat. Im Grunde kann er es nicht wie die anderen machen, indem er die wahre Auseinandersetzung der menschlichen Existenz mit der Wirklichkeit aufschiebt, die Verantwortung auf andere abschiebt und so den Kreislauf des *saṃsāra* weiterlaufen läßt. Er muß sich dem Tod stellen, indem er die Solidarität des Lebens annimmt und sich auf den Sprung in die Transzendenz vorbereitet.

Dieses Mythem sagt uns, daß die wirkliche menschliche Situation sich in einer solchen Abhängigkeit von anderen befindet, daß wir völlig in die Enge gedrängt werden können und uns kein anderer Ausweg bleibt, als den Sprung in eine völlig neue Sphäre zu wagen, die das raumzeitliche Individuum übersteigt. Vereinfacht ausgedrückt heißt das, daß die Gerechten für die Sünder bezahlen müssen, weil sie die einzigen sind, die bezahlen können. Eben deshalb werden sie gerecht genannt, weil sie nicht aufbegehren aus einem falschen Sinn individualistischer Selbstsucht und weil sie daher ihr Schicksal nicht ungerecht finden (sonst wären sie nicht mehr gerecht).

Diese Solidarität des Lebens – die für die Zeitgenossen des Mythos eine Selbstverständlichkeit war, die wir uns aber wieder bewußt machen müssen – ist eine Solidarität allen Lebens, die Götter mit eingeschlossen. Der Mensch ist kein Einzelgänger im Universum, er ist kein Individuum, das entwurzelt und seiner besten Früchte beraubt wäre. Der Mensch kann vielleicht definiert werden als der Knotenpunkt, als der sichtbare Schnittpunkt, in dem sich die Bereiche der Wirklichkeit kreuzen. Er ist der Kreuzungspunkt einer Wirklichkeit, die durch jedes Lebewesen hindurchgeht, die die Götter ebenso wie die materiellen Dinge umgreift.

Es ist angebracht, wieder daran zu erinnern, daß dies kein eindimensionaler Mythos ist, keine »humanistische« Geschichte im engen Sinn, sondern ein dreidimensionaler Mythos, denn der *puruṣa* ist nicht nur das, was wir »Mensch« nennen, und viel weniger das Individuum, sondern die totale kosmotheandrische Person, die sich in verschiedenen Graden in jedem menschlichen Wesen reflektiert.[148]

c) *Das transzendentale Verlangen.* Hariścandra begehrt einen Sohn, Rohita möchte sein Leben bewahren, Ajīgarta verlangt danach, ohne Hunger zu leben, Śunaḥśepa ersehnt seine Freiheit, Viśvāmitra wünscht das Opfer fortzusetzen und Devarāta (Śunaḥśepa) als ersten seiner Nachkommen einzusetzen. Das Begehren oder Verlangen ist in allem gegenwärtig. In jedem Fall erscheint es nicht als eine oberflächliche Laune oder bloßer Eigenwille, sondern als ein Ausdruck der tiefsten Dynamik eines jeden Wesens. Jeder begehrt das, was sein ganzes Sein betrifft. Es wäre vielleicht richtiger, von dem ontologischen Streben eines jeden Wesens zu sprechen. Oder wir mögen uns an die harten Worte Śunaḥśepas an seinen Vater erinnern: »Wer einmal Böses tut, wird es wieder tun!« Dies trifft nicht zu auf eine Handlung, die der Begehrlichkeit einer psychologischen Begierde entspringt, sondern nur auf eine Handlung, die jenem ontologischen Begehren entspringt, das den Kern unseres Personseins ausmacht.[149]

Während die ersten beiden Mytheme in gewissem Sinn über den individuellen Menschen hinausgehen und ihn auf das einstimmen, was ihn von unten (der Tod) und von oben (das Leben) begrenzt, stellt uns dieses dritte Mythem in das eigentliche Herz der menschlichen Existenz: Der Mensch wird hier nicht als Vernunft oder Wille dargestellt, sondern als dieses Verlangen *zu sein*. Es ist klar, daß es keine Angelegenheit fragmentarischer Begierden ist, sondern ein tiefes existentielles Verlangen. Ich kann meinen Wunsch nach Besitz oder nach Rache überwinden, indem ich mit einer tieferen Einsicht ihrer Herr werde, indem ich mir z. B. sage, daß ich durch Besitz nicht bereichert werde, oder daß Rache mir keinen Frieden geben wird. Ich kann meine Begierden reinigen, sublimieren, aber ich kann das konstitutive Verlangen meines Seins nicht auslöschen, das mich gerade dazu befähigt, die niederen Begierden zu überwinden. Jede Sublimierung setzt ein tieferes Verlangen voraus, das die einzelnen Begierden ergreift und verwandelt.[150] In diesem Bereich des transzendentalen Verlangens kann es keinen ontologischen Vorwand geben. Der Mythos versetzt uns in eine Tiefe, wo wir nicht von Handlungen getäuscht werden können, die rückgängig gemacht werden können, oder von mehr oder weniger oberflächlichen Begierden oder von irgendwelchen Vorstellungen, die wir von uns selbst haben. Hier können wir nichts vorgeben; die Einfachheit duldet keine doppelgesichtige Haltung.

In der Tiefe dieses ontologischen Verlangens wohnt die wahre menschliche Freiheit, und nicht nur im psychologischen Bereich einer möglichen Wahlfreiheit. Was hat es für einen Wert, eine Maske aufzusetzen, die vom Willen oder von der Vernunft aufrechterhalten wird, und die einen zwingt, gegen die eigene Natur zu handeln? Entweder ist die Freiheit in unserem Sein selbst verwurzelt, oder sie ist ein bloßer Überbau. Die Freiheit zeigt sich darin, ob man fähig ist, sich von äußerem Zwang zu befreien. Deshalb muß man achtsam sein, man selbst sein, sich selbst beherrschen, um frei zu sein.

Dieses Mythem sagt uns, daß das menschliche Wesen ein tiefes Verlangen hat, das ihm konstitutiv ist, und das immer ein Verlangen nach Transzendenz ist. (In gewissem Sinn ist dies eine Tautologie, doch wie jedes wahre Prinzip eine qualifizierte Tautologie.) Die Transzendenz dieses ontologischen Begehrens übersteigt bei weitem den Tod des einzelnen.

Wir sollten dies eigentlich ein transzendentales Verlangen nennen, ein Wesensbestandteil des Seins. Und wenn wir uns auf den Menschen konzentrieren, wie es der Mythos tut, könnten wir darin einen Ausdruck des Verlangens als eines grundlegenden Existentials sehen, weil es die ontologische Struktur des menschlichen Daseins ausdrückt.

Was immer unsere philosophischen Kategorien sein mögen, dieses Mythem scheint eine tief verwurzelte Unveränderliche auszusprechen, die in fast allen religiösen Traditionen zu finden ist: Der Wunsch, sich einem authentischeren Leben zu öffnen, einem Leben, das nicht der Banalität verfallen ist, einem Leben, das über die Grenzen von Raum und Zeit hinausgeht, die die menschliche Existenz so sehr einzuengen scheinen. Dieses Verlangen ist im allgemeinen mit der Überzeugung verbunden, daß wir eine sakrale Handlung, ein Opfer brauchen, um dies zu verwirklichen. Wir denken hier an das, was die Religionswissenschaftler *Initiation* zu nennen pflegen, ein Ritus, kraft dessen man vom Schein zur Wirklichkeit hinübergeht, von der Illusion zur Wahrheit, von einem jugendlichen Leben zur Fülle des Lebens. Initiation ist die wahre oder zweite Geburt.[151]

In der Tat finden wir in dieser heiligen Geschichte alle Elemente eines Initiationsritus, der übrigens mit größter Wahrscheinlichkeit ihr historischer Ursprung war. Der Mythos stellt verschiedene Merkmale dar, die zur Initiation passen.

Wie wir immer wieder bemerkt haben, ist dies vor allem ein Mythos, der im Menschen seinen Mittelpunkt hat. Er berichtet die Geschichte des menschlichen Lebens auf Erden, nicht eine Legende über die Götter oder eine kosmische Erzählung. Die Initiation ist par excellence eine menschliche Erfahrung.

Der Mythos konzentriert sich auch auf die Überwindung des Todes und das Eingehen in ein höheres Leben. Dafür muß man den Tod besiegen, geopfert und zu einem neuen Leben wiedergeboren werden. Śunaḥśepa hat ein neues Leben erworben. Es wird durch seinen neuen Namen, seinen neuen Vater, seine neue Rolle und vor allem durch seine zweite Geburt am Altar symbolisiert.

Das Mythem entwickelt keine Theorie über den Zustand des Zweimalgeborenen (*dvijatva*); es berichtet nur die Tatsachen.

Drittens geschieht diese neue Geburt nicht automatisch. Es ist keine physische Geburt, sondern eine anthropologische. Dafür ist eine Handlung notwendig, die heilige Handlung des Ritus, die der Mythos vor uns ausbreitet.

Viertens berichtet der Mythos von einem Ritus, in dem Leben und Tod auf dem Spiel stehen, und bei dem die Stellvertretung erst eintritt, nachdem sich der Einzuweihende in die Wildnis zurückgezogen hat – alles Züge, die in den meisten Initiationsriten zu finden sind.

Doch ist es klar, daß dies keine Initiation ist, die zur Zeit der Entstehung des Mythos praktiziert wurde. Der Mythos handelt nicht von der traditionellen indischen Initiation, außerdem sind sowohl der Brahmane wie der *kṣatriya* bereits Initiierte, *dvijas*. Es geht auch nicht darum, die gesellschaftliche Situation der Zeit zu erläutern oder zu rechtfertigen. Die Kasten werden hier angenommen, ja das Kastensystem wird sogar als selbstverständlich vorausgesetzt. Selbst über *śūdras* wird in der ganz üblichen Weise gesprochen.

Uns interessiert hier nicht eine gesellschaftliche Initiation, die schon in einer rituellen Struktur verfestigt ist, sondern eine dritte Geburt, wenn man so will[152]: die wahre Geburt der Person, die sich sowohl von der biologischen wie von der soziologischen Geburt unterscheidet und die einer ganz anderen Ebene angehört. Wir möchten diese wichtige Nuance unterstreichen. Das wahre Leben ist unsterblich, es stirbt nur das, was sterblich ist, sozusagen die Hülle des Lebens, wie die Haut, die die Schlange ablegt.[153] Das bedeutet, daß die Spannung hier nicht so sehr die zwischen Tod und Auferstehung ist, sondern die zwischen einem unechten Leben und dem wahren Leben.

Daher muß das menschliche Opfer nicht wirklich getötet werden, da der Tod nie wirklich ist. Śunaḥśepa wird nicht *auferweckt*, er wird vielmehr zu einem neuen Leben *erweckt*. Das bedeutet weiterhin, daß wir nicht auf ein »anderes« Leben oder ein »Jenseits« warten sollen, sondern daß wir es hier und jetzt verwirklichen können, wenn wir einmal wie Śunaḥśepa am Opferaltar befreit werden. Dann erwachen wir zum wahren Leben.

So bedeutet dieses Mythem, daß es im Menschen ein verborgenes Leben gibt, ein neues Leben, das wir durch einen Ritus erwecken können, der im Gebet seine Mitte hat, in dem existentiellen Schrei des Menschen, der sich dem Tod gegenüber sieht. Dann wird der Mensch auferstehen, erwachen, zu einem neuen Leben erweckt, das nicht erst in einer anderen Existenz sein wird, sondern das sich in *diesem* Leben vollzieht, wenn wir einmal die Schwelle unserer Egozentrik überschritten haben.

2. *Die abwesenden Mytheme*

Ein Mythos ist dann lebendig, wenn er immer noch einen Horizont beschreibt, in den unsere Erfahrung der Wirklichkeit hineinpaßt. Unser Mythos beschreibt zweifellos einen wesentlichen Teil der menschlichen Situation, wie sie heute noch von der Menschheit gelebt und erlitten wird. Nichtsdestoweniger finden wir darin wichtige Lücken, die uns zu der Vermutung verleiten, daß unsere heilige Geschichte vielleicht zu begrenzt ist, um als gültiger Mythos für heute zu dienen. In diesem Fall könnte er dazu dienen, verschiedene Aspekte des menschlichen Lebens zu betonen und sie dann in einen neuen Mythos zu integrieren, der sich noch entfalten muß. Doch indem wir den Mythemen, die zu fehlen scheinen, Aufmerksamkeit schenken, können wir vielleicht eine tiefere Bedeutung in ihrer Abwesenheit entdecken.

So heikel jedes Argument *ex silentio* ist, so scheint doch unser Unternehmen dadurch gerechtfertigt, daß wir diese heilige Geschichte vor dem Hintergrund des gegenwärtigen mythischen Empfindens zu verstehen versuchen. Drei Mytheme fehlen auf symptomatische Weise, doch müssen wir wiederum versuchen, sie zu verstehen, bevor wir Kritik üben oder für unsere Zwecke Schlüsse daraus ziehen.

a) *Sexualität.* Die Geschichte erzählt von den hundert Frauen Hariścandras, und die einleitenden Verse sprechen von der Zeugung[154], aber der Mythos als solcher kennt keinen anthropologischen Begriff der Sexualität. Der Mensch wird als ganzer von einem monosexuellen oder eher männlichen Gesichtspunkt her dargestellt. Was die Rolle der Frau betrifft – und sogar des Mannes als Mann –, so ist der Mythos asexuell. Die Werte der intimen Beziehung und der Liebe fehlen ebenso, und es ist schwer, in dem Mythos Motivationen und vielleicht sogar Interpretationen zu finden, die auf die menschliche Sexualität zurückzuführen sind.

Die Bedeutung dieser Abwesenheit ist sowohl für den Mythos selbst bemerkenswert wie für unsere Theorien über die menschliche Natur, besonders nach Freud und Jung.

Doch unser Mythos ignoriert die Sexualität nicht völlig, tatsächlich erwähnt er ausdrücklich die sexuelle Bedeutung der Namen der drei Söhne Ajīgartas. Und wir erinnern uns daran, daß der ganze Mythos sich entfaltet, weil Hariścandra einen Sohn begehrt. Andererseits scheint es, daß die Namen der Kinder nur erwähnt werden, um die schmerzliche und erniedrigte Situation der Familie deutlicher hervorzuheben[155], und der Wunsch Hariścandras wird ausdrücklich als der große Wunsch der Menschheit nach Unsterblichkeit interpretiert.[156]

Es gibt auch keine Spur von sexuellen Komplexen. Uṣas,

die Göttin der Morgenröte, die Śunaḥśepas Gebet erhört, ist gewiß eine anmutige und gnädige Göttin, doch würden wir fremde Elemente in den Mythos einführen, wenn wir in ihr ein Symptom der sexuellen Problematik erblicken wollten.

Gewiß können wir in dem soziologischen Kontext des Mythos kaum erwarten, den Begriff der Gleichheit der Geschlechter oder der aktiven Rolle der Frau in der Gesellschaft zu finden. Trotzdem hat Indien die Bedeutung der Sexualität nie mißachtet, noch die unersetzliche Rolle des Weiblichen (selbst wenn die Frau soziologisch gesehen dem Mann untergeordnet bleibt). Ebenso fehlt es in Indien nicht an einer Metaphysik, ja sogar einer Kosmologie der Sexualität.[157] Deshalb ist diese Abwesenheit auffallender als sie in einer anderen Kultur wäre, und man kann vermuten, daß sie nicht zufällig ist.[158]

Hier haben wir also einen Mythos, der den Menschen mit dem Mann identifiziert, der aber nicht den Mann als solchen zum Thema hat, sondern nur insofern er Mensch ist. Gewiß könnte jemand einwenden, daß der Mythos dann nur eine verkürzte menschliche Situation anspricht und daß er nicht beanspruchen kann, ein volles Bild des menschlichen Lebens zu geben, sondern sich nur auf einen Aspekt beschränkt.

Die Abwesenheit der Sexualität ist trotzdem nicht ohne Bedeutung, besonders im Kontext einer modernen Tendenz zum Pansexualismus. Die Themen des Todes, des Lebens und des Begehrens werden hier ohne Bezug auf die Sexualität behandelt.

Die Sexualität ist die *synchrone Ergänzung*, sie ist ein zeitlich begrenztes Begehren. Freud hatte vielleicht recht, pathologische Störungen anzunehmen, wenn diese Synchronie nicht verwirklicht werden kann, wenn man seinen Vater tötet usw.

Der Wunsch nach einem Sohn ist hingegen die *diachrone Ergänzung*; man wünscht sich ein Kind für die Zukunft, für die Fortsetzung des Lebens, wenn man nicht mehr da ist. Das Kind wird diese unglückliche Abwesenheit ausfüllen. Natürlich ist *kāma*, die Liebe oder das Begehren, die Wurzel sowohl der synchronen Anziehung (der sexuellen Liebe) wie des diachronen Wunsches (der väterlichen oder mütterlichen Liebe), wie wir bei Hariścandra und Ajīgarta sehen.

Hier ist es angebracht, über die Ehelosigkeit nachzudenken, die nicht auf dem praktischen Argument begründet ist, daß man mehr Zeit hat, losgelöster ist oder mehr Interesse an spirituellen Dingen hat. Sie gründet sich auch nicht auf das asketische Argument des Verzichtes, der Reinheit, der größeren inneren Einheit, die nicht zerstreut werden soll. Kurz gesagt, die Begründung des ehelosen Lebens, des Zölibats, hängt nicht direkt mit der Sexualität zusammen, so seltsam das klingen mag. Die orthodoxe Begründung des Zölibats im Hinduismus wurzelt in dem sozio-anthropologischen Argument des *karma*-Gesetzes. Nur der Sannyāsin, der Mönch, der bereits sein ganzes *karma* verbrannt hat, dem nichts mehr bleibt, was er fortführen, erreichen oder erfahren möchte, ist ehelos. Da er sein Leben voll gelebt hat, da er die Quantität des zeitlichen Lebens, die er ererbt hat, verbraucht hat, da er keine »horizontale« Unsterblichkeit begehrt (und daher keine Söhne braucht, die sein unvollendetes Leben fortführen und seine unerfüllten Träume verwirklichen) – nur ein solcher Mensch, ein Heiliger, der sein endgültiges Leben auf dieser raum-zeitlichen Ebene gelebt hat, ist ehelos.[159]

Doch unser Mythos spricht nicht über Heilige. Warum dann dieses Schweigen, was die Sexualität betrifft? Können wir über Tod, Leben und Begehren sprechen, ohne die Sexualität mit einzubeziehen? Wir möchten eine Hypothese vorschlagen, die vom Gesichtspunkt der Exegese vielleicht eine Spitzfindigkeit ist, die aber im indischen Kontext plausibel ist und die vielleicht unsere westliche Perspektive bereichern kann.

Hariścandra hat hundert Frauen und wir können annehmen, daß Viśvāmitra in einer ähnlichen Situation ist, weil er hundertundein Söhne hat. Wir könnten sagen, daß ihre sexuellen Bedürfnisse bis zum Übermaß erfüllt waren. Doch ist die Sexualität nicht nur ein elementares geschlechtliches Bedürfnis. Der indische Kontext würde hier einwenden, daß die hundert Frauen nicht nur dem körperlichen Vergnügen dienen und daß es falsch ist, den Sexualtrieb mit dem ontologischen Begehren zu verwechseln. Die drei großen menschlichen Probleme, die wir in unserem Mythos entdeckt haben, sind nur für diejenigen sexuelle Probleme, die ihre elementaren Instinkte noch nicht beruhigt oder sublimiert haben, und die daher zulassen, daß diese alle Bereiche des Lebens überwuchern. Die Sexualität ist ein Element und sogar eine Bedingung des menschlichen Wesens, aber nicht seine Substanz in ihrer Fülle. Wir könnten den Hunger als analoges Beispiel zitieren. Wenn er nicht bewältigt ist, wird man zu Ajīgarta, wenn man am Verhungern ist, wird alles von diesem Problem gefärbt, alles wird zur Nahrung. Wir dürfen die beängstigenden Probleme des Hungers nicht unterschätzen, noch können wir seine Triebkraft im Leben der Menschen und der Kulturen verleugnen, doch wenn man von der Voraussetzung ausgeht, daß alles auf die Befriedigung des grundlegenden Bedürfnisses nach Nahrung reduziert werden kann oder soll, so vereinfacht man das Problem allzu sehr. Wenn man die Sexualität nicht sublimiert hat, findet man sie überall. Sicher können und sollen wir die Bedeutung des Sexualtriebes nicht verleugnen, doch besteht ein beträchtlicher Unterschied zwischen einer Verleugnung und einer Haltung, die alles auf das Sexuelle reduzieren will.

Es gibt also in diesem Mythos ein Element der Neuheit sogar für Indien, dessen Kultur immer noch einen üppigen Reichtum an Vorstellungen der Sexualität besitzt. Der außergewöhnliche Charakter unseres Mythos wird wieder deutlich.

Wir können nur versuchen, diesen Begriff innerhalb des Horizontes zu verstehen, den uns die gegenwärtige Erfahrung anbietet, und so die reinigende Wirkung verspüren, die er für unsere Zeit haben könnte. Was uns dieses negative Mythem wirklich sagt, ist, daß die großen Probleme der menschlichen Existenz und der Sinn des menschlichen Lebens auf Erden nicht notwendig mit Sexualität zu tun haben. Können wir nicht sogar sagen, daß unser Mythos den modernen sexuellen Mythos entmythologisiert?

Zusammenfassend können wir folgendes sagen: Zweifellos durchdringt die Sexualität das ganze menschliche Leben, und ebenso tut es die Körperlichkeit und das Bewußtsein. Und doch kann man nicht alles auf Sexualität reduzieren oder von ihrem Gesichtspunkt aus sehen. Es gibt viele Aspekte des Lebens, die den ganzen Menschen betreffen, ohne die Spaltung in männlich-weiblich, Körper-Geist, Erkenntnis-Liebe und ähnliche. Das Geheimnis des Bösen und des Leides zum Beispiel, das Mysterium des Todes, der Macht und auch das Mysterium des Lebens selbst liegen jenseits der sexuellen Perspektive. Angesichts dieser menschlichen Realitäten verschwindet die sexuelle Komponente, sie zählt nicht. Wenn man sieht, wie ein Kind gequält wird (wir erinnern an Dostojewski), wenn man dem Tod gegenübersteht, wenn man dem Bösen begegnet, wenn man entdeckt, was Macht ist oder die Wirklichkeit des Lebens erfährt, so begegnet man diesen Dingen mit seinem ganzen Sein und sexuelle Unterschiede können diese Erfahrung nicht berühren. Angesichts solcher Situationen wird unser sexuelles Bewußtsein gar nicht geweckt.

Das Wort Mysterium wurde gebraucht, um diese Situationen zu bezeichnen. Ein Mysterium ist etwas, das unser Sein als Ganzes beansprucht, und das uns gleichzeitig einhüllt. Wir befinden uns nicht nur einem Mysterium gegenüber, wir sind auch *in* ihm. Das Böse, das Leid, das Leben, der Tod, die Macht, die Freude sind nicht nur außen, sie sind auch in uns. Wir sind ein Teil davon. Deshalb kann ein Mysterium nicht wie ein Rätsel gelöst werden, und wenn das der Fall wäre, würde auch ich mich dabei auflösen.

Śunaḥśepa konfrontiert uns nicht mit einem Problem, sondern er stellt ein Mysterium dar, das Mysterium des menschlichen Lebens angesichts des unerklärlichen und frühzeitigen Todes. Das Mysterium offenbart sich uns nur dann, wenn wir zu dieser allem vorausliegenden Essenz vorstoßen, an der wir alle teilhaben. Das menschliche Leben wird hier nicht als ein Verkehr zwischen Menschen (und zwischen den Geschlechtern) gesehen, oder als ein Wachstum zur menschlichen (und daher auch geschlechtlichen) Reife, so wichtig diese Dinge sind; sondern in seiner Ganzheit, als das »Sein oder Nichtsein« der Upaniṣad[160], als das Leben selbst, das von der Geschichte (oder Technologie) bis auf den Grund gefährdet ist. Śunaḥśepa befreit uns von der Banalität, daß wir nur Zuschauer des Welttheaters oder unseres eigenen Lebens sind. Wir sind ebenso die Handelnden und Mitschöpfer.

b) *Politische Perspektive.* In unserem Mythos scheint der Mensch kaum damit beschäftigt zu sein, eine bessere und gerechtere Gesellschaft zu errichten. Die Gesellschaft erscheint vielmehr als etwas Unveränderliches, Vorgegebenes, wie eine Naturgegebenheit, die wir nicht zu verändern denken. Wir finden keine Auflehnung. Hariścandra stellt die Verfügung Varuṇas nicht in Frage, Rohita revoltiert nicht gegen seinen Vater, er flieht einfach, und immer mit schlechtem Gewissen. Ajīgarta erscheint nicht als Nonkonformist, und selbst Śunaḥśepa scheint sich keiner Ungerechtigkeit bewußt zu sein. Es ist wahr, daß wir mit einer Situation zu tun haben, in der die Götter eine Rolle spielen, doch bedeutet das göttliche Gesetz keine Unveränderlichkeit, wie viele andere Mythen beweisen.[161]

Diese Abwesenheit sollte nicht mit modernen Begriffen eines Klassenkampfes oder revolutionären Geistes interpretiert werden. Wir müssen uns gegen jede solche katachronische Interpretation wenden, d.h. dagegen, heutige Kategorien des Verstehens auf Ereignisse zu projizieren, die einer anderen Ordnung angehören. Ebenso wie die Problematik der Sexualität dem Indien jener Zeit nicht unbekannt war, konnte es auch ein gewisses soziales Bewußtsein innerhalb des kulturellen Milieus unseres Mythos geben. Trotzdem hat er nichts mit Krieg, politischen Kämpfen oder ökonomischen Problemen zu tun. Das Soziale fehlt überraschenderweise. Abgesehen von dem Hinweis am Schluß auf die Nachkommen Viśvāmitras gibt es tatsächlich keinen Bezug auf ein Bewußtsein des Menschen in der Welt, des Menschen, der aufgrund seines Menschseins für Prozesse der Veränderung, des Wachstums, der Verbesserung offen ist. Der Mythos scheint zu implizieren, daß der Zweck des Lebens darin besteht, daß jeder seine Rolle spielt, aber nicht darin, die Gesellschaft oder die Menschen, aus denen sie sich zusammensetzt, zu verändern.

Wir könnten sagen, daß im Kontext der Gesellschaftsordnung der Zeit nichts anderes möglich war, als sich ihr anzupassen oder vor ihr zu fliehen. Obwohl dies nicht ganz zutreffend sein mag[162], finden wir keinen Hinweis auf ein soziales Interesse oder eine Auflehnung gegen die etablierte Gesellschaftsordnung. Ferner scheint selbst Indra in seinem Rat an Rohita fast alles Gesellschaftliche zu verachten, und Rohita nimmt den Rat des Gottes an, sein Leben aller göttlichen und menschlichen Konvention zum Trotz zu leben.

Trotzdem ist der Mythos nicht asozial, er ist nicht allein auf das isolierte Individuum bezogen. Die ganze Gesellschaft spiegelt sich auf gewisse Weise in ihm wider: das Königreich, die Kasten, die Armen, der Handel, das Erbe oder die Nachfolge. So können wir kaum sagen, daß er ohne Bezug auf das Soziale ist. Und doch verrät kein Wort eine historische Perspektive.

Hier müssen wir ebenso wie im Fall des Mythems der Sexualität zuerst zu verstehen versuchen, bevor wir Kritik üben.

Dieser Mythos handelt von der Erlösung, der Befreiung des Menschen, der dem Tod entrinnt, der sein Leben rettet und der vor allem versucht, es zu übersteigen. Es ist nicht erstaunlich, daß diese Erlösung in den soziologischen Begriffen beschrieben wird, die zu der Zeit üblich waren, obwohl sie ihnen gegenüber gleichzeitig völlig indifferent bleibt. Die Tatsache der Erlösung, die Anwesenheit des Todes, die Realität des Lebens, die Möglichkeit wahren Lebens, scheinen autonome Werte zu sein angesichts der sozialen Situation, in die der Mensch eingetaucht ist.

Ebenso wie wir die moderne Tendenz zur Reduktion auf das Sexuelle erwähnt haben, könnten wir hier auch die Tendenz anderer Strömungen der Gegenwart zitieren wie die der Politisierung und Sozialisierung. Der Mensch wird auf ein *gesellschaftliches Tier* reduziert, das keine andere Substanz hat; seine Befreiung ist die politische Befreiung, sein Glück ist die ökonomische Unabhängigkeit, sein Vorteil ist, am demokratischen Prozeß Anteil zu nehmen.

Doch der Mythos sagt nichts darüber aus, ob die Gesellschaftsordnung seiner Zeit gerecht oder ungerecht war. Er sagt uns nur, daß die menschliche Erlösung in gewissem Maß unabhängig, autonom ist – ich würde vorziehen zu sagen: *ontonom* – und daß infolgedessen die Fülle des Menschseins, die Initiation in das wahre Leben, sich nicht auf sozio-politische Maßstäbe reduzieren läßt. Die Frage, um die es geht, ignoriert nicht die Gefahren der Flucht vor der Gesellschaft, den Mißbrauch der etablierten Religion, die Trägheit der Geschichte und die Ausbeutung der Menschen; es geht vielmehr um das Bewußtsein, daß die menschliche Befreiung auch eine Dimension hat, die wesenskonstitutiver ist als die sozialen Faktoren, die mitspielen.[163]

Wir haben hier also noch eine weitere bedeutungsvolle Abwesenheit und eine weitere Herausforderung an den modernen Menschen.

c) *Eschatologie.* Unser drittes fehlendes Mythem, was in einem indischen Mythos um so erstaunlicher ist, ist ein doppeltes: das des Ursprungs und des letzten Zieles des Menschen. In diesem Mythos gibt es keinen Versuch, das eschatologische Problem zu erläutern, weder von einem zeitlichen noch von einem metaphysischen Gesichtspunkt aus.[164] Er sieht aus wie das Fragment eines menschlichen Filmes, der mitten in der Spule abgeschnitten ist, nicht voll enthüllt. Er scheint zu sagen, daß das menschliche Leben, was immer der Ursprung des Menschen sein mag und unabhängig von seinem Ziel, sich nach einer Struktur entfaltet, in der Ansichten über Eschatologie unbedeutend erscheinen.

Dies ist ein äußerst interessantes Schweigen, das diesen Mythos wiederum als originell kennzeichnet. Er erzählt eine menschliche Situation und sogar deren Überwindung, ohne sich je auf eine Kosmologie der Ursprünge oder eine Metaphysik der Ziele zu beziehen. Zweifellos können wir in jeder menschlichen Erzählung immer den kosmogonischen und metaphysischen Voraussetzungen nachspüren.

Doch ist es bemerkenswert, daß unser Mythos nicht von diesen Voraussetzungen abhängt, um zu sagen, was er sagen will.

Dem Tod, dem Leben und der echten Existenz können wir auch unabhängig von unseren persönlichen kosmologischen und metaphysischen Überzeugungen begegnen. So haben wir hier einen Mythos vom Menschen, der nicht philosophiert (obwohl die Philosophie jedes andere menschliche Gebäude untermauern kann, wie sie es auch tut).

Hier ist diese Abwesenheit wieder besonders heute bedeutungsvoll, wo wir dazu tendieren, alles in ideologische Begriffe zu fassen. Diese heilige Geschichte scheint den außerordentlichen Anspruch zu erheben, zu uns über die menschliche Befreiung zu sprechen, ohne an ein formales Lehrsystem gebunden zu sein. Dies ist sicher der Vorteil des Mythos, doch in diesem Fall kommt noch die Tatsache hinzu, daß die Sprache der Geschichte selbst nicht von festgelegten philosophischen Begriffen abhängig ist.

Er handelt von den Göttern und vom Opfer, wir finden die ganze vedische Umwelt darin widergespiegelt. Doch die heilige Geschichte selbst kann leicht von diesen konkreten Vorstellungen losgelöst werden, auf denen sie ruht oder in denen sie ihren Ausdruck findet. Die Interpretation, die wir vorgeschlagen haben, ist für einen Atheisten ebenso gültig wie für einen Theisten oder einen Pantheisten. Sie ist ebenso gültig, ob man die Vorstellungen der Schöpfung und eines »zukünftigen« Himmels anerkennt oder ablehnt.

Man könnte vielleicht einwenden, daß der Mythos seinen ganzen Sinn verlieren würde, wenn man z.B. die Transzendenz leugnet und das Gebet ablehnt. Ich möchte keineswegs unkritisch und irenisch sein oder behaupten, daß dieser Mythos einen universalen Wert besitzt und frei ist von jeder Voraussetzung. Wir sollten ein Mythem – und schon gar ein fehlendes – nicht analysieren, wie wir es mit philosophischen Thesen oder Begriffen machen. Ich behaupte auch nicht, daß unser Mythem frei ist von jeder begrifflichen Vorbelastung, ich will nur darauf hinweisen, daß das Fehlen der Eschatologie den Mythos befähigt, von mehreren Metaphysiken und Kosmologien akzeptiert zu werden; die Abwesenheit selbst bedeutet diese Möglichkeit.

c) Die Befreiung des Menschen

Bis jetzt war unsere Interpretation primär phänomenologisch und auf der Linie religionshistorischer und religionswissenschaftlicher Forschung. Sie hat drei anwesende und drei abwesende Mytheme aufgedeckt, die es uns ermöglicht haben, eine Hermeneutik des Mythos darzulegen, die für unsere Zeit gültig sein kann. Die anwesenden Mytheme haben wir wie Farben auf dem Hintergrund des Mythos gesehen. Da wir daran gewöhnt sind, auch andere Farbtöne neben diesen primären Farben wahrzunehmen, haben wir ihr Fehlen bemerkt und zu erklären versucht. Wir haben die abwesenden Mytheme als einen Mangel und als eine Herausforderung gezeigt. Ein Mangel, weil ihre Abwesenheit es schwer macht, ihn als einen Mythos für die gegenwärtige menschliche Situation zu betrachten. Eine Herausforderung, weil der Mythos den Menschen auf eine Ebene stellt, die es zu ermöglichen scheint, die Mytheme, die der moderne Mensch für so wichtig hält, als nicht mehr bindend zu betrachten. Wir müssen auf jeden Fall zugeben, daß ein Mythos, der nicht zum Menschen als Menschen spricht, kein Mythos ist, sondern lediglich eine eigenartige, vielleicht pädagogische Legende.

Indem ich zur Sprache gebracht habe, welche Mytheme fehlen, habe ich versucht, eine gewisse zeitgenössische Denkweise darzustellen. Dies sollte man im Auge behalten, und ich sollte mich dafür entschuldigen, daß ich die Rolle des *advocatus diaboli* gespielt habe, indem ich das Fehlen gewisser Mytheme hervorhob. Wenn diese Abwesenheit total wäre, so würde unser Mythos nicht die Bedingungen eines echten Mythos erfüllen.

Es ist jedoch eine Tatsache, daß das, was in unserem Mythos fehlt, eine gewisse – moderne – Interpretation der Themen ist, vertreten durch die drei als abwesend angenommenen Mytheme. Was eine mehr den Gesamtzusammenhang berücksichtigende Interpretation betrifft, so könnten wir sagen, daß die drei abwesenden Mytheme nicht wirklich fehlen, ganz im Gegenteil, sie sind offensichtlich in den drei Mythemen enthalten, die wir entdeckt haben. Was ist die Sexualität anderes als der Ausdruck eines transzendentalen Verlangens? Ist der Tod nicht die Grundlage jeder Eschatologie? Und weiter, verkörpert die Solidarität des Lebens nicht tiefstes soziales und politisches Bewußtsein? Der moderne Mensch mag – zu recht oder zu unrecht – ein anderes Verständnis von Sexualität, Politik und Eschatologie haben. Auf jeden Fall aber sind diese drei Themen in einem anderen – vielleicht tieferen – Verständnis in der Geschichte von Śunaḥśepa ebenso gegenwärtig.

Sagen wir einfach, daß eine vertiefte Meditation über den Mythos noch einen anderen fundamentalen Zug offenbart, der es uns erlaubt, ihn zu den Mythen der Menschheit zu zählen, die ihre Gültigkeit noch nicht eingebüßt haben. Auf der Suche nach dem Sinn der menschlichen Situation, wie er in diesem Mythos beschrieben wird, haben wir versucht, die Tiefe seiner Einfachheit auszuloten. Und es scheint, daß der Mythos die menschliche Situation beschreibt, um die Befreiung des Menschen aus seiner Gebundenheit als das Wesentliche seiner Botschaft zu übermitteln.

Dies rückt unseren Mythos in ein besonderes Licht. Der Mensch ist ein Wesen, das sich selbst als durch Geburt,

Gewohnheit, Umstände und Situation begrenzt und gebunden erfährt, kurz: durch Natur und Kultur. Eben weil er sich dessen bewußt ist, muß er lernen, in den Zwischenräumen zu leben, die diese Begrenzung offen läßt. Ist nicht die Erziehung, vor allem die moderne Erziehung, in erster Linie darum bemüht, die neue Generation zu lehren, wie man sich innerhalb der Gebundenheiten, die wir Gesellschaft, Zivilisation, Technologie, Naturwissenschaft usw. nennen, zurechtfinden kann?[165]

Der eigentliche Sinn der menschlichen Situation ist sicher diese Gebundenheit. Hariścandra ist gebunden durch seinen Wunsch und sein Versprechen. Rohita ist vom Schicksal gebunden (Indra versucht, ihn aus dieser Gebundenheit zu befreien, und die Versuchung, in die er ihn führt, rettet Rohita; doch gelingt diese Befreiung nur unvollständig). Ajīgarta ist so gebunden durch seine Hungersnot, daß er kaum die Freiheit der Wahl hat. Śunaḥśepa ist die reine Verkörperung äußerer Unfreiheit, denn seine Gebundenheit ist nicht auf selbstverschuldete Begrenzungen zurückzuführen, aus denen er sich selbst befreien könnte; nein, er wird durch äußere Mächte gebunden, und zwar auf brutalste Weise. Er besitzt weder Wahl- noch Bewegungsfreiheit mehr und schwebt in unmittelbarer Lebensgefahr.

Dies ist also das zentrale Anliegen des Mythos: die Lösung des Menschen aus seiner Gebundenheit, seine Befreiung, seine *Freiheit*. Unsere Hermeneutik schlägt nun einen neuen Weg ein, eine neue Methode, die mehr philosophisch und anthropologisch ist als die erste, und die es uns ermöglichen wird, den Kern des Mythos im *Protomythem* der Befreiung zu sehen. Zu diesem Zweck wird es genügen, die hundert Rig-Verse zu lesen, die Śunaḥśepa rezitiert[166], seine Gebete anzuhören und dem Mythos als Ganzem zuzuhören. Wir lassen oft den zentralen Aspekt eines Mythos außer acht in der Eile, die Fäden der heiligen

Geschichte zu entwirren, die Rubriken sozusagen, indem wir den Inhalt, die Gebete, die »Nigriken«[167], wie ich sie genannt habe, vernachlässigen. Die wichtigsten Gebete des Mythos sind alle Freiheitshymnen, Variationen über das Thema der Befreiung aus der Gebundenheit der menschlichen Situation, die uns von anderen Menschen, von den Göttern oder von uns selbst auferlegt wurde.

Von diesem Gesichtspunkt aus betrachtet ist unser Mythos vollständig und einfach: Es ist notwendig, den Menschen von aller Gebundenheit zu befreien. Es hat wenig Bedeutung, ob das, was uns bindet, das Leben oder der Tod ist. Der Mensch ist durch die Angst vor dem Tod gebunden, durch die Verhaftetheit an das Leben und durch seine Wünsche und Begierden, die ihn eher binden als erlösen. Dieser Mythos offenbart das Wesen der Religion eher als ein Entbinden, ein Loslösen, denn als eine *»religatio«*.[168]

Mit dieser Loslösung aus der Gebundenheit meinen wir jene Freiheit, die jeden von uns befähigt, ohne Bindungen oder Begrenzungen das zu verwirklichen, was wir fähig sind zu sein. Nun ist diese Befreiung gleichzeitig eine Freiheit *von* (unseren Banden) und eine Freiheit *für* (um uns selbst in Fülle zu verwirklichen). Das Beispiel Śunaḥśepas ist klar. Er wird vom Tod befreit, um sein Selbst zu verwirklichen (das hier durch den Vollzug des vedischen Opfers und sein Eintreten in ein neues Leben als Viśvāmitras Sohn symbolisiert wird).

Hier entdecken wir noch eine unveränderliche Größe des menschlichen Lebens, die unter verschiedenen Namen in jeder Kultur zu finden ist: *mokṣa*, wörtlich Befreiung, in der ganzen indischen Tradition[169]; *soteria, salus*, Freiheit, Emanzipation, Unabhängigkeit, Erlösung und so fort, sind die entsprechenden Wörter in anderen Traditionen.

Der Mensch findet sich von den Göttern, dem Schicksal, der Natur, der Gesellschaft, den anderen und sich selbst gebunden, unterworfen, angeeignet, ausgebeutet und mißbraucht. Er fühlt in sich den Wunsch und selbst die Fähigkeit, frei zu sein, doch leidet er an seiner Unfreiheit, er sehnt sich nach Befreiung. Dies ist das *Protomythem* unserer heiligen Geschichte. Es sagt uns, daß der Wunsch nach Befreiung die fundamentale menschliche Triebkraft ist. Es fügt hinzu, daß diese Befreiung in allen Umständen und Situationen möglich ist, denn Śunaḥśepa realisiert sie in der allerverzweifeltsten Lage. Es betont, daß diese Befreiung zu der tiefsten Schicht der menschlichen Person gehört, und betont stillschweigend, daß dieses Bedürfnis nach Freiheit offenbar grundlegender ist als sexuelle Begierde, politische Meinungen, ökonomische Situationen oder menschliche Ideologien. Unser *Protomythem* offenbart ferner, daß der Preis für diese wahre Freiheit unser eigenes Leben ist, das erlöst und wiedergewonnen werden muß, wenn der Tod überwunden ist.

Lebt der moderne Mensch, der Mensch des Augenblicks, des *modus*, der Mensch des dahinströmenden und so flüchtigen Moments nicht mehr als je zuvor gebunden durch die Kräfte der Entfremdung? Bedeutet nicht das zivilisierte Leben und vor allem das moderne, »hochentwickelte« Leben, das immer noch von Entwicklung besessen ist, ein konditioniertes Leben? Ist es nicht gebunden von den anderen, von der Gesellschaft, von den zahllosen Netzen, die wir spannen und die uns nicht nur an andere, sondern auch und vor allem an die Megamaschine binden, die der Mensch gebaut hat und ohne die er nicht mehr leben kann? Der heutige Mensch weiß nicht, wie er ohne seinen technologischen Taucheranzug leben kann, und bald wird er nicht einmal mehr fähig sein, ohne ihn zu atmen.

Jeder Mythos bietet mehr als einen Horizont, in den wir unsere Gedanken einordnen können, der ihnen einen Hintergrund und einen Kontext verleiht: Er orientiert auch unser Denken und bewegt uns, den einen Weg statt des anderen einzuschlagen, er fordert uns auf, in einer bestimmten Richtung zu denken. Und auf diese Weise stellt unser Mythologumenon eine Einladung an den modernen Menschen dar, und zwar eine doppelte Einladung: Er möge nicht zulassen, von der Kultur oder der Natur, von den Menschen, der Gesellschaft und den Göttern erdrückt zu werden, und er solle auch nicht von einer Lösung in einer horizontalen Zukunft träumen, die niemand je sehen wird, sondern vielmehr eine übergeschichtliche Gegenwart ins Auge fassen, die weder die Zeitlichkeit verleugnet noch in ihr untergeht. Unsere heilige Geschichte stellt zweifellos eine Herausforderung an den Mythos der Geschichte dar. Die menschliche Freiheit ist möglich und real, nicht nur für unsere Nachkommen oder in einem *anderen* Leben, sondern jetzt, in der *tempiternen* Gegenwart, dem tiefsten Kern des Menschlichen (*humanum*).[170]

Anmerkungen

1 Vgl. den Unterschied, den die christliche Patristik und Scholastik zwischen *credere in Deum, Deum* und *Deo* macht.

2 Vgl. W.T. Stevenson, *History as Myth* (New York: Seabury Press 1969), und seinen Artikel »History as Myth: Some Implications for History and Theology« (in: *Cross Currents*, Winter 1970, XX, 1:15-28) als ein Beispiel für die Entwicklung dieser Idee im Westen.

3 Vgl. die Aussagen von C. Lévi-Strauss im letzten Kapitel von *Das wilde Denken* (Frankfurt am Main: Suhrkamp 1968): »...im System Sartres spielt die Geschichte genau die Rolle eines Mythos« (S. 292). »Vielleicht ist dieses goldene Zeitalter des historischen Bewußtseins bereits endgültig dahin« (S. 293). »Infolgedessen ist die historische Tatsache nicht mehr ›gegeben‹ als die anderen« (S. 296). »Die Geschichte ist also

niemals die Geschichte, sondern die Geschichte für« (S. 297). Und er bemerkt eine Art intellektuellen Kannibalismus der ›historischen Vernunft‹ (S. 297).

4 Vgl. Kapitel 1.

5 Vgl. die bekannte Übertreibung: »Wir Abendländer alle sind Christen« (K. Jaspers, *Der philosophische Glaube angesichts der Offenbarung*, München: Piper 1962, S. 52).

6 Vielleicht ist es das, was P. Ricoeur »die grundlegende philosophische Geste« nennt, wenn er »die hermeneutische Geste« beschreibt als »das Eingeständnis der historischen Bedingungen, denen alles menschliche Verstehen im Bereich der Endlichkeit unterliegt« und wenn er »die Geste der Kritik der Ideologien« kennzeichnet als »eine kritische Geste, die immer wieder aufgenommen wird und immer wieder gegen das ›falsche Gewissen‹ gewendet wird, gegen die Verkehrungen der menschlichen Kommunikation, hinter denen sich die ständige Ausübung der Unterdrückung und der Gewalt verbirgt«? (»Herméneutique et critique des idéologies«, in: *Démythisation et Idéologie*, hrsg. von E. Castelli, Paris: Aubier 1973, S. 25 u. 46). Ricoeur bemerkt sehr richtig, daß die Problematik nicht als Alternative verstanden werden kann – hermeneutisches *oder* kritisches Bewußtsein –, obwohl er selbst nicht bereit ist, das Gebiet der Hermeneutik zu verlassen, in der Bemühung, es zu bereichern. Wir möchten das Problem, das wir jetzt untersuchen werden, auf derselben Linie einordnen, doch einen Schritt weitergehen, und zwar: Können wir die universalen Bedingungen des menschlichen Verstehens studieren, ohne uns auf unser Verständnis der Frage selbst einzugrenzen? Vgl. auch J. Habermas, »Der Universalitätsanspruch der Hermeneutik« (in: *Hermeneutik und Dialektik*, hrsg. von R. Bubner, K. Cramer und R. Wiehl, Tübingen: J.C.B. Mohr 1970, I, S. 73-103).

7 Es ist interessant zu bemerken, daß *pres, pretis* in »Interpretation« von der Sanskrit-Wurzel *prath-* stammt (das Verb lautet *prathati* oder *prathate*): ausdehnen, ausbreiten, ausstreuen, erweitern, vergrößern (vgl. *pṛthivī*, die Ausgedehnte, d.h. die Erde). »Interpretation« wäre dann der Akt der Ausdehnung,

Ausweitung, Verlängerung, Erweiterung der Bedeutung, nicht nur *diachronisch* (durch die Zeiten), sondern auch *diatopisch* (in verschiedenen Orten und Kulturen). Diese Untersuchung hofft, eine solche *diatopische Interpretation* zu geben.

8 Unser Text ist AB VII, 13-18 (XXXIII, 1-6), der praktisch identisch ist mit SSS XV, 17-27. ASS IX, 3 wiederholt das Ende von AB VII, 18, wo die rituellen Anweisungen zur Sprache kommen.

9 »Die einzige Ausnahme«, sagt Jean Varenne in *Mythes et légendes extraits des Brāhmaṇas* (Paris; Gallimard 1967, S. 11), wobei er sich auf die Tatsache beruft, daß hier, im Gegensatz zu anderen Mythen, der ganze Text gegeben ist und nicht verkürzt oder auf eine schematische Form reduziert ist. Er fügt hinzu: »Auch hier ist die Geschichte von Śunaḥśepa, die schon in ihrer Form ungewöhnlich ist, eine Ausnahme« (ebd., S. 13), in bezug auf die Bhakti-Spiritualität, die, abgesehen von diesem Mythos in den Brāhmaṇas, zumindest »quasi-clandestine« ist.

10 Vgl. A.B. Keith, *Rigveda Brahmanas: The Aitareya and Kauṣītaki Brāhmaṇas of the Rigveda*, Harvard Oriental Series (Cambridge: Harvard University Press, Vol. 25, 1920; Neudruck: Delhi und Varanasi: Motilal Banarsidass 1971, S. 42-50).

11 Vgl. M. Winternitz, *A History of Indian Literature* (Calcutta: University of Calcutta 1962, revidierte englische Ausgabe, I, 1, S. 184-188).

12 Die Ausgaben von M. Haug (Bombay 1863), Kāśinātha Śāstry Āgāśe (Poona, Ānandāśrama Series, No. 32, 1896), Vasudevaśarman Paṇśīkara und Kṛṣṇaṃbhaṭṭa Gore (Bombay: Nirnaya Sāgara Press 1911), die von Satyavrata Sāmāśramī in der *Bibliotheca Indica*, die von Aufrecht usw. Die zweite Auflage von O. Böhtlingks *Chrestomathie* gibt auch den Urtext in revidierter Version; wir finden ihn ebenfalls in Max Müllers klassischem Buch *A History of Ancient Sanskrit Literature* (Varanasi: Chowkhamba Sanskrit Series Office 1968, eine Neuauflage, revidiert von S. N. Śāstrī, die die Varianten des SSS miteinbezieht).

13 Die erste englische Übersetzung des ganzen AB stammt von

Haug, die im Licht der bedeutenden kritischen Rezensionen von A. Weber in *Indische Studien*, IX (1865) gelesen werden muß. Vgl. auch die Übersetzung von H.H. Wilson, JRAS XIII (1851), S. 96ff. Es gibt eine deutsche Übersetzung von R. Roth (IS I, S. 457ff. und II, S. 112ff.), die für die gegenwärtige deutsche Übersetzung mit herangezogen wurde.

14 Z.B. Max Müller, op. cit., S. 370-376; J. Muir, *Original Sanskrit Texts* (London: Trubner & Co. 1868-1874, 5 Bde.; neue überarbeitete Auflage: Amsterdam: Oriental Press 1967), I, S. 355-360. S. Lévi, *La doctrine du sacrifice dans les Brāhmaṇas* (Paris: E. Leroux 1898; 2. Aufl., Presses Universitaires de France 1966, S. 134-136) usw.

15 Der Text des AB wurde von den Versionen von Keith (op.cit., S. 299-309) und Varenne (op.cit.) übernommen. Varenne hatte die ausgezeichnete Idee, in seiner Übersetzung auch die 100 Verse des RV zu übersetzen, die der Text nur mit den Anfangsworten zitiert. Auf diese Weise kann der Leser der vollständigen Geschichte folgen.

16 *putram icchanti.* Vgl. auch Plato, *Symposion* 206-207.

17 Ein wichtiger und allgemein verbreiteter Gedanke. Vgl. RV V,4,10; TB I,5,5,6; MB I,74,111; VisnP IV,19,3 usw. Vgl. auch Jesus Sirach 30,4: »Es ist, wenn einst der Vater stirbt, als wäre er nicht tot, er hat ja doch sein Ebenbild zurückgelassen.« Mit »Schuld« übersetzen wir hier den bedeutenden vedischen Begriff *ṛṇa* (vgl. Anm. 135). Wir können das folgende als Beispiel für den ganzen Text zitieren:

ṛṇam asmin saṃnayaty
amṛtatvaṃ ca gachati/
pitā putrasya jātasya
paśyec cejjīvato mukham //

Die Überzeugung, daß der Vater im Sohn weiterlebt, ist älter als die Vorstellung von der Seelenwanderung. Vgl. SB XI,6,2,10 und das ganze Ritual des väterlichen Segens vor seinem Tod in BU I,5,17-20.

18 Wörtlich: »der Ātman wird aus dem Ātman geboren«, oder ebenso: »er selbst (der Vater) wird wieder geboren«. Vgl. Keith, Winternitz usw., loc. cit.

19 *nānā śrāntāya śrīr asti*
iti rohita suśruma /
pāpo nṛṣadvaro jana
indra ic carataḥ sakhā //

Einige lesen mit Sāyaṇa: *na-anāśrantāya*. »So haben wir gehört«: *śuśruma*, die Offenbarung, die Tradition. Indra ist hier der Repräsentant der Tradition und der Freund des Asketen oder Wandermönchs. Vgl. AV XX,127,11. Die Gestalt des Helden ist oft die eines Wanderers.

20 Vgl. Keith, *h.l.* zur Interpretation dieser Stelle. Er behauptet, daß in diesem Kontext die Würfelseiten gemeint sind und nicht die vier Yugas oder Weltalter (vgl. Sāyaṇa, mit dem Müller und Weber übereinstimmen). Der Begriff der Weltalter ist nicht vedisch, und Manu IX,302 kann nicht als Beleg für das AB angeführt werden. Muir scheint Müller und Weber zu folgen, indem er die Namen auf die Yugas bezieht, obwohl er bemerkt, daß es nur ein kurzer Hinweis ist, und bezweifelt, daß das System voll entwickelt war (vgl. op.cit. I, S. 46-49).

21 Wörtlich: Aditi, die große Muttergöttin, die die Freiheit personifiziert. Vgl. Anm. 142.

22 RV I,24,1. Vater und Mutter: Himmel und Erde.

23 Aditi.

24 RV I,24,2.

25 RV I,24,3-5.

26 Āditya: der Sohn der Aditi, der Freiheit.

27 Bis hierher RV I,24,6-25.

28 RV I,25,1-21.

29 RV I,26,1-10.

30 Fluß: Sindhu, der Fluß Indus, der für jeden Fluß stehen kann.

31 RV I,27,1-12.

32 Allgötter: Viśvedevas, eine bestimmte Klasse von Göttern.

33 RV I,27,13.

34 Ein böser Geist.

35 RV I,29,1-7.

36 RV I,30,1-15.

37 RV I,30,16.

38 Aśvins: die göttlichen Zwillinge, die beiden Wagenlenker, die

ihren goldenen Wagen bei Tagesanbruch über den Himmel lenken, sind Menschenfreunde, bringen Reichtum und Heilung von Krankheit.

39 RV I, 30, 17-19.

40 Uṣas: die Göttin der Morgenröte und Tochter Prajāpatis (des Herrn der Geschöpfe). Für den Mythos des göttlichen Inzests zwischen Uṣas und Prajāpati siehe oben, Kapitel 3.

41 RV I, 30, 20-22. Erfüllung: *rayi*, Güter, Reichtümer, als Symbol eines erfüllten Lebens.

42 RV I, 28, 5-8.

43 RV I, 28, 9.

44 RV I, 28, 1-4.

45 RV IV, 1, 4-5. Diese Hymne ist nicht dem Rishi Śunaḥśepa zugeschrieben.

46 RV V, 2, 7 (ebenfalls nicht von Śunaḥśepa).

47 Devarāta, wörtl. »Gottgegeben« (Deo-datus).

48 D.h. Ajīgarta und Viśvāmitra, die beide die Vaterschaft für Śunaḥśepa beanspruchen.

49 Der Text lautet: *tad vai mā tāta tapati*
pāpam karma mayā kṛtam/

Tapas (tapati) bedeutet hier nicht nur passive Reue, sondern den Willen, Buße zu tun, und das Mittel zur Reinigung.

50 Für meine Interpretation gebe ich hier den ganzen Vers:
yaḥ sakṛt pāpakaṃ kuryāt
kuryād enat tato'param/
nāpagāḥ śaudrān nyāyād
asaṃdheyaṃ tvayā kṛtam//

51 *Om ity ṛcaḥ pratigara*
evaṃ tatheti gāthāyāḥ/
om iti vai daivam
tatheti mānuṣam//

Manche Autoren sehen hier eine klare Unterscheidung zwischen dem Sakralen (und der Sakralsprache) und dem Profanen (der weltlichen Sprache). Ein fast gleichlautender Satz kommt in folgenden Texten vor: ASS IX, 3; SSS XV, 27. Vgl. auch SB I, 1, 1, 4; I, 1, 2, 17; III, 3, 2, 2.

52 Soweit AB VII, 13-18.

53 Die Anmerkungen dieses Kapitels sollen nur als eine Einführung zu einer spezifischeren indologischen Untersuchung dienen.

54 Vgl. SB XIII,7,1.

55 Vgl. TB II,3,6,1.

56 Vgl. SB II,2,2,8-14.

57 Vgl. RV X,90; auch RV X,130; AV VII,5; SB X,2,2,1.

58 Vgl. SB VIII,6,1,10; VIII,7,4,6; IX,2,3,27; IX,4,4,15.

59 SB I,3,2,1. Vgl. SB I,7,2,1-5.

60 Vgl. SB III,6,2,16.

61 Die Meditation darüber, daß der Tod nicht nur ein persönliches Ereignis ist, sondern eine ökologische Dimension hat, gewinnt heute wieder an Bedeutung.

62 Vgl. RV X,129,3-4; AV IX,2; XIX,52,1.

63 Der Schluß des AB (VII und VIII) ist dem *rājasūya* oder der Königsweihe gewidmet. Er beginnt mit einer Erklärung über die Teilung des Opfertieres, gefolgt von einer langen Liste von Sühnehandlungen für Fehler, die während der Opferdarbringung begangen wurden (VII,1-12). Die Geschichte von Śunaḥśepa folgt unmittelbar darauf (VII,13-18). Dann wird eine Beschreibung der Vorbereitungen für die Königsweihe gegeben (VII,19-26), darauf eine Beschreibung des königlichen Essens und Trankes (anstelle von *soma*) (VII,27-34). In Kapitel VIII werden die verschiedenen Konsekrationsriten beschrieben. Der letzte Abschnitt handelt von dem Priester und seinen Pflichten (»Die Götter essen die Nahrung eines Königs nicht ohne einen Priester [*purohita*]«) (VIII,24).

64 Es ist sehr wahrscheinlich ein Beispiel eines jährlichen Ritus der kosmischen Regeneration (Erneuerung). Vgl. A. Weber, »Über die Königsweihe, den Rājasūya« (ABAW, Berlin 1893); J.C. Heesterman, *The Ancient Indian Royal Consecration: The Rājasūya described according to the Yajus texts and annotated* (S'Gravenhage: Mouton 1957, S. 158-161).

65 Vgl. SB V,4,3,2 und die Bedeutung dieses Begriffs für die Verbindung unseres Mythos mit dem *rājasūya*.

66 Obwohl der Mythos in sich vollständig ist, ist es schwierig, ihn vom *rājasūya* getrennt vorzustellen, eine Ansicht, die

auch J. Gonda vertritt (in: *Die Religionen Indiens*, Stuttgart: Kohlhammer 1960, I, S. 167) sowie F. Weller (in: »Die Legende von Śunaḥśepa im Aitareyabrāhmaṇa und Śāṅkhāyanaśrautasūtra«, VBAW [Phil.-Hist. Klasse], Berlin 1956) u.a. Andererseits hat P. Horsch recht, wenn er in seinem schönen Kapitel über Śunaḥśepa feststellt: »Ursprünglich hatte sie [die Legende] damit [mit der Königsweihe] sicher nichts zu tun« (*Die vedische Gāthā- und Śloka-Literatur*, Bern: Franke 1966, S. 286).

67 Vgl. eine gute Sammlung von Texten in: *Reader in Comparative Religion, An Anthropological Approach* (hrsg. von W.A. Lessa und E.Z. Vogt, New York: Harper and Row ²1965, S. 142-202).

68 Soviel mir bekannt ist, wurde dieser Mythos nie von diesem Gesichtspunkt aus studiert.

69 YV IX und X enthalten auch Formeln und Gebete für den *rājasūya*, doch ohne Bezug auf den Mythos von Śunaḥśepa.

70 Selbst heutzutage ist sie Teil eines lebendigen Ritus, der vollzogen wird, um Kinder zu bekommen.

71 Vgl. AB VIII,21-23. Für das *aśvamedha* vgl. SB XIII,1-5.

72 Vgl. YV XXX-XXXI, mit allen Verweisen dieses Textes auf das Puruṣa-Sūkta, RV X,90 und AV XIX,6; SB XIII,6.

73 SB XIII,6,2,20 (vgl. XIII,6,1,11).

74 Vgl. P. Horsch, op.cit., S. 286ff. für weitere Diskussion und Literatur zu dem Problem des Menschenopfers.

75 Vgl. SB XIII,6,2,13.

76 Dies könnte auf das Problem des Menschenopfers als Paradigma und Vorbild des Pferdeopfers Licht werfen. Vgl. den Artikel von W. Kirfel »Der Aśvamedha und der Puruṣamedha« (in: W. Schubring, *Beiträge zur indischen Philologie und Altertumskunde* (Hamburg: Cram, De Gruyter 1951, S. 39-50), in dem er zeigt, daß das Menschenopfer das »sinnvollere und verständlichere« ist (S. 46).

77 Vgl. MB XIII,186, abgesehen von den Texten, die wir kommentieren werden.

78 Ram I,61-62.

79 Es ist die Rede von hunderttausend Kühen (Ram I,61,12),

aber darüber hinaus gibt der König »über zehn Millionen Gold- und Silbermünzen und Haufen von Edelsteinen« (I,61,22) – ein klarer Hinweis auf die übertriebene Art des Geschenkes und auf die religiöse Inflation.

80 Ram I,62,4.

81 Die Episode mit den Söhnen Viśvāmitras wird hier auch erwähnt (I,62,13-17).

82 Vgl. z.B. MB II,489ff.

83 Vgl. *Mārkaṇḍeya Purāṇa* (übers. von F.E. Pargiter, Calcutta: Bibliotheca Indica 1904; Neudruck Varanasi: Indological Book House 1969).

84 Vgl. MarkP VIII,270.

85 Vgl. u.a. BhagP IX,7 und auch 16; VisnP IV,7,22 (nur erwähnt).

86 Zu der Geschichte von Hariścandra vgl. auch F.E. Pargiter (»Viśvāmitra, Vasiṣṭha, Hariścandra and Śunaḥśepa«, JRAS 1917, S. 37ff.); J. Muir (op.cit., I, S. 379); B.H. Wortham (JRAS 1881, S. 355ff.). Hariścandra wird oft mit dem biblischen Hiob verglichen.

87 Bhartendu Hariścandra, ein Schriftsteller von Varanasi, der zu Beginn dieses Jahrhunderts für die Wiederbelebung und Unabhängigkeit der Hindi-Literatur kämpfte, schrieb ein populäres Theaterstück, das auf der puranischen Erzählung beruht: *Satya Hariścandra*, das jetzt zu einem Klassiker geworden ist und in Varanasi immer noch aufgeführt wird. Es enthält erstaunlich realistische Beschreibungen des Ghat, an dem die Toten verbrannt werden (Hariścandra Ghat).

88 Vgl. die Einführung zu der Übersetzung von Keith, op.cit., S. 101-102.

89 Vgl. z.B. Sāyaṇas Interpretation der vier Yugas, die im vierten der von Indra rezitierten Verse erwähnt werden (AB VII,15).

90 Vgl. u.a. die klassischen Untersuchungen von F. Streiter, (*Dissertatio de Sunasepo*, Berlin 1861); A. Weber (SBAW 1891, S. 776ff. und ZDMG 18, S. 262ff.); W.H. Robinson (*The Golden Legend of India*, London 1911); A.B. Keith (JRAS 1911, S. 988ff.); G. Dumézil (*Flamen-Brahman*,

Paris: Geuthner 1935, S. 13-42 u. 97-113); R. Roth (IS I, S. 457ff. u. II, S. 112ff.).

91 Vgl. Sokrates, der sagte, daß er an die Götter »in einem höheren Sinn als seine Ankläger« glaube (*Apolog.* 35 d).

92 Vgl. A.B. Keith (op.cit., S. 63-67), der diese drei Ebenen beschreibt. In dieser Untersuchung habe ich die Reihenfolge zwischen dem zweiten und dritten Element umgekehrt, indem ich dem Text folge und in jedem Fall ein Leitmotiv suche. Vgl. auch R. Roth (IS II, S. 112-123), kommentiert von J. Muir (op.cit. I, S. 359ff.).

93 AB VII, 13-16.

94 AB VII, 17-18.

95 Acht Hymnen des RV werden Śunaḥśepa zugeschrieben: RV I, 24-30; IX, 3. Die Geschichte des AB zitiert RV I, 24-30 und auch RV IV, 1, 4-5; V, 2, 7, die beiden letzteren nicht von dem Rishi. Am Ende des Verses RV V, 2, 7 wird Śunaḥśepas Name Agni in Erinnerung gerufen, um Befreiung zu erlangen.

96 Vgl. C. Kunhan Raja (*Poet-Philosophers of the Ṛgveda. Vedic and Prevedic*, Madras: Ganesh 1963, S. 80-96) für eine Studie über den Rishi.

97 Für andere Stellen, vgl. YV XXX-XXXI; SB XIII, 6; SSS XVI, 10-16; VSS XXXVII ff. usw.

98 Abgesehen von den zitierten Arbeiten, vgl. H. Oldenberg (*Die Religion des Veda*, Berlin [3]1923, S. 365); R. Mitra (»On Human Sacrifice in Ancient India«, JAS XLV, Calcutta 1876); A. Weber (*Indische Streifen*, Berlin 1868-1879, I, S. 54ff.); J. Eggeling (*The Śatapatha Brāhmaṇa*, SBE, Oxford: Clarendon Press 1900; Neudruck Delhi: Motilal Banarsidass [2]1966, Bd. XLIV) mit einer sehr nützlichen Studie über das *śrauta*-Problem (S. xxxiii-xlvi).

99 Vgl. die gleiche Meinung von A. Hillebrandt (*Ritual-Literatur*, Straßburg 1897; 2. Aufl. Breslau 1927, S. 145). Vgl. auch ders. (*Vedische Mythologie*, iii, S. 32), kritisiert von A.B. Keith (JRAS 1908, S. 846).

100 Vgl. u.a. E.A. Gait (»Human Sacrifice [Indian]«, ERE, sub hac voce).

101 Vgl. z.B. A.B. Keith (*Rigveda Brahmanas*, op.cit., S. 62); ders. (JRAS 1907, S. 844ff.); J. Eggeling (loc.cit.).

102 Vgl. H. Lommel (»Die Śunaḥśepa-Legende«, ZDMG 114,1 [1964], S. 157ff.), wo er die Beziehung zwischen dem Gelübde Hariścandras und dem Jephtes untersucht: »Wenn du die Ammoniter in meine Hand auslieferst, so gehöre, wer immer aus der Türe meines Hauses heraus mir (zuerst) entgegenkommt, wenn ich wohlbehalten von den Ammonitern heimkehre, dem Herrn! Ich bringe ihn als Brandopfer dar.« (Richt. 11,30-31.) Tatsächlich wurde in der Bibel die Tochter Jephtes, sein einziges Kind, geopfert. Vgl. auch 2. Kg. 3,27.

103 Vgl. J. Eggeling, op.cit., S. xxxvi. Man könnte antworten, daß die Demütigung eines Mannes – und besonders eines Königs – ohne Kinder genügen würde, um das Verhalten Hariścandras zu erklären.

104 Müssen wir daraus schließen, daß der Befehl Jahwes an Abraham, seinen Sohn zu opfern, ein Beweis dafür ist, daß das Menschenopfer damals üblich war? Selbst Eggeling erwähnt die Parallele. Vgl. auch P. Horsch, op.cit., S. 287ff.

105 Vgl. Ps. 137,4.

106 Vgl. eines der neueren Beispiele: M. Meslin (*Pour une science des religions*, Paris: Seuil 1973), wo im Gegensatz zu anderen Werken das Problem der Mythen und Symbole zum zentralen Problem der religionswissenschaftlichen Studien wird.

107 Oder sogar »einer mit einem Hundepenis (oder -schwanz)«. Vgl. Pāṇini VI,iii,21 für die grammatische Bedeutung. Mit Bezug auf das Wortspiel, das im Sanskrit möglich ist, schreibt C.K. Raja, daß das Wort einen impliziert, »der seine Ansichten nicht ändert« oder »der immer krumme Wege geht« (op.cit., S. 94).

108 Śunaḥpuccha, »Hundeschwanz«, und Śunolāṅgula, ebenfalls »Hundepenis« oder »-schwanz«. Vgl. das deutsche »Hundsfott« (Altnordisch: *fudh-hundr*), das eigentlich *cunnus canis* bedeutet. Die deutsche Wurzel *fu* (vgl. faul) stammt von der indogermanischen Wurzel *pu* (vgl. Sanskrit *pūyati*, er stinkt, Latein *puteo* [*pus*], Griech. πύον, stinken) und bedeutet *cunnus*, Vulva.

109 Vgl. CU VI, 1, 4 usw.
110 Vgl. CU VI, 1, 3.
111 Er ist auch der berühmte Dichter mit demselben Namen; wir haben es hier mit einer Identifizierung zu tun – oder wir könnten noch einfacher sagen, daß Śunaḥśepa später zu einem Rishi wird.
112 Die Tradition betrachtet Śunaḥśepa noch als einen Knaben.
113 Vgl. Ram I, 62, 4.
114 Vgl. die interessante Gestalt Melchisedechs (Gen. 14,18; Heb. 7,1) und meinen Aufsatz über ihn in *Kairos*, No. 1 (1959), S. 5-12.
115 Die Indologen streiten über die Bedeutung von *dru-pada* (Dreifuß) und *yūpa* (Opferpfosten); man könnte auch die zugrundeliegende »trinitarische« Symbolik herausarbeiten.
116 RV I, 29, 1.
117 Gebet, vgl. Lat. *precari* (*poscere*, bitten), verwandt mit Engl. *prayer*, Franz. *prière* usw., Sanskrit *prachati* (*praśna*, Frage), bedeutet gewiß fragen, bitten, ersuchen, was schon eine Not oder Armut voraussetzt (vgl. Griech. πένης, arm, Lat. *penurias*, Armut), weil man die Antwort nicht weiß. *Precarius* bedeutet genau gesagt das, was nicht gewiß, nicht gesichert ist, weil es nur durch das Gebet erlangt werden kann und daher nicht von einem selbst oder von automatischen Gesetzen abhängt (Gesetzen der Natur oder Kultur). Die äußerst reiche indogermanische Wurzel ist *perk-* (*prek-* und *pṛk-*), fragen. Vgl. *postulo* und *templum*.
118 Vgl. Heb. 9,11-28 für die christliche Interpretation dieser allgemeinen Tatsache in der Religionsgeschichte.
119 SB I, 3, 2, 1 (das Zitat am Beginn dieses Kapitels).
120 Vgl. L. Silburn, *Instant et Cause* (Paris: Vrin 1955, S. 23, Anm. 4; S. 29-30).
121 Ebd., S. 23.
122 Ebd. S. 401.
123 Sowohl die semitische wie die Sanskrit-Wurzel haben dieselbe Bedeutung »rot« und beziehen sich sowohl auf den Menschen wie auf die Erde.
124 Vgl. Max Scheler, *Wesen und Formen der Sympathie* (Bonn: F. Cohen [2]1923).

125 Vgl. Albert Camus, *L'homme révolté* (Paris: Gallimard 1951).

126 Vgl. Gabriel Marcel, *Homo viator* (Paris: Aubier 1944) und sein Essay über Camus, *L'homme révolté* (im Anhang der Ausgabe von 1963).

127 BG II,31-38: »Betrachte Freude und Leid, Gewinn und Verlust, Sieg und Niederlage als gleich, dann rüste dich für den Kampf. So wird kein Übel über dich kommen.« (V. 38.) Vgl. die Übers. von R.C. Zaehner (*The Bhagavad-Gita*, London: Oxford 1969).

128 Manu X,105.

129 Vgl. das schöpferische Opfer Prajāpatis in Kapitel 3.

130 Vgl. Manu VII,42.

131 Vor diesem Hintergrund vgl. die eher revolutionäre Aufforderung bei Matth. 5,23-24.

132 Vgl. F.E. Pargiter, »Viśvāmitra ...«, art.cit., der trotz seiner wissenschaftlichen Genauigkeit hier den Geist seiner Zeit verrät, indem er sich weigert, irgendeine Wahrheit im Mythos zu finden, wenn er nicht historisch ist.

133 Angesichts dieses Schweigens ziehe ich nicht den Schluß – wie es oft in ähnlichen Umständen getan wird –, daß die Geburt Rohitas irgendwie »übernatürlich« war. Der Text erwähnt nicht, ob Hariścandra Töchter hatte. Wir können aber annehmen, daß er welche hatte, da nichts in der Geschichte darauf schließen läßt, daß entweder der König impotent oder seine Frauen unfruchtbar waren. Der Mythos spielt sich im Bereich des Normalen ab.

134 Diese beiden traditionellen Feinde sind hier in vollem Einverständnis, eine interessante Tatsache sowohl in bezug auf die Chronologie wie auf die Lokalisierung des Mythos im Komplex der vedischen Beziehungen.

135 Vgl. der Begriff *ṛṇa*, Schuld, Pflicht, Verpflichtung (vgl. das lat. *reus*). Die Wurzel *ṛṇ-* (gehen, bewegen) bezeichnet die Dynamik, die durch einen Fehler oder Mangel ausgelöst wird.

136 Vgl. z.B. SB I,7,2,1-5; III,6,2,16.

137 Im SSS ist die Reihenfolge anders (1, 3, 4, 2, 5 und ein 6. Vers). Es ist mir klar, daß man nicht Theorien aufgrund von Texten

aufbauen kann, die mehr oder weniger zufällig sind. Andererseits brauchen wir uns auch nicht auf ein kollektives Unbewußtes zu berufen, um diese Interpretation zu rechtfertigen. Ich finde ihre Begründung in dem Inhalt der Texte, ohne auf die Reihenfolge der fünf Versuchungen zu insistieren.

138 Vgl. die Argumente, die Krishna verwendet, um Arjuna zu überzeugen, daß er kämpfen soll (BG II und III).

139 Heißt das, daß hier die Rede ist von den vier Weltzeitaltern (Max Müller, A. Weber) oder von einem einfachen Würfelspiel (A.B. Keith)? Ein Argument, das für die letztere Ansicht spricht, ist, daß die vier Yugas oder kosmischen Zyklen nicht vedisch sind. Vgl. Keith, h.l. usw.

140 MaitS I,6,11; II,2,1; TB II,5,7,6 usw.

141 Dieses Gesetz ist *sui generis*, da wir die karmischen Prozesse nicht auf aristotelische Kategorien reduzieren können, und noch viel weniger auf moderne naturwissenschaftliche Kausalketten.

142 Vgl. RV I,24,1: Aditi, übersetzt mit »Freiheit«, heißt auch unendlich, ohne Grenzen, die Unbegrenztheit allen Seins. Im RV wird sie gewöhnlich personifiziert und vergöttlicht.

143 Vgl. die ganz andere Bedeutung der Gabe von hunderttausend Kühen im Rāmāyaṇa.

144 Vgl. den vedischen Begriff *āyus* (Griech. αἰών, Äon). Nach einem langen und vollen Leben (*dīrghāyus*) ist der Tod eigentlich kein Tod. Der eigentliche Tod ist der frühzeitige Tod (*akālamṛtyu*), in der Jugend, durch Unfall usw.

145 Wir könnten sie vielleicht durch *exo-sistere* wiedergeben, d.h. nicht mehr *ek-sistere* (die Spannung zwischen Fülle und Leere, die Dynamik, die sich über nichts ausstreckt und die unter der Unendlichkeit besteht), doch als die äußere Ausdehnung (»Sistenz«) in zwei Richtungen, d.h. in einem körperlichen Raum und in der Zeit, die die Bewegung selbst beschränkt. »Quid est enim existere, nisi ex aliquo sistere«, sagt Richard von St. Victor (*De Trinitate*, IV,12, P.L. 196, 937).

146 In dem oben zitierten Text von Ram I,61,21 erklärt Śunaḥ-

śepa, daß er, im Gegensatz zu seinen beiden Brüdern (die von den Eltern vorgezogen werden), zu sterben bereit sei.

147 *Ṛta*, gewöhnlich übersetzt als kosmische Ordnung, ist kein Naturgesetz, sondern der Ausdruck des tatsächlichen Verhaltens der ganzen Wirklichkeit, die Ordnung der Freiheit, wenn man will, der göttlichen Spontaneität – was nichts mit göttlicher Willkür zu tun hat. Vgl. RV I,23,5; II,28,4-5; V,62,1; V,63,1 und 7; V,68,3; X,190,1; AV IV,1,4; X,7,11; XII,1,1 usw.

148 Vgl. RV X,90, das berühmte Puruṣa-Sūkta.

149 Vgl. RV X,129,4, wo *kāma*, Begehren oder Liebe, als die Urkraft beschrieben wird, die am Anfang der Dynamik der Schöpfung und des Seins steht. Gemeinsam mit *tapas*, (innere) Hitze oder Energie, bildet es eines der beiden Grundelemente der Existenz. Vgl. TB III,11,86; AB IV,23,1; V,32,1; SB VI,1,1,8; X,5,3,3; XI,5,8,1 usw.

150 Die modernen europäischen Sprachen haben charakteristischerweise die Desiderativform des Verbes verloren (im Englischen sogar die Zukunft). Zukunft und Desiderativ sind nicht äußerliche Modi oder bloße Konstruktionen des menschlichen Geistes, die nur mit Hilfe von Hilfsverben ausgedrückt werden können. Sie gehören zu der eigentlichen Struktur unseres Seins – und daher unserer Sprache.

151 Zu Beginn dieses Jahrhunderts war es üblich, die Initiation einfach als einen *rite de passage* zu verstehen. Wir verwenden das Wort in einem tieferen und weiteren Sinn. Leider ist die enge Konzeption der Initiation als ein Phänomen, das die »Primitivreligion« kennzeichnet, noch nicht ganz aus dem modernen religionswissenschaftlichen Schrifttum verschwunden. Vgl. ERE, *sub hac voce*, und im Vergleich dazu den Fortschritt der RGG.

152 Vgl. SB XI,2,1,1: »Wahrlich, der Mensch wird dreimal geboren, und zwar: zuerst wird er von seiner Mutter und seinem Vater geboren; wenn der, dem sich das Opfer neigt, das Opfer darbringt, wird er zum zweiten Mal geboren; und wenn er stirbt und sie legen ihn auf das Feuer (den Scheiterhaufen), und wenn er dann wieder ins Dasein tritt, wird er ein drittes

Mal geboren. Deshalb sagt man: Der Mensch wird dreimal geboren.«

153 Vgl. BU IV,4,7. Vgl. damit auch die Worte Hegels: »Das Individuum ist Sohn seines Volkes, seiner Welt; der Einzelne mag sich ausspreizen, wie er will, er geht nicht über sie hinaus. Denn er gehört dem einen allgemeinen Geiste an, der seine Substanz und Wesen ist; wie sollte er aus diesem herauskommen?« (*Vorlesungen über die Geschichte der Philosophie*, Stuttgart: Frommann 1928, S. 75). »Aus seiner eigenen Haut fahren« ist genau das, was uns hier beschäftigt. Nebenbei bemerkt hat diese Metapher in den meisten westlichen Sprachen die Tendenz, eine Unmöglichkeit auszudrücken.

154 Vgl. Manu IX,8, was sich auf die einführenden Verse Nāradas in AB VII,13 zu beziehen scheint.

155 Obwohl diese Namen eine »phallische Bedeutung« haben (J.C. Heesterman, op.cit., S. 159), spielt diese hier kaum eine Rolle.

156 Ich stimme mit P. Horsch überein (op.cit., S. 290), der feststellt, daß »trotz der Vorliebe der alten Inder für Namendeutung die Etymologie von Śunaḥśepa nirgends eine Rolle spielt«.

157 Es handelt sich hier nicht um Unwissen oder Naivität oder auch Unschuld. Vgl. die Mythen von Prajāpati (SB I,7,4), von Yama und Yamī (RV X,10), von Purūravas und Urvaśī (RV X,95; SB XI,5,1) usw.

158 Könnte dies ein weiterer Faktor sein, der für die Interpretation des Mythos als eines Initiationsmythos spricht?

159 Vgl. BU IV,4,22, wo es heißt, daß die Weisen, die den Ātman als den wahren »Ort« des Heils kennen, weder Kinder noch Reichtum begehren, die nur Hilfen auf dem Heilsweg sind. Für die westliche und christliche Tradition vgl. Ton H.C. Van Ejk, »Marriage and Virginity, Death and Immortality« (in: *Epektasis*, Mélanges J. Daniélou, Paris: Beauchesne 1972, S. 209-235).

160 Vgl. KathU I,20.

161 Vgl. SB II,2,2,8-14.

162 Es genügt hier, das MB und die BG zu erwähnen, um den Unterschied hervorzuheben.

163 Ich kann nicht umhin, mir vorzustellen, daß jemand wie Solschenizyn, der das »glimmende Licht« im Herzen eines Menschen selbst in einem Gefangenenlager von zum Tode Verurteilten oder in einer Krebsstation beschreibt, sehr wohl verstehen würde, was dieser Mythos aussagt.

164 Vgl. z.B. die berühmten kosmogonischen Hymnen: RV X,90; 129; 190.

165 Ich bin versucht, hier aus einer anderen Tradition zu zitieren, und zwar Tsze Szes erste These (I,1) im *Chung Yung*, dem zweiten der vier Klassiker der chinesischen Weisheit, die Ezra Pound mit *The Unwobbling Pivot* wiedergab (und dessen Übersetzung ich hier zitiere):

What heaven has disposed and sealed is called the inborn nature. The realization of this nature is called the process. The clarification of this process (the understanding or making intelligible of this process) is called education.

(Diese Übersetzung ist Ezra Pound, *Confucius*, New York: New Directions 1969 entnommen.)

166 Es sind genau 97 *ṛcs* und 31 *gāthās*.

167 Während die *Rubriken*, in Rot (*rubrum*) gedruckt, die Zeremonien erklären, stellt das, was ich *Nigriken* nenne, gewöhnlich in Schwarz (*nigrum*) gedruckt, die eigentliche Substanz der Riten dar. Vgl. R. Panikkar, *Worship and Secular Man* (London: Darton, Longman & Todd und Maryknoll sowie New York: Orbis Books 1973, S. 69ff.).

168 Vgl. R. Panikkar, *Myth, Faith and Hermeneutics*, S. 420-460 (vgl. Kap. 3, Anm. 10).

169 Von der Wurzel *muc-* (*mokṣ-*), befreien, loslassen, erlösen.

170 Vgl. R. Panikkar, »El presente tempiterno. Una apostilla a la historia de la salvación y a la teología de la liberación« (hrsg. von A. Vargas-Machuca, *Teología y mundo contemporaneo. Homenaje a K. Rahner*, Madrid: Cristiandad 1975, S. 133-175), wo diese Gedanken weiterentwickelt wurden.

Verzeichnis der Abkürzungen

Texte

AB	Aitareya Brāhmaṇa
ASS	Āśvalāyana Śrauta Sūtra
AV	Atharva Veda
BG	Bhagavad Gītā
BhagP	Bhāgavata Purāṇa
BS	Brahma Sūtra
BU	Bṛhadāraṇyaka Upaniṣad
CU	Chāndogya Upaniṣad
GopB	Gopatha Brāhmaṇa
IsU	Īśa Upaniṣad
JabU	Jābāla Upaniṣad
JaimB	Jaiminīya Brāhmaṇa
KaivU	Kaivalya Upaniṣad
KathU	Kaṭha Upaniṣad
KausB	Kauṣītaki Brāhmaṇa
KausU	Kauṣītaki Upaniṣad
KenU	Kena Upaniṣad
MB	Mahābhārata
MaitS	Maitrāyaṇi Saṃhitā
MaitU	Maitrī Upaniṣad
MandU	Māṇḍūkya Upaniṣad
Manu	Mānava Dharmaśāstra
MarkP	Mārkaṇḍeya Purāṇa
MundU	Muṇḍaka Upaniṣad
PancB	Pañcaviṃśa Brāhmaṇa (identisch mit TMB)
Ram	Rāmāyaṇa
RV	Ṛg Veda (Rigveda)
SB	Śatapatha Brāhmaṇa
SSS	Śāṅkhāyana Śrauta Sūtra
SU	Śvetāśvatara Upaniṣad

TB	Taittirīya Brāhmaṇa
TMB	Tāṇḍya Mahā Brāhmaṇa (siehe PancB)
TS	Taittirīya Saṃhitā
TU	Taittirīya Upaniṣad
VisnP	Viṣṇu Purāṇa
VSS	Vaitāna Śrauta Sūtra
YSB	Yoga Sūtra Bhāṣya
YV	Yajur Veda (Vājasaneyi)

Andere Abkürzungen

ABAW	Abhandlungen der Berliner Akademie der Wissenschaften
ERE	*Encyclopaedia of Religion and Ethics*, hrsg. von J. Hastings (New York: Scribners Sons 1928, Neuauflage: Edinburgh: T. & T. Clark 1969-1971).
IS	Indische Studien
JAS	Journal of the Asiatic Society (of Bengal)
JRAS	Journal of the Royal Asiatic Society
P.G.	Migne, J.P., *Patrologiae Cursus Completus, Seria Graeca* (Paris: Migne 1857-1866).
P.L.	Migne, J.P., *Patrologiae Cursus Completus, Seria Latina* (Paris: Migne 1844-1855).
RGG	*Die Religion in Geschichte und Gegenwart*, 3. Aufl., hrsg. von K. Galling (Tübingen: J.C.B. Mohr–P. Siebeck 1961).
SBAW	Sitzungsberichte der Berliner Akademie der Wissenschaften
SBE	Sacred Books of the East
ZDMG	Zeitschrift der Deutschen Morgenländischen Gesellschaft

Personen- und Sachregister

Zu dieser Ausgabe

insel taschenbuch 1386
Raimon Panikkar
Rückkehr zum Mythos

Aus dem Englischen von Bettina Bäumer. Der vorliegende Band ist die vom Verfasser autorisierte deutsche Übertragung des mit *Myth* überschriebenen ersten Teiles des 1979 in der Paulist Press, New York, Ramsay und Toronto, erschienenen Buches *Myth, Faith and Hermeneutics.* Wenn nicht anders angegeben, sind Zitate aus der Bibel der Pattloch-Bibel entnommen. Die Übersetzungen indischer Texte stammen vom Übersetzer, wenn nicht anders angegeben. Die Schreibung von Sanskrit-Worten folgt der international anerkannten wissenschaftlichen Transkription, mit Ausnahme der Worte: Rigveda (statt Ṛgveda), Rishi (statt *ṛṣi)* und Krishna (statt Kṛṣṇa).